給水装置工事主任技術者

パーフェクトマスター

給水装置リサーチ会 編

梅田出版

ま え が き

　平成8年に，給水装置工事事業者の指定制度が定められ指定要件が統一化されるとともに，給水装置工事主任技術者を国家資格とした。

　このため，給水装置工事主任技術者の国家資格試験は，その資格の保有が指定給水装置工事事業者の指定要件のひとつになっていることから受験者も多く，取り組みも真剣である。

　そして，各地で合格に向けての受験対策講習会も開催されているが，受験合格率は30％台で厳しいものがある。

　本書は，日頃給水装置に関心をもち，研鑽している「給水装置リサーチ会」が中心になりまとめたものである。

　そして，本書の特長は，需要者本位の水道行政に展開を求め改正された水道法改正の主旨にのっとり，水道と需要者の接点の業務に携わる給水装置工事主任技術者にマスターしてほしい内容を出来るだけ広い視点から整理・解説し，受験者のテキストとして活用できるようにしたものである。

　この「パーフェクトマスター」が給水装置工事主任技術者を目指す方々の受験勉強にお役に立てば幸いである。

　実力をつける教材として，ご利用をおすすめする。

　受験者の合格を切に祈ります。

給水装置リサーチ会

受 験 案 内
1. 試験の実施機関
2. 受験資格
3. 試験科目
4. 試験科目の一部免除
5. 試験の公示
6. 合否判定基準

§1 公衆衛生概論 …………………………………………… 1
1. 水道のあらまし　2
2. 水質と健康影響　4
2-1 水系感染症と病原体　4
3. 水質基準　6
4. 塩素消毒による衛生対策　10
4-1 残留塩素　10
4-2 消毒剤　11
4-3 浄水方法　12

§2 水道行政 …………………………………………………… 13
1. 水道行政　14
2. 水道事業等の経営　19

§3　給水装置の概要と給水装置工事法 ·································29

1. 給水管及び継手　*33*

1　鋼　管　*33*

1−1　樹脂被覆鋼管　*33*

(1) 硬質塩化ビニルライニング鋼管（SGP−V）　*33*

(2) 耐熱性硬質塩化ビニルライニング鋼管（SGP−HV）　*34*

(3) ポリエチレン粉体ライニング鋼管（SGP−P）　*34*

1−2　ステンレス鋼鋼管（SSP）　*36*

2　銅　管（CP）　*39*

3　硬質ポリ塩化ビニル管　*41*

(1) 硬質ポリ塩化ビニル管（VP）　*41*

(2) 耐衝撃性硬質ポリ塩化ビニル管（HIVP）　*41*

(3) 耐熱性硬質ポリ塩化ビニル管（HTVP）　*41*

4　ポリエチレン二層管（PP）　*44*	**5　水道配水用ポリエチレン管**　*45*
6　架橋ポリエチレン管（XPEP）　*47*	**7　ポリブテン管**（PBP）　*48*
8　ダクタイル鋳鉄管（DIP）　*49*	**9　フランジ継手による接合**　*51*
10　材質が異なる給水管の接合　*52*	**11　給水管の切断方法と曲げ加工**　*53*

2. 給水用具　*54*

2−1　給水栓　*54*

(1) 単 水 栓　*55*	(2) 湯水混合水栓　*56*
(3) ボールタップ　*57*	(4) 洗浄弁（フラッシュバルブ）　*60*
(5) 洗浄弁内蔵型大便器　*62*	(6) ホース接続型水栓　*62*
(7) 水道用コンセント　*63*	(8) 凍結予防栓類　*63*

2−2　弁　*66*

(1) 減圧弁及び定流量弁　*66*	(2) 安全弁（逃がし弁）　*66*
(3) 空気弁及び吸排気弁　*67*	(4) バキュームブレーカ　*67*
(5) 逆 止 弁　*68*	

2−3　器具類　*72*

(1) 湯 沸 器　*72*	(2) 浄 水 器　*76*
(3) ウォータークーラー　*76*	(4) ロータンク　*77*
(5) 節水型給水用具　*78*	(6) その他の給水用具　*79*

2−4　直結加圧形ポンプユニット（直結増圧式給水設備）　*80*

(1) 加圧ポンプ　*80*	(2) 制 御 盤　*81*
(3) 圧力タンク　*80*	(4) 逆 止 弁　*81*
(5) 直結給水システムの逆流防止措置　*82*	

2−5　給水装置に設置するスプリンクラー　*83*

(1) 住宅用スプリンクラー　*83*	(2) 水道直結式スプリンクラー　*83*

3. 配水管の分岐部からメータまで　　*84*

3-1　分水栓による給水管の取り出し　*86*

(1) サドル付分水栓　*87*　　　　　　　(2) 分 水 栓　*91*

(3) 割 T 字管　*93*

3-2　止 水 栓　*96*

(1) 甲形止水栓　*96*　　　　　　　　　(2) ボール止水栓　*96*

(3) 仕 切 弁　*96*　　　　　　　　　　(4) 玉 形 弁　*97*

3-3　水道メータ　*98*

(1) 水道メータの種類　*98*

 1) 接線流羽根車式水道メータ　*98*　　　2) 軸流羽根車式水道メータ　*99*

 3) 電磁式水道メータ　*99*

(2) 構 造　*99*

(3) 水道メータの性能　*101*　　　　　　(4) 水道メータの遠隔指示装置　*101*

給水装置工事法　　*104*

4. 配管工事　　*108*

4-1　配管の留意事項　*110*　　　　　4-2　さや管ヘッダ方式　*112*

4-3　給水管の地震対策 (耐震配管)　*113*　　　配管設備と建築基準法　*114*

4-4　クロスコネクション　*117*

5. 土工事　　*119*

5-1　給水管の埋設・浅層埋設　*119*　　5-2　道路工事等　*122*

5-3　掘 削　*124*　　　　　　　　　　5-4　埋 戻 し　*127*

5-5　道路復旧　*128*　　　　　　　　5-6　現場管理　*128*

6. 給水装置工事による異常・水質の汚染防止　　*130*

(1) 水質の異常　*130*　　　　　　　　(2) 異物の流出　*130*

(3) 色　*131*　　　　　　　　　　　　(4) 異常音　*131*

(5) 出水不良　*131*　　　　　　　　　(6) 埋設管の汚水吸引　*132*

(7) 給水管の鉛管対策　*132*

7. 検 査　　*133*

8. 維持管理　　*137*

(1) 配水管からの分岐以降水道メータまでの維持管理　*137*

(2) 水道メータからの末端給水用具までの維持管理　*137*

(3) 漏水の対策　*137*

§4 給水装置の構造及び性能 ······································ 139

1. 耐圧に関する基準 （基準省令第1条） *143*
   1−1 耐圧性能基準 *143*　　　　　　1−2 耐圧のシステム基準 *144*

2. 浸出に関する基準 （基準省令第2条） *145*
   2−1 浸出性能基準 *145*　　　　　　2−2 浸出のシステム基準 *147*

3. 水撃限界に関する基準 （基準省令第3条） *149*
   3−1 水撃限界性能基準 *149*　　　　3−2 水撃限界のシステム基準 *151*

4. 防食に関する基準 （基準省令第4条） *153*

5. 逆流防止に関する基準 （基準省令第5条） *157*
   5−1 逆流防止性能基準 *157*　　　　5−2 負圧破壊性能基準 *160*
   5−3 逆流防止のシステム基準 *162*

6. 耐寒に関する基準 （基準省令第6条） *168*
   6−1 耐寒性能基準 *168*　　　　　　6−2 耐寒のシステム基準 *169*

7. 耐久に関する基準 （基準省令第7条） *172*
   7−1 耐久性能基準 *172*

8. 給水管及び給水用具に求められる性能基準の適用 *174*

§5 給水装置計画論 ·· 177

1. 給水方式 *178*
   1−1 直 結 式 *178*　　　　　　　　1−2 受水槽式 *181*
   1−3 直結・受水槽併用式 *183*

2. 計画使用水量の決定 *184*
   2−1 用語の定義 *184*　　　　　　　2−2 直結直圧式給水の計画使用水量 *185*
   2−3 受水槽式給水の計画使用水量 *192*

3. 給水管の口径の決定 *194*
   3−1 給水管の口径 *194*　　　　　　3−2 給水管の口径決定 *195*
   3−3 損失水頭の計算 *196*
   3−4 直結加圧形ポンプユニットの吐水圧の設定 *207*

4. 図面の作成 *209*
   4−1 記入方法 *209*　　　　　　　　4−2 作 図 *212*

§6 給水装置施工管理法 ···································· *213*

1. 施工管理 *214*

2. 工程管理 *218*

3. 品質管理 *220*

4. 安全管理 *221*
4−1 事故防止の基本事項 *221* 　　　4−2 その他保安対策 *221*
建設工事公衆災害防止対策要綱 *222*
酸素欠乏症等防止規則 *226*
労働安全衛生法 *228*

5. 給水装置工事と建設業法 *231*

§7 給水装置工事事務論 ···································· *237*

1. 指定給水装置工事事業者制度の概要 *238*

2. 給水装置工事主任技術者の職務 *244*
2−1 調査段階 *248* 　　　2−2 計画段階 *249*
2−3 施工段階 *251* 　　　2−4 検査段階 *252*

3. 指定給水装置工事事業者による主任技術者の支援 *253*

4. 給水装置工事記録の保存 *254*

5. 給水管及び給水用具の認証制度 *255*
5−1 自己認証 *256*
5−2 第三者認証 *256*
5−3 製品規格と「基準省令」との関係についての運用 *257*
5−4 基準適合品の確認方法 *257*

6. 基準適合品の使用等 *258*

付録　関係法令 ···································· *259*

・ 水道法（抄） *260*

・ 水道法施行令（抄） *267*

・ 水道法施行規則（抄） *268*

・ 給水装置の構造及び材質の基準に関する省令 *272*

・ 給水条例（規程）−例−（抄） *276*

索引 ···································· *280*

受 験 案 内

1. 試験の実施機関

財団法人　給水工事技術振興財団

〒163-0712　東京都新宿区西新宿2丁目7番1号　小田急第一生命ビル12階

TEL　03（6911）2711　　　**FAX**　03（6911）2716

ホームページ　http://www.kyuukou.or.jp

2. 受験資格

給水装置工事に関して3年以上の実務経験を有する者。

注　実務経験には，給水装置の設置又は変更の工事に係る技術上の実務に従事した経験のほか，これらの技術を修得するためにした見習，その他給水装置工事現場における技術的経験も含まれる。

3. 試験科目

試験科目は次の8科目

(1)　公衆衛生概論　　　　　(2)　水道行政

(3)　給水装置の概要　　　　(4)　給水装置の構造及び性能

(5)　給水装置工事法　　　　(6)　給水装置施工管理法

(7)　給水装置計画論　　　　(8)　給水装置工事事務論

＜参考＞試験科目と時間数等

時　間　数	試　験　科　目	試験問題数
150 分 （10：00 ～ 12：30）	**学科試験　1** ・公衆衛生概論 ・水道行政 ・給水装置工事法 ・給水装置の構造及び性能 ・給水装置計画論 ・給水装置工事事務論	6科目で40問 3問 6問 10問 10問 6問 5問
60分 （14：00 ～ 15：00）	**学科試験　2** ・給水装置の概要 ・給水装置施工管理法	2科目で20問 10問 10問

注　学科試験2(給水装置の概要及び給水装置施工管理法)は管工事施工管理技士1級又は2級の資格取得者は免除される。

注　試験科目の問題数及び試験時間は年度によって変更されている。

出題形式は，4肢択一方式である。

解答方法はマークシート ①②③④ のうち，正解のマークを消込む ● 消込み式である。

4. 試験科目の一部免除

建設業法施行令第27条の3の表に掲げる検定種目のうち，管工事施工管理に係る1級 又は2級 の技術検定に合格した者（管工事施工管理技士1級又は2級）は，試験科目のうち「**給水装置の概要**」及び「**給水装置施工管理法**」の免除を受けることができる。

5. 合否判定基準 ＜参考＞

（1）配点

配点は，一題につき 1点とする。

（必須6科目計40点，全科目計60点）

（2）合格基準

一部免除者（水道法施行規則第31条の規定に基づき，試験科目の一部免除を受けた者をいう。）においては次の ① 及び ③，非免除者（全科目を受験した者をいう。）においては次の ①〜③の全てを満たすこととする。

① 必須 6科目（公衆衛生概論, 水道行政, 給水装置の構造及び性能, 給水装置工事法, 給水装置計画論, 給水装置工事事務論）に係わる得点の合計が26点以上であること。

② 全8科目の総得点が，38点以上であること。

③ 次の各科目の得点が，それぞれ以下に示す点以上であること。

・公衆衛生概論	1点	（出題数　3問）
・水道行政	2点	（出題数　6問）
・給水装置の概要	4点	（出題数　10問）
・給水装置の構造及び性能	4点	（出題数　10問）
・給水装置工事法	4点	（出題数　10問）
・給水装置施工管理法	4点	（出題数　10問）
・給水装置計画論	2点	（出題数　6問）
・給水装置工事事務論	2点	（出題数　5問）

§1

公衆衛生概論

水道のあらまし

(1) 水道と公衆衛生

　水道は，国民が健康で文化的な生活を守る上で最も基本的なものである。はじめは**伝染病予防**の見地から衛生的な**飲料水**の供給を目的として布設されたが，現在では，都市形態や生活様式の変化に伴い，衛生上の安全性の確保に止まらず，日常生活における生活用水の確保や産業活動の維持発展のための基幹的な施設として重要な役割を果たしている。

　水道水（飲料水）と人の健康との関係は，古くは伝染病，特に消化器系伝染病との関係が強かったが，消毒された水道の普及にともない消化器系伝染病が激減し，昭和30年代の高度経済成長以降は，公衆衛生上の対象も**病原微生物**によるコレラ・チフス・赤痢等の水系感染症から農薬やハイテク汚染物質の化学物質による健康影響へと移行した。

　また，昨今は，クリプトスポリジウムなどによる水系感染症の発生から，あらためて病原体による水系感染症が注目されている。

(2) 水道の普及率

　第2次世界大戦前後の水道水の普及率は30％強で，終戦では26％に下がったが，平成23年度（2011年度）には，97.6％以上に達しており，99％を超える都府県は14ある。

　特に人口規模が大きい東京都，大阪府，神奈川県，愛知県といった大都市圏域や沖縄県の普及率はほぼ100％となっている。

(3) 水道水源

　水道水源はダム・湖沼及び河川水などの地表水が70％以上を占めている。

(4) 近代水道の布設

　我が国の近代水道の第1号は，明治20年（1887）にコレラの最大の窓口であった横浜港を抱える神奈川県が**横浜水道**を造り給水が開始された。次いで，函館が明治22年に竣工，長崎が明治24年に竣工，明治28年には水道条例に基づく初めての水道として大阪で供給を開始した。

　このように，我が国の近代水道は，**コレラ**侵入のおそれの多い貿易の拠点や，大都市で水道の気運が高まり，3府5港といわれる都市を中心に布設されだし，その後，全国各地で布設されるようになる。

　明治31年（1898）に東京では淀橋浄水場で沈澱・ろ過を用いた浄水が始まる。

　水道水の塩素消毒のはじまりは，大正10年（1921年）に東京，横浜，大阪地域から取り入れられる。

　　※　**近代水道**… 鉄管を用い，ろ過した浄水を連続して供給する有圧の水道をいう。

(5) 人体と水

① 人間が生命を維持するために飲料として必要な最小限の量は一日当り1.0～1.5ℓ（成人）といわれている。

② 体内の一日の水の収支は、成人で**平均2.5ℓ**の水を摂取し、排泄しており、体内水分としては体重の約60％を占めている。

(6) 水の使用

人は衛生的で健康的な生活を維持するために、清浄な水を、飲料水としてだけでなく調理、洗濯、浴用、清掃、トイレ洗浄、洗車、プール、噴水等の生活用水に使用している。

一人一日当りの使用水量は、約250ℓ以上。

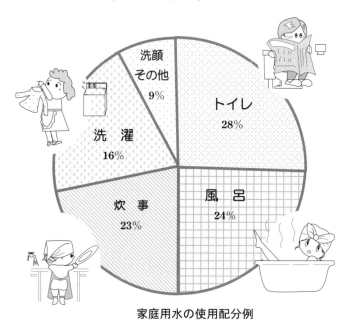

家庭用水の使用配分例

水質と健康影響

2-1 水系感染症と病原体

　水系感染症（伝染病）とは，水を媒体として病原体を有する細菌やウイルス，原虫等が体内に侵入し，種々の病状を起こす疾患のことである。

(1) 病原体による汚染

　　地震，渇水，洪水等による水道施設の破損や**断水**，給水装置工事における事故や**クロスコネクション**等の過失によって**病原性微生物が給配水管に侵入するおそれがある**。

　　また，集合住宅，ビル等に，水道水を受水槽に受けてから給水する「**貯水槽水道**」については，管理の不徹底に起因して，しばしば公衆衛生上の問題が発生し，水質面での不安を感じる利用者が多い。そこで，水の供給者である水道事業者が，供給規程に基づき，**貯水槽水道の設置者**に適正な管理の履行を求める等の適切な関与を行うことにより，その**管理の徹底**が行われる。

(2) 水系感染症の主な病原体

1) 病 原 細 菌 感 染 症　　　　赤痢菌　　　腸チフス菌　　　コレラ菌
　　　　　　　　　　　　　　　病原性大腸菌O-157　　　　レジオネラ属菌等

2) 病原ウイルス感染症　　　　肝炎ウイルス感染症
　　　　　　　　　　　　　　　腸管系ウイルス（ノロウイルス他）

3) 寄 生 虫 感 染 症　　　　クリプトスポリジウム　　　アメーバ赤痢等

(3) 最近の水系感染症

1) コレラ・赤痢・腸チフス

　　不衛生な飲み水に起因する水系感染症である。コレラは**コレラ毒素**により，赤痢は**赤痢毒素・アメーバ赤痢**により，腸チフスは**腸チフス菌**により，**下痢の症状**を起こす。
　　赤痢菌は，塩素により死滅するので**残留塩素の確保**が有効である。

2) 病原性大腸菌O-157

　　ベロ毒素と呼ばれる強い病原毒素が神経を侵し，赤血球を溶かして血小板を破壊するため，出血が止まらなくなり，**腎不全**を起こしたり腸粘膜を傷つけ**血便・下痢**が続く溶血性尿毒症症候群を引き起こす。

　　菌自体は10日前後で死滅するが毒素は体内に残留するので，このような状態になると今のところ治療法がなく，予防する以外に手段がない。

　　遊離残留塩素0.1mg/ℓ 以上，又は75℃の加熱1分の条件下で死滅する。

　　水道においては，**残留塩素の確保**が有効である。

　　平成2年（1990年）浦和市のしらさぎ幼稚園で井戸水が原因で病原性大腸菌O-157の集団感染で園児250人以上が発症し，2人が死亡した。

3）レジオネラ属菌

この菌は土壌や地下水，河川水等自然界に広く存在しており，土壌を介してビルの冷却塔水や空調用の冷却水や循環式の浴槽，給湯設備に混入して増殖する。

感染力は弱いが，抵抗力が弱い高齢者や乳幼児に感染すると死亡することがある。**肺炎のような日和見感染症を起こす原因菌である。**

熱に弱く，55℃以上で死滅することが確認されている。

飲用により感染することはないが，**塩素により死滅する**ので，水道においては，**残留塩素の確保**が有効である。

4）クリプトスポリジウム

人畜共通の感染症で，牛・豚・羊・馬などが感染元となる**下痢症を引き起こす原虫**である。

水や食べ物のなかでは，殻に覆われた**オーシスト**の形で存在する。オーシストの殻は非常に硬く，**塩素消毒に対して抵抗性を示し，**一般の浄水場の塩素消毒では不活性化できないが，**加熱・冷凍・乾燥には弱く，**沸騰水では1分以上で死滅，60℃以上か−20℃以下で30分，常温で1〜4日間の乾燥で感染力を失う。

水道におけるクリプトスポリジウム暫定対策指針では，浄水処理のろ過水濁度を0.1度以下に保つよう指示している。

なお，クリプトスポリジウムなどの病原性原虫の除去には**膜ろ過処理**が有効である。

・受水槽が原因になった事例

平成6年（1994年）神奈川県平塚市の雑居ビルで，汚水がオーバーフローして受水槽に流れ込み水道水を汚染することとなり，多くの人がクリプトスポリジウムに暴露された。

・水道が感染経路となった事例

平成8年（1996年）埼玉県越生町で，水道水が直接クリプトスポリジウムにより汚染され，8000人以上の集団感染が発生した。原因は取水口の約600m上流に農業集落排水処理施設が設置されていたことと，渇水で河川流量が低下し高濃度に汚染されていたこと，浄水処理が不適であったこと等である。

5）ノロウイルス

下痢，吐気，腹痛，発熱を主な症状とする急性胃腸炎を起こす。経口により感染し，ふん便や吐物から大量にウイルスが排出され，食品や水により感染する。冬季を中心に簡易水道や井戸水による食中毒が発生している。水道では浄水処理や塩素消毒により阻止できるとの研究報告がある。

水質基準

第4条　　　　　　　　　　　水質基準　　　　　　　　　　　　　　水道法

> 水道により供給される水は，次の各号に掲げる要件を備えるものでなければならない。
> 一　**病原生物**に汚染され，又は病原生物に汚染されたことを疑わせるような生物若しくは物質を含むものでないこと。
> 二　**シアン**，**水銀**その他の有毒物質を含まないこと。
> 三　**銅**，**鉄**，**フッ素**，**フェノール**その他の物質をその許容量を超えて含まないこと。
> 四　異常な酸性又はアルカリ性を呈しないこと。
> 五　異常な臭味がないこと。ただし，消毒による臭味を除く。
> 六　外観は，ほとんど無色透明であること。
> 2　前項各号の基準に関して必要な事項は，厚生労働省令で定める。

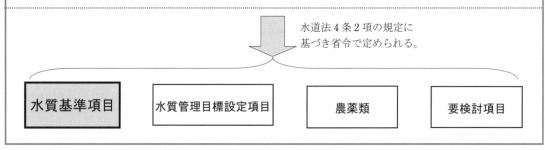

(1) 水質基準項目

地域，水源の種別又は浄水方法により，人の健康の保護又は生活上の支障を生じるおそれのあるものについて設定されている項目。

(2) 水質管理目標設定項目

浄水中で一定の検出の実績はあるが，毒性の評価が暫定的であるため水質基準項目とされなかったもの，又は，現在まで浄水中では水質基準項目とする必要があるような濃度で検出されていないが，今後，当該濃度を超えて浄水中で検出される可能性があるもの等，水道水質管理上留意すべきものが設定されている項目。

(3) 要検討項目

毒性評価が定まらない，水道水中での検出実態が明らかでない等，水質基準項目又は水質管理目標設定項目に位置づけることができなかった項目。

水質基準項目

	項　目	基　準　値
1	一般細菌	1mℓ の検水で形成される集落数が100以下
2	大腸菌	検出されないこと
3	カドミウム及びその化合物	カドミウムの量に関して，0.003mg/ℓ 以下
4	水銀及びその化合物	水銀の量に関して，0.0005mg/ℓ 以下
5	セレン及びその化合物	セレンの量に関して，0.01mg/ℓ 以下
6	鉛及びその化合物	鉛の量に関して，0.01mg/ℓ 以下
7	ヒ素及びその化合物	ヒ素の量に関して，0.01mg/ℓ 以下
8	六価クロム化合物	六価クロムの量に関して，0.05mg/ℓ 以下
9	亜硝酸態窒素	0.04mg/ℓ 以下
10	シアンイオン化物及び塩化シアン	シアン量に関して，0.01mg/ℓ 以下
11	硝酸態窒素及び亜硝酸態窒素	10mg/ℓ 以下
12	フッ素及びその化合物	フッ素の量に関して，0.8mg/ℓ 以下
13	ホウ素及びその化合物	ホウ素の量に関して，1.0mg/ℓ 以下
14	四塩化炭素	0.002mg/ℓ 以下
15	1,4- ジオキサン	0.05mg/ℓ 以下
16	シス-1,2-ジクロロエチレン及びトランス-1,2-ジクロロエチレン	0.04mg/ℓ 以下
17	ジクロロメタン	0.02mg/ℓ 以下
18	テトラクロロエチレン	0.01mg/ℓ 以下
19	トリクロロエチレン	0.01mg/ℓ 以下
20	ベンゼン	0.01mg/ℓ 以下
21	塩素酸	0.6mg/ℓ 以下
22	クロロ酢酸	0.02mg/ℓ 以下
23	クロロホルム	0.06mg/ℓ 以下
24	ジクロロ酢酸	0.03mg/ℓ 以下
25	ジブロモクロロメタン	0.1mg/ℓ 以下
26	臭素酸	0.01mg/ℓ 以下
27	総トリハロメタン（クロロホルム，ジブロモクロロメタン，ブロモジクロロメタン及びブロモホルムのそれぞれの濃度の総和）	0.1mg/ℓ 以下
28	トリクロロ酢酸	0.03mg/ℓ 以下
29	ブロモジクロロメタン	0.03mg/ℓ 以下
30	ブロモホルム	0.09mg/ℓ 以下
31	ホルムアデルヒド	0.08mg/ℓ 以下
32	亜鉛及びその化合物	亜鉛の量に関して，1.0mg/ℓ 以下
33	アルミニウム及びその化合物	アルミニウムの量に関して，0.2mg/ℓ 以下
34	鉄及びその化合物	鉄の量に関して，0.3mg/ℓ 以下
35	銅及びその化合物	銅の量に関して，1.0mg/ℓ 以下
36	ナトリウム及びその化合物	ナトリウムの量に関して，200mg/ℓ 以下
37	マンガン及びその化合物	マンガンの量に関して，0.05mg/ℓ 以下
38	塩化物イオン	200mg/ℓ 以下
39	カルシウム，マグネシウム等（硬度）	300mg/ℓ 以下
40	蒸発残留物	500mg/ℓ 以下
41	陰イオン界面活性剤	0.2mg/ℓ 以下
42	ジェオスミン	0.00001mg/ℓ 以下
43	2-メチルイソボルネオール	0.00001mg/ℓ 以下
44	非イオン界面活性剤	0.02mg/ℓ 以下
45	フェノール類	フェノールの量に換算して，0.005mg/ℓ 以下
46	有機物（全有機炭素（TOC）の量）	3mg/ℓ 以下
47	pH値	5.8以上8.6 mg/ℓ 以下
48	味	異常でないこと
49	臭気	異常でないこと
50	色度　（P.131 参照）	5度以下
51	濁度	2度以下

※水質基準項目は，常に最新の知見に照らし，遂次改正されていきます。

主な水質基準項目等

(1) カドミウム

飲料水への混入は鉱山排水や工場排水に由来する。カドミウムを継続的に摂取すると腎尿細管の再吸収機能の阻害などによって腎臓結石や骨軟化症を引き起こしうる。富山県の神通川流域で発生したイタイイタイ病は，河川水を経て水稲に蓄積したカドミウムが主な原因物質とされている。

(2) 水銀

飲料水への混入は工場排水，農薬，下水などに由来する。無機水銀も多量に摂取すると健康影響を起こしうるが，メチル水銀などの有機水銀の毒性は極めて強く，少量でも継続的に摂取すると記憶障害，神経障害などを引き起こす。

(3) 鉛

給水管からの溶出が原因とされている。pHの低い水や遊離炭酸の多い水に溶出しやすい。毒性があり，長期の摂取は蓄積することから，貧血・消化器管の障害・神経系の障害・腎臓障害などの影響がある。

(4) ヒ素

飲料水への混入は地質，鉱山排水，工場排水などに由来する。過度に摂取すると腹痛，嘔吐，四肢のしびれ，けいれんなどの急性症状を引き起こす。また，少量を長期間にわたって摂取した場合の慢性症状として，皮膚の異常，末梢神経障害，皮膚がんなどを引き起こす。

(5) シアン

自然水中にはほとんど含まれていない。シアンの汚染源は，メッキ工場・金属精錬・写真工場等である。シアン化カリウムなどとしてシアンイオンを過度に摂取すると人体細胞の酵素作用が阻害され，めまい，血圧低下，呼吸困難，意識喪失などを起こす。

(6) 硝酸態窒素及び亜硝酸態窒素

主として糞尿・下水・工場排水・畜産排水などの混入や肥料の散布等により増加するため，これらの汚染の指標として重要な項目。

(7) フッ素

地質に由来することが多いが，工場からのフッ化物の排水により混入する場合がある。適量は，虫歯の予防効果があるとされているが，高濃度の場合，斑状歯が現れることがある。

(8) テトラクロロエチレン・トリクロロエチレン

　ドライクリーニング，金属の脱脂洗浄などに使用される有機溶剤であるテトラクロロエチレンやトリクロロエチレンが処理されないまま排出され，土壌に浸透して工場排水として飲料用の地下水に混入したことがある。過度に摂取すると頭痛，中枢神経の機能低下を起こす。

(9) トリハロメタン類

　水道原水中のフミン質等の有機物質と浄水場で注入される塩素が反応してトリハロメタン類が生成する。主な物質としてクロロホルム，ブロモジクロロメタン，ジブロモクロロメタン，ブロモホルムがある。動物実験により発がん性が認められた。

(10) 臭気

　湖沼の富栄養化によって藻類が繁殖するとジェオスミンや2-メチルイソボルネオールなどの有機物質が産生され，これらが飲料水に混入すると**カビ臭**の原因となる。また，工場排水などに由来するフェノール類は水道水中においては塩素と反応してクロロフェノール類を生成し，非常に低い濃度でも不快臭の原因となる。

1) 油臭・薬品臭の場合

　ビニル管の接着剤，鋼管のねじ切り等の切削油，シール剤の使用が適切でない場合や，漏れた油類が給水管（硬質塩化ビニル管，ポリエチレン二層管，水道配水用ポリエチレン管，架橋ポリエチレン管，ポリブテン管）を侵し臭味が発生する場合がある。
　又，薬液等とのクロスコネクションにより臭味が発生する場合もある。

2) シンナー臭の場合

　有機溶剤・塗料等が，給水管（硬質ポリ塩化ビニル管，ポリエチレン二層管，水道配水用ポリエチレン管，架橋ポリエチレン管，ポリブテン管）を侵し，臭味が発生する場合がある。

(11) 味

　飲料水の味にかかわる物質は種々あるが，一般的なものとしては，亜鉛，塩素イオン，鉄，ナトリウムなどがある。これらの物質の飲料水への混入は主に水道原水や工場排水などに由来するが，亜鉛や鉄は水道管からの溶出することもある。

(12) 色

　飲料水の色に関わる物質として一般的なものは，亜鉛，アルミニウム，鉄，銅，マンガンなどがある。これらの物質は土壌中から水道原水に混入するものと工場排水などに由来するものがある。亜鉛，アルミニウム，鉄あるいは銅は水道に用いられた薬品や資機材に由来することもある。

(13) 泡だち

　生活排水や工場排水に由来する**界面活性剤**が混入した場合。

塩素消毒による衛生対策

| 第22条 | 衛生上の措置 | 水道法 |

　水道事業者は，厚生労働省令の定めるところにより，水道施設の管理及び運営に関し，消毒その他**衛生上必要な措置**を講じなければならない。

| 施第17条 | 衛生上必要な措置 | 施行規則 |

　法22条の規定により水道事業者が講じなければならない衛生上必要な措置は，次の各号に掲げるものとする。

　三　**給水栓**における水が**遊離残留塩素を0.1 mg/ℓ 以上**，又は**結合残留塩素**の場合は，**0.4 mg/ℓ 以上**保持するように**塩素消毒**をすること。
　　　ただし，① 供給する水が**病原生物に著しく汚染されるおそれがある場合**
　　　又は，　② 病原生物に汚染されたことを疑わせるような生物若しくは物質を多量に含むおそれがある場合
　　の給水栓における水の**遊離残留塩素は，0.2 mg/ℓ 以上**，又は**結合残留塩素**の場合は，**1.5 mg/ℓ 以上**とする。

　水道水として飲用する場合は，清浄な深井戸を水源とするときでも塩素消毒を行わなければならない。

4-1　残留塩素

(1) 残留塩素の種類と消毒効果

　残留塩素とは，消毒効果のある有効塩素が水中の微生物を殺菌消毒したり，有機物を酸化分解した後も水中に残留している塩素のことである。

　1) 遊離残留塩素

　　　塩素が水と反応して，アンモニア性窒素など何ものとも結合しない**次亜塩素酸と次亜塩素酸イオン**などの形で残留する遊離有効塩素をいい，**殺菌効果が強い**。

　2) 結合残留塩素

　　　塩素が水中のアンモニアやアミン類と結合して生じる**クロラミン**の形で残留する結合有効塩素をいい，殺菌力は弱いが水中に溶存する時間が長く，それだけ消毒効果を持続するため**残留効果が大きい**。

(2) 残留塩素の測定方法（市販の測定機器による簡易測定法）

ジエチルーＰーフェニレンジアミン法（**DPD法**）

1）比色管に検水を10mℓ とり，DPD試薬を入れて混和した後，DPDと反応して発色する桃赤色を標準比色液（板）と比較して**残留塩素を測定**する。

2）遊離残留塩素は発色直後に測定する。結合残留塩素は発色した液にヨウ化カリウム試薬を加え，混和2分後に測定した総残留塩素から遊離残留塩素を減じた濃度として測定する。

4-2 消 毒 剤

塩素剤の種類

水道水の消毒には必ず塩素剤が用いられる。塩素剤の種類には次のものがある。

（1）液化塩素（液体塩素）

塩素ガスを高圧で液化し，高圧ボンベに充填したもので，毒性が強く取扱いには十分注意する必要がある。

液化塩素の有効塩素はほぼ100％であり，他の塩素剤に比較して貯蔵量は少なくてすむ。**有効塩素注入量当たりの消毒効果は次亜塩素酸ナトリウムよりも高い。**

高圧ガス関係の法律の規制を受ける。

（2）次亜塩素酸ナトリウム

塩素ガスを水酸化ナトリウムに吹き込んだもので，液化塩素と比較して取扱いが容易であるため，近年は液化塩素から次亜塩素酸ナトリウムに塩素剤を変更する水道事業者が多い。

価格は液化塩素よりも高い。

光や温度の影響を受けて容易に有効濃度が低下する。

次亜塩素酸ナトリウムの注入によってアルカリ度が若干上昇する。

（3）次亜塩素酸カルシウム（高度さらし粉）

消石灰に塩素を吸収させて製造されるもので，粉末，顆粒及び錠剤があり，有効塩素濃度は60％以上で**保存性**がよい。

> **塩 素 臭**
> 水質基準では「異常な臭味がないこと，ただし消毒による臭味を除く」としており，水道水に消毒臭（塩素臭）があることは，水道水の安全を示すものである。

4-3 浄水方法

(1) 消毒のみの方式

原水水質が年間を通して安定して良好な場合，他の浄水施設を設けないで消毒のみで処理する方式で，全体の約20%はこの方法である。

昭和32年（1957年）に水道法が制定。塩素消毒の法制化に至る。

(2) 緩速ろ過方式

普通沈澱法＋緩速ろ過法＋消毒の組合せである。

普通沈澱法は**凝集剤を加えずに緩やかな流速で流し，重い浮遊物質を自然に沈澱させる**方法で，緩速ろ過法はろ過池の砂層に繁殖した**生物の作用によって水を浄化させる**もので，**消毒のための塩素剤は砂ろ過を行ったのち注入する。**

ろ過速度は1日3〜5mで，原水の濁度が低い場合に用いられる方法である。

(3) 急速ろ過方式

終戦後，経済発展と共に水需要も増加していく中，1950年代半ばから米国の指導で急速ろ過方式を取り入れる。

薬品沈澱法＋急速ろ過法＋消毒の組合せで物理的な除去を行う。

硫酸アルミニウムなどの凝集剤を加えて，薬品沈澱で沈澱速度を速め120〜150m／日のろ過速度で砂ろ過を行う方法である。

塩素剤の注入は凝集剤を加える前，又は沈澱処理後に注入される。前塩素処理とは，沈澱処理前に塩素剤を注入し，**中間塩素処理**とは，沈澱処理後に塩素剤を注入して，消毒副生成物をより低減化するために用いられている。

高濁度原水にも対応でき，現在一般的に最も多く用いられている。

(4) 膜ろ過方式

水中の濁質分やコロイドの除去を主な目的とする場合に用いられ，膜をろ材として水を通し，不純物を物理的に除去する方式である。

現在は，まだ採用は少ないが将来増加すると考えられる。

(5) 高度浄水処理方式

オゾン処理・活性炭処理・生物処理等の高度な処理方法をいくつか組合わせて，原水のかび臭・色度・トリハロメタン・微量有機物質等を除去又は低減させる方式である。

§2

水道行政

試験に出題される§2以外の項目	本書で説明される章
給水装置 ——————————→	§3　給水装置の概要と給水装置工事法
給水装置工事 ——————————→	§3　給水装置の概要と給水装置工事法
給水装置の構造及び材質の基準 ——→	§4　給水装置の構造及び性能
指定給水装置工事事業者制度 ———→	§7　給水装置工事事務論
給水装置工事主任技術者の職務と役割 —→	§7　給水装置工事事務論

試験に「出題される項目」に該当する問題は，右欄の各セクションの問題としても
出題されますので，各セクションで水道法並びに解説を系統立てて理解をして下さい。

水道行政

| 第1条 | この法律の目的 | 水道法 |

> 水道の**布設**及び**管理**を適正かつ合理的ならしめるとともに，水道を計画的に整備し，水道事業を保護育成することによって，**清浄**にして**豊富・低廉**な水の供給を図り，もって**公衆衛生の向上と生活環境の改善**とに寄与することを目的とする。

水道法は水道に関する基本法であり，**清浄**にして**豊富・低廉**な水の供給を実現するための必要な規制などの仕組みを通じた行政（厚生労働大臣・都道府県知事）と水道事業者の関係が規定されている。（昭和32年に制定）

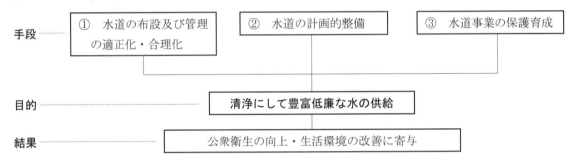

| 第2条 | 責　務 | 水道法 |

> **国及び地方公共団体**は，水道が国民の日常生活に直結し，その健康を守るために欠くことのできないものであり，かつ，水が貴重な**資源**であることにかんがみ，水源及び水道施設並びにこれらの周辺の清潔保持並びに水の適正かつ合理的な使用に関し**必要な施策を講じなければならない**。
>
> 2　**国民**は，国及び地方公共団体の施策に**協力**するとともに，自らも水源及び水道施設並びにこれらの周辺の清潔保持並びに水の適正かつ**合理的な使用に努めなければならない**。

| 第2条の2 | 責　務 | 水道法 |

> **地方公共団体**は，当該地域の自然的社会的諸条件に応じて，水道の計画的，整備に関する施策を策定し，及びこれを実施するとともに，**水道事業及び水道用水供給事業を経営**するに当たっては，その**適正かつ能率的な運営**に努めなければならない。
>
> 2　国は水源の開発，その他の水道の整備に関する基本的かつ総合的な施策を策定し，及びこれを推進するとともに，地方公共団体並びに水道事業者及び水道用水供給事業者に対し，必要な**技術的及び財政的援助**を行うよう努めなければならない。

水道に関して，国民，地方公共団体，国の責務をそれぞれ定めている。

| 第3条 | 用語の定義 | 水道法 |

1　この法律において「**水道**」とは，**導管及びその他の工作物**により，水を**人の飲用**に適する水として供給する**施設の総体**をいう。ただし，臨時に施設されたものを除く。

2　「**水道事業**」とは，一般の需要に応じて，水道により水を供給する事業をいう。ただし，給水人口が100人を超えるもの。

3　「**簡易水道事業**」とは，給水人口が5,000人以下に水を供給する水道事業をいう。

4　「**水道用水供給事業**」とは，水道により，水道事業者に対してその用水を供給する事業をいう。
　　ただし，水道事業者又は専用水道の設置者が他の水道事業者に分水する場合を除く。

5　「**水道事業者**」とは，第6条第1項の規定による認可を受けて水道事業を経営する者をいう。
　　「**水道用水供給事業者**」とは，第26条の規定による認可を受けて水道用水供給事業を経営する者をいう。

6　「**専用水道**」とは，寄宿舎，社宅，療養所等における自家用の水道その他水道事業の用に供する水道以外の水道であって，次の各号のいずれかに該当するものをいう。

　一　100人を越える者にその住居に必要な水を供給するもの。
　二　その水道施設の一日最大給水量（一日に給水することができる最大の水量をいう。以下同じ。）が20m³を超えるもの（令1条2項）。
　　　ただし，他の水道から供給を受ける水のみを水源とし，かつ，その水道施設のうち地中又は地表に施設されている部分の規模が政令で定める基準以下である水道を除く。

7　「**簡易専用水道**」とは，水道事業の用に供する水道及び専用水道以外の水道であって，水道事業の用に供する水道から供給を受ける水のみを水源とするものをいう。ただし，設けられる水槽の有効容量の合計が**10m³**を超えるもの。

8　「**水道施設**」とは，水道のための取水施設，貯水施設，導水施設，浄水施設，送水施設及び配水施設（専用水道にあっては，給水の施設を含むものとし，建築物に設けられたものを除く。以下同じ）であって，当該水道事業者，水道用水供給事業者又は専用水道の設置者の管理に属するものをいう。

9　「**給水装置**」とは，需要者に給水するために配水管から分岐して設けられた給水管及びこれに直結する給水用具から構成される。

10　「**水道の布設工事**」とは，水道施設の新設又は政令で定めるその増設，改造の工事。

11　「**給水装置工事**」とは，給水装置の設置又は変更の工事をいう。

§2　水道行政

```
                 ┌─ 一般の需要に応じて水道により水を供給する事業
                 │      ┌─ 給水人口が100人を超えるもの
                 │      │     └─ 水道事業
                 │      │           └─ 簡易水道事業（水道事業のうち，給水人口5,000人以下のもの）
                 │      └─ （給水人口が100人以下のもの）
                 │
                 ├─ 自家用の水道その他水道事業の水道以外の水道
                 │      ┌─ 100人を超える者にその居住に必要な水を供給するもの。又は人の飲用，炊事用，浴用，
                 │      │  手洗い用その他人の生活の用の目的のために使用する水量が一日最大で20m³を超える
水 道 事 業 の 定 義   │  もの。
                 │      │     └─ 専用水道（他の水道から供給される水のみを水源とし，かつ地中又は地表の施設
                 │      │           の規模が小さい水道を除く。）
                 │      └─ （給水対象が100人以下で，人の飲用，炊事用，浴用，手洗い用その他人の生活の用の目
                 │          的のために使用する水量が一日最大で20m³以下のもの）
                 │
                 ├─ 水道事業及び専用水道以外の水道であって水道事業から供給される水のみが水源
                 │      ┌─ 貯水槽水道
                 │      ├─ 水道事業から水の供給を受ける水のみを水源とするもので，水槽の有効容量の合計が
                 │      │  10m³を超えるもの ── 簡易専用水道
                 │      └─ 水道事業から水の供給を受けるための水槽の有効容量の合計が10m³以下のもの ──
                 │                                                    └─ 小規模貯水槽水道
                 └─ 水道事業者にその用水を供給する事業 ── 水道用水供給事業
```

● **給水人口**

　　現在実際に水道を利用している人々の数（現在給水人口）ではなく，水道の計画に当たって，給水すべき対象として計画された居住人口（計画給水人口）を意味し，例えば，現在給水人口が100人以下であっても，計画給水人口が101人以上であれば水道事業となる。ただ専用水道だけは，実際に居住する人口のことをいう。

● **専用水道**

　　利用者が多い学校，レジャー施設等の水道で，一定規模（20m³/日）を超えるものが追加され，これにより利用者の多い自家用水道も水道法上の責務が適用されることになった。

　　なお，専用水道に設置されている給水管・給水用具は給水装置とはいわない。専用水道は，全体が自家用なので，給水管・給水用具もこれに含めた概念である。

● **水道用水供給事業**

　　水道事業が末端給水を行う小売業とすれば，水道水の卸売業ということができ，供給する用水は浄水であって原水ではない。

受水槽以下の設備

区　分		定　義	管理方法等
専用水道		1.　自己水源等の場合 　(1)　100人超の居住者に水を供給 　(2)　1日最大給水量が20m³超 2.　上水道の水のみの水源の場合 　　1.の条件を満たし次に該当するもの 　(1)　口径25mm以上の導管1500m超 　(2)　貯水槽の有効容量の合計100m³超	所有者は都道府県知事に，布設前の確認，新設時の申請を行い，水質検査，施設検査を行う。 　水道技術管理者を置き，定期又は臨時の水質検査を実施。 　色，濁り，遊離残留塩素：1日1回（水栓で0.1mg/ℓ 以上）
貯水槽水道	簡易専用水道	上水道からの水のみを水源とし，貯水槽の有効容量の合計が10m³を超えるもの 1.　建築物の延べ面積3000m²以上の次のもの 　(1)　興行場，百貨店，集会場，図書館，博物館，美術館又は遊技場 　(2)　店舗又は事務所 　(3)　学校 　(4)　旅館 2.　建築物の延べ面積8000m²以上の学校	所有者は建築物環境衛生管理技術者を選任し，管理させ，維持管理に関する帳簿書類を備えること。 　遊離残留塩素：7日以内ごとに1回 　　　　　　　0.1mg/ℓ 以上 　水質：水質基準省令の特定の項目：6月 　　　　以内ごとに1回 　清掃：1年以内ごとに1回，定期に行う
		上水道からの水のみを水源とし，貯水槽の有効容量の合計が10m³を超えるもので上記1，2以外のもの	設置者又は使用者の管理 　清掃：1年以内ごとに1回，定期に行う 　水質：給水栓における水の色，味等に注意し，異常のときは水質検査
	小規模貯水槽	上水道からの水のみを水源とし，貯水槽の有効容量の合計が10m³以下のもの	設置者が，簡易専用水道に準じた管理を行う

〜参考〜

給水装置 (直結方式)	水道事業者が施設した配水管から分岐して設けられた給水管及びこれに直結する給水用具	装置：所有者又は使用者の管理 水質：給水栓の遊離残留塩素0.1mg/ℓ 以上 　　　（水道事業者の管理）

● 　受水槽以下の設備の水質に関して水道事業者が責任を負うことはなくても，**当該貯水槽水道の設置者が責任を負うことになるため**，水道事業者は，その設置の際には設置者に対して，安全な給水を行う必要性について十分に需要者へ情報提供を行うとともに，工事事業者に対し，技術上の指導を行う必要がある。

● 　受水槽以下の設備に使用する給水用具についても，省令の基準に準じた性能を持つことは当然であるが，給水装置（直結方式）のように法令等で規定されていないことから，構造・材質基準に適合しない製品が使われるおそれがある。このため，水道事業者は，貯水槽水道の設置者に対して維持管理基準等についての情報提供を行うとともに，必要に応じて指導，助言等を行うことにより，適正管理の啓発に努める。

第5条　　　　　　　　　　施設基準　　　　　　　　　　水道法

水道は，原水の質及び量，地理的条件，当該水道の形態等に応じ，取水施設，貯水施設，導水施設，浄水施設，送水施設及び配水施設の全部又は一部を有すべきものとし，その各施設は，次の各号に掲げる要件を備えるものでなければならない。

一　**取水施設**は，水道の水源である河川・湖沼・地下水等から水道の原水を取り入れるための**取水堰・取水塔・取水枠・浅井戸・深井戸・取水管・取水ポンプ**等の設備。

　　河川を水源とする場合には，豊水時に一時貯蓄して，渇水等の必要時に安定して取水するため，貯水施設（ダム）を設置している。

二　**貯水施設**は，水道の原水を貯留するためのダム等の貯水池，原水調整池等の設備

三　**導水施設**は，取水施設で取りいれた水を浄水施設へ導くための**導水管・導水路・導水ポンプ**等の設備。

四　**浄水施設**は，原水の質及び量に応じて，前条の規定による水質基準に適合する必要量の浄水を得るのに必要な**沈でん池**，**ろ過池**その他，**消毒設備**等の設備。

五　**送水施設**は，浄水施設で浄化処理された浄水を配水施設に送るための**送水管及び送水ポンプ**等の設備。

六　**配水施設**は，必要量の浄水を一定以上の圧力で連続して供給するのに必要な**配水池**，**ポンプ**，**配水管**等の設備。

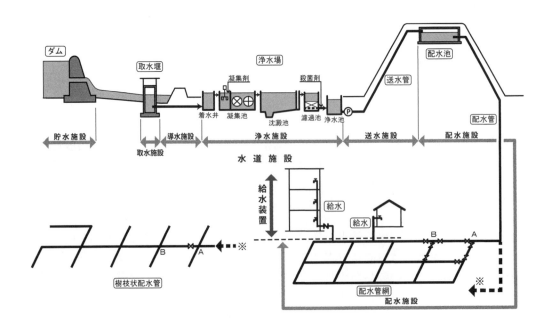

水道事業等の経営

第6条　　　　　　　　　事業の認可及び経営主体　　　　　　　　　水道法

> 水道事業を経営しようとする者は，**厚生労働大臣の認可**を受けなければならない。
>
> 2　**水道事業**は，原則として**市町村が経営**するものとし，市町村以外の者は，給水しようとする区域をその区域に含む市町村の同意を得た場合に限り，水道事業を経営することができるものとする。

- 水道事業者とは，水道事業を経営する者をいう。

- 水道事業は地域独占事業となるので，水道の利用者は転居しない限り水道水の供給者を選択できないことになり，水道事業者の任意の判断による事業の展開や料金の設定によって，水道の利用者の利益が損なわれるおそれがある。
  そこで，**水道法では，水道事業を地域独占事業として経営する権利を国が与えることとして，水道事業者を保護育成することと同時に水道の利用者の利益を保護するために国が監督をするという仕組みとして認可制度をとっている。**

- 水道事業経営の認可制度によって，**複数の水道事業者の給水区域が重複することによる不合理・不経済が回避され**，また，有限な水資源の公平な配分の実現が図られ，さらに水道を利用する国民の利益が保護されている。

- 水道事業は国民の福祉や公共の利益に密接な関係をもつ公益事業であり，公共の利益を保護するため事業の経営に関して国の積極的関与を定めており，水道事業の開始・供給規程・水道料金等の重要事項を変更する際には，その都度，厚生労働大臣の認可又は許可を受けなければならない。

- 水道事業は一定の地域を給水区域とする公益事業であり，地域の実情に通じた市町村の経営が最も公益に合致すること。さらに水道事業には膨大な資金と高度な技術力を必要とするため継続的・安定的な経営には市町村が適切であることなどから，原則として市町村の経営とし，それ以外の者は，市町村の同意を得なければ経営できないとしている。

第26条　　　　　　　　　　事業の認可　　　　　　　　　　　水道法

> **水道用水供給事業を経営**しようとする者は，**厚生労働大臣の認可**を受けなければならない。

水道事業者に水を供給する事業を水道用水供給事業という。

※　専用水道については，都道府県が水道法に基づく監督を行っており，**都道府県知事の確認を受けなければならない。（法第32条）**

§2 水道行政

第8条 認可基準 水道法

　水道事業の経営の認可は，その申請が次の各号に適合していると認められるときでなければ与えてはならない。

一　当該水道事業者の開始が**一般の需要に適合**すること。

二　当該水道事業者の計画が**確実かつ合理的**であること。

三　水道施設の工事の設計が5条の規定による**施設基準に適合**すること。

四　給水区域が**他の水道事業の給水区域と重複しない**こと。

五　供給条件が法14条（供給規定）2項各号に掲げる要件に適合すること。

六　**地方公共団体以外の者の申請に係る水道事業**にあっては，当該事業を遂行するに足りる**経理的基礎**があること。

七　その他当該水道事業者の開始が公益上必要であること。

　水道施設については，その適正な整備を確保するための水道事業経営の認可事項が設けられている。

第12条 技術者による布設工事の監督 水道法

　水道事業者は，水道の布設工事を自ら施行し，又は他人に施行させる場合においては，その職員を指名し，又は第三者に委嘱して，その**工事の施行に関する技術上の監督業務**を行わせなければならない。

2　前項の業務を行う者は，政令で定める資格を有する者でなければならない。

　水道施設の工事を行う場合には，直接施工するか請け負わせて施工するかを問わず，水道施設に係る衛生工学や土木工学に係る技術と経験を一定以上有する資格者が，工事の技術上の監督業務を行わなければならない。

第13条 給水開始前の届出及び検査 水道法

　水道事業者は，配水施設以外の水道施設又は配水池を**新設**し，**増設**し，又は**改造**した場合において，その新設，増設又は改造に係る施設を使用して，給水を開始しようとするときは，あらかじめ，**厚生労働大臣にその旨を届け出て**，かつ，厚生労働省令（則10条，11条）の定めるところにより，**水質検査及び施設検査**を行わなければならない。

2　水道事業者は，1項の規定による水質検査及び施設検査を行ったときは，これに関する記録を作成し，その検査を行った日から起算して**5年間**，これを**保存しなければならない**。

第14条 **供　給　規　程** *水　道　法*

　　水道事業者は，料金，給水装置工事の費用の負担区分その他の供給条件について，**供給規程**を定めなければならない。

2　前項の供給規程は，次の各号に掲げる要件に適合するものでなければならない。

　一　料金が，能率的な経営における適正な原価に照らし公正妥当なものであること。

　二　料金が，定率又は定額をもって明確に定められていること。

　三　水道事業者及び水道の需要者の責任に関する事項並びに給水装置工事の**費用の負担区分及びその額の算出方法が**，適正かつ明確に定められていること。

　四　特定の者に対して不当な**差別的取扱いをするものでないこと**。

　五　**貯水槽水道**（水道事業の用に供する水道及び専用水道以外の水道であって，水道事業の用に供する水道から供給を受ける水のみを水源とするものをいう。）が設置される場合においては，貯水槽水道に関し，水道事業者及び該当貯水槽水道の**設置者の責任**に関する事項が，適正かつ明確に定められていること。

3　前項各号に規定する基準を適用する必要な**技術的細目は**，厚生労働省令で定める。

4　水道事業者は，供給規程をその実施の日までに一般に**周知**させる措置をとらなければならない。

5　水道事業者が地方公共団体である場合にあっては，供給規程に定められた事項のうち**料金を変更**したときは，厚生労働省令で定めるところにより，その旨を厚生労働大臣に**届け出**なければならない。

6　水道事業者が**地方公共団体以外のもの**である場合にあっては，供給規程に定められた供給条件を変更しようとするときは，**厚生労働大臣の認可**を受けなければならない。

● 　供給規程は，水道事業者及び水道の需要者の責任に関することなどの水道の**供給条件を**示すものであり，供給規程を定めることは水道事業者の義務である。

● 　供給規程は，水道事業者の給水区域内で，需要者が給水申込みをする場合の手続きや，給水契約の内容，指定給水装置工事事業者が給水装置工事を施行する際に行わなければならない手続きと費用負担区分，水道料金などを定めている。

● 　水道用水供給事業及び専用水道については一般の需要を対象としないので，供給規定の設定が義務付けられていない。

施第12条の2 **技術的細目（水道事業者と水道需要者の責任事項）** 施行規則

法14条2の三に規定する水道事業者及び水道の需要者の責任に関する事項

一　**水道事業者の責任に関する事項**として，必要に応じて，次に掲げる事項が定められていること。

　イ　給水区域
　ロ　料金，給水装置工事の費用等の徴収方法
　ハ　給水装置工事の施工方法
　ニ　給水装置の検査及び水質検査の方法
　ホ　給水の原則及び給水を制限し，又は停止する場合の手続き

二　**水道の需要者の責任に関する事項**として，必要に応じて，次に掲げる事項が定められていること。

　イ　給水契約申込みの手続
　ロ　料金，給水装置工事の費用等の支払義務及びその支払遅延又は不払いの措置
　ハ　水道メータの設置場所の提供及び保管責任
　ニ　水道メータの賃貸料等の特別の費用負担を課する場合にあたっては，その事項及び金額
　ホ　給水装置の設置又は変更の手続
　ヘ　給水装置の構造及び材質が法16条の規定により定める基準に適合していない場合の措置
　ト　給水装置の検査を拒んだ場合の措置
　チ　給水装置の管理責任
　リ　水の不正使用の禁止及び違反した場合の措置

給水装置工事事業者及び給水装置工事主任技術者の責務

　供給規定には，上記に事項の他に給水装置工事に関わる事項として，**工事施行ができる者，水道メーターの設置位置**，指定給水装置工事事業者が給水装置工事を施行する際に行わなければならない手続き等を定めている。したがって，水道事業者から指定を受けた給水装置工事事業者及びそれにより選任された**給水装置工事主任技術者**は，当該給水区域で給水装置工事を施行する場合には，**工事を適正に行うための基本**として，当該水道事業者が定めている供給規定を熟知しておかなければならない。

第15条　　　　　　　　　　　　　　給 水 義 務　　　　　　　　　　　　　水道法

> 水道事業者は，事業計画に定める給水区域内の需要者から**給水契約の申込み**を受けた
> ときは，正当の理由がなければ，これを拒んではならない。
>
> 2　水道事業者は，当該水道により給水を受ける者に対し，**常時水を供給しなければな**
> **らない。**
> 　ただし，第40条第1項の規定による水の供給命令を受けたため，又は災害その他正当
> な理由があって**やむを得ない場合**には，給水区域の全部又は一部につきその間給水を**停**
> **止することができる。**この場合には，やむを得ない事情がある場合を除き，給水を停止
> しようとする区域及び期間をあらかじめ**関係者に周知させる**措置をとらなければなら
> ない。
>
> 3　水道事業者は，当該水道により**給水を受ける者が料金を支払わないとき**，正当な理由
> なしに**給水装置の検査を拒んだとき**，その他正当な理由があるときは，前項本文の規
> 定にかかわらず，その理由が継続する間，供給規程の定めるところにより，その者に
> 対する**給水を停止**することができる。

　水道事業者は，給水区域内で水道水の供給を受けようとする者の給水申込みに応じなければ
ならない義務及び水道の利用者に対する常時給水義務が課せられている。
　これは，水道事業が地域独占事業であることから，水道事業者を選ぶことのできない水道の
利用者の利益を保護することと，水道の公共性を確保するめに設けられているものである。し
たがって水道事業者は，水道法に定める一定の場合を除き，これらの義務を解除されない。

● **水道事業者は**，水道法に基づき事業経営の認可を取得することにより，**地域独占**で事業
を行う権利を与えられる。
　したがって，水道事業者の給水区域内で水道水の供給を受けようとする国民には，その
水道事業者以外の水道事業者を選択する自由はない。
　このため水道事業者は，水道施設が未整備であることなどの正当な理由無しに，給水区域
内で行われる給水契約申し込みを拒むことはできない。　**（給水申込みの受諾義務）**

　法に基づく水道用水の緊急応援命令を受け又は災害その他正当な理由によって給水停止
を回避できない場合を除き，常時給水を行う義務がある。　**（常時給水義務）**

● 水道の利用者には，定められた料金を支払うなどの義務があり，料金不払いがある場合
や，正当な理由なく給水装置の検査を拒まれたときなどについては，水道事業者が給水停
止できる。

　※　給水申込み者に対する家主・地主の反対は申込者側において処理すべきものであって，給水契
　　約の締結とは直接関係ないなどの理由から，一般に給水申込みを拒否する正当な理由にならない。

§2 水道行政

第19条　　　　　　　　　　　　　水道技術管理者　　　　　　　　　　　　　水道法

　　水道事業者は，水道の管理について技術上の業務を担当させるため，**水道技術管理者一人を置かなければならない**。ただし，自ら水道技術管理者となることを妨げない。

2　**水道技術管理者**は，次に掲げる事項に関する事務に従事し，及びこれらの事務に従事する**他の職員を監督**しなければならない。

一　水道施設が第5条の規定による**施設基準**に適合しているかどうかの検査

二　第13条第1項の規定による**水質検査及び施設検査**

三　給水装置の**構造及び材質**が第16条の規定に基く政令で定める基準に**適合している**かどうかの**検査**

四　次条第1項の規定による**水質検査**

五　第21条第1項の規定による**健康診断**

六　第22条の規定による**衛生上の措置**

七　第23条第1項の規定による給水の緊急停止

八　第37条前段の規定による給水停止

3　水道技術管理者は，政令で定める資格を有する者でなければならない。

● 　**水道用水供給事業者及び専用水道の設置者**は，水道の管理の技術上の業務を担当させるため，施行令で定める一定の学歴・経験を有する**水道技術管理者を置かなければならない**。

● 　水道技術管理者は，施設の適正施工や安全で衛生的な水道水質の確保，水道の利用者の生命と健康の保護など，水道が有する公共性を担保するための技術上の要となる者であり，水道施設が施設基準に適合しているか否か，給水装置が構造・材料基準に適合しているか否か，水道により供給される水が水質基準に適合するか否かなどの検査を行ったり，塩素消毒などの衛生上の措置や緊急時の給水停止などの確実な実施の確保をその業務とする。

一　水道施設が施設基準に適合しているかどうかの検査

二　配水施設以外の水道施設又は配水池を新設・増設・改造した水道施設の使用開始前の水質検査・施設検査

三　給水装置が構造・材質基準に適合しているか否かの検査

四　水道により供給される水の水質検査

五　浄水場等で業務に従事している者等の健康診断

六　水道施設の清潔保持，水道により供給される水の残留塩素の保持，その他の衛生上の措置

七　供給する水が人の健康を害するおそれがあることを知ったときの給水停止と関係者への周知等

八　法第37条に基づく厚生労働大臣又は都道府県知事の命令による給水停止

※　給水装置工事主任技術者と混同しないこと。

　　水道技術管理者は，水道事業者が置く技術上の責任者。

| 第 20 条 | 水質検査 | 水道法 |

水道事業者は，厚生労働省令の定めるところにより，**定期及び臨時の水質検査を行わなければならない。**

2　水道事業者は，前項の規定による水質検査を行ったときは，これに関する**記録を作成し**，水質検査を行った日から起算して**5年間**，これを保存しなければならない。

| 施第 15 条 | 定期及び臨時の水質検査 | 施行規則 |

水道事業者は，水質検査を実施するにあたり毎事業年度の開始前に水質検査計画を策定しなければならない。

なお，当該水質検査計画については，毎事業年度の開始前に需要者に対し情報提供を行うこと。

一　**1日1回以上行う色及び濁り並びに消毒の残留効果**に関する検査を行うこと。

二　検査に供する水の採取の場合は，給水栓を原則とし，水道施設上構造等を考慮して，水質基準に適合するかどうかを判断することができる場所を選定すること。

三　**水質基準項目**については，項目によりおおむね**1ヶ月に1回以上又は3ヶ月に1回以上**の検査を行うこと。

なお，項目によっては，原水や浄水の水質に関する状況に応じて，合理的な範囲で検査の回数を減じる又は省略を行うことができる。

2　水道により供給される水が水質基準に適合しないおそれがある場合は臨時の検査を行うこと。

| 第 21 条 | 健康診断 | 水道法 |

水道事業者は，水道の取水場，浄水場又は配水池において**業務に従事している者**及びこれらの施設の設置場所の**構内に居住している者**について，厚生労働省令の定めるところにより，**定期及び臨時の健康診断を行わなければならない。**

2　水道事業者は，前項の規定による健康診断を行ったときは，これに関する記録を作成し，健康診断を行った日から起算して**1年間**，これを保存しなければならない。

| 施第16条 | 健康診断 | 施行規則 |

法21条1項の規定により行う定期の健康診断は，おおむね**6箇月**ごとに，病原体がし尿に排せつされる**感染症の患者**（病原体の保有者を含む。）の**有無**に関して，行うものとする。

§2 水道行政

第22条　　　　　　　　　　　衛生上の措置　　　　　　　　　　　　　水道法

　　水道事業者は，厚生労働省令の定めるところにより，水道施設の管理及び運営に関し，消毒その他衛生上必要な措置を講じなければならない。

施第17条　　　　　　　　　　衛生上必要な措置　　　　　　　　　　　施行規則

　　法22条の規定により水道事業者が講じなければならない衛生上必要な措置は，次の各号に掲げるものとする。

　一　取水場，貯水池，導水きょ，浄水場，配水池及び井は，常に**清潔**にし，**水の汚染の防止**を充分にすること。

　二　前号の施設には，**かぎをかけ，さくを設ける**等みだりに人畜が施設に立ち入って水が汚染されるのを防止するのに必要な措置を講ずること。

第23条　　　　　　　　　　　給水の緊急停止　　　　　　　　　　　　水道法

　　水道事業者は，その供給する水が人の**健康を害するおそれがある**ことを知ったときは，直ちに**給水を停止**し，かつ，その水を使用することが危険である旨を関係者に**周知させる**措置を講じなければならない。

2　水道事業者の供給する水が**人の健康を害するおそれがある**ことを知った者は，直ちにその旨を当該水道事業者に**通報**しなければならない。

● 人の健康を害するおそれがある場合としては，次のような場合が考えられる。

①　水源又は取水若しくは導水の過程にある水が，浄水操作等により除去を期待するのが困難な病原生物若しくは人の健康に影響を及ぼすおそれのある物質により汚染されているか，又はその疑いがあるとき

②　浄水場以降の過程にある水が，病原生物若しくは人の健康に影響を及ぼすおそれのある物質により汚染されているか，又はその疑いがあるとき

③　塩素注入機の故障又は薬剤の欠如のために消毒が不可能となったとき

④　工業用水道の水管等に誤接続されていることが判明したとき

●　水源又は取水若しくは導水の過程にある水に次のような変化があり，給水栓水が水質基準値を超えるおそれがある場合は，直ちに取水を停止して水質検査を行うとともに，必要に応じて給水を停止する必要がある。

①　不明の原因によって色及び濁りに著しい変化が生じた場合

②　臭気及び味に著しい変化が生じた場合

③　魚が死んで多数浮上した場合

④　塩素消毒のみで給水している水道の水源において，ゴミや汚泥等の汚物の浮遊を発見した場合

第 24 条の 2　　　　　　　　　　　　　**情報提供**　　　　　　　　　　　　*水 道 法*

水道事業者は，水道の需要者に対し，第 20 条第 1 項の規定による水質検査の結果その他水道事業に関する情報を提供しなければならない。

需要者に対して水道事業に関するコスト等の客観的な情報をわかりやすいかたちで提供したり，水道の水質に関する情報など需要者が知りたい情報についても積極的に提供することを制度的に位置付けたもの。

●　提供すべき情報は，水質検査の結果など水道の安全性に関する情報等である。

①　毎年 1 回以上定期に提供する情報

a　水質検査計画及び定期の水質検査の結果その他水道により供給される水の安全に関する事項

b　水道事業の実施体制に関する事項（委託の内容を含む。）

c　水道施設の整備その他水道事業に要する費用に関する事項

d　水道料金その他需要者の負担する費用に関する事項

e　給水装置及び貯水槽水道の管理等に関する事項

②　必要に応じて提供する情報

a　随時の水質検査の結果

b　災害，水質事故等の非常時における水道の危機管理に関する事項

§2 水道行政

第24条の3　　　　　　　　　　　　業務の委託　　　　　　　　　　　　　水道法

> 　水道事業者は，政令で定めるところにより，水道の管理に関する技術上の業務の全般又は一部を他の水道事業者若しくは水道用水供給事業者又は当該業務を適正かつ確実に実施することができる者として政令で定める要件に該当するものに委託することができる。
>
> 2　水道事業者は前項の規定により業務を委託したときは，遅滞なく，厚生労働省令で定める事項を厚生労働大臣に届け出なければならない。委託に係る契約が効力を失ったときも，同様とする。
>
> 3　第1項の規定により業務の委託を受ける者（以下「水道管理業務委託者」という。）は，水道の管理について技術上の業務を担当させるため，**受託水道業務技術管理者**一人を置かなければならない。

● 　水道施設の全部又は一部の管理に関する技術上の業務を委託する場合にあっては、技術上の観点から一体として行わなければならない業務の全部を**受託水道業務技術管理者**に委託するものであること。

● 　給水装置の管理に関する技術上の業務を委託する場合にあっては、当該水道事業者の給水区域内に存する給水装置の管理に関する技術上の業務の全部を委託するものであること。

※ 受託水道業務技術管理者
　位置づけ・業務の内容・資格は基本的に水道技術管理者と同様である。
　したがって，契約に基づき一定の範囲で，水道技術管理者に代って水道法上の責任を負うことになり適正に業務を実施しない場合にはその責任を問われ，罰則の適用も受ける。

第43条　　　　　　　　　　　水源の汚濁防止のための要請等　　　　　　　　　　水道法

> 　水道事業者又は水道用水供給事業者は，水源の水質を保全するため必要があると認めるときは，関係行政機関の長又は関係地方公共団体の長に対して，水源の水質の汚濁の防止に関し，意見を述べ，又は適当な措置を講ずべきことを要請することができる。

　水道事業者は通常の管理体制や浄水操作，浄水技術において対応できない程の水源汚濁が生じた際に，当該水道事業者等が，水源の汚濁に責任を有する者等によって汚濁を防止する取り組みが行われるようにすること等について，関係行政機関等に意見を述べ，又は適当な措置を講ずべきことを要請できる。

§3

給水装置の概要
と
給水装置工事法

関 係 法 令

・建築基準法（配管設備）　114
・建設工事公衆災害防止対策要綱　123

給水装置

第3条　　　　　　　　　　　　　　用語の定義　　　　　　　　　　　　　　　*水道法*

> 9 「**給水装置**」とは，需要者に水を供給するために水道事業者の施設した**配水管**から分岐して設けられた**給水管**及びこれに**直結する給水用具**をいう。

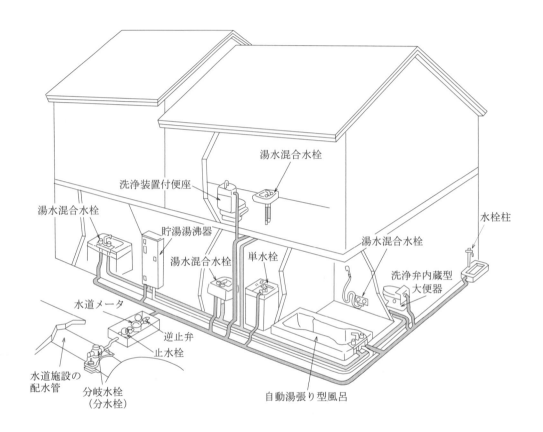

- 給水装置には，配水施設に相当する強度と水質保全のための安全性が要求されている。

- 給水管の途中に直結加圧形ポンプユニットを設置し，圧力を増して直結給水する方式（直結増圧式）の場合，建物の上層階であっても配水管と直接つながっている部分は給水装置である。

- ビル等でいったん水道水を受水槽に受けて給水する場合には，配水管から分岐して設けられた給水管から受水槽への注水口までが給水装置で，配水管から分岐した給水管に直結していない給水用具，つまり，吐水口空間によって配水管を流れる水との水理的な一体性が失われ，大気開放されて自由水面となる受水槽以下のいわゆる建築物に設ける飲料水の給水設備に使用する給水管や給水用具は水道法の上でいう給水装置ではない。
  受水槽注入口の給水装置の範囲を次ページの図に示す。

給水装置
（定水位弁吐水口まで）

電磁弁

副弁付定水位弁

マンホール

受水槽

ボールタップ

吐水口空間

オーバーフロー管

排水口空間

給水管

一般受水槽の吐水空間

給水管口径	吐水空間
13mm 以下	25mm 以上
20mm 以下	40mm 以上
25mm 以下	50mm 以上

受水槽注入口の給水装置の範囲

第20条　　　　　　　　**水道使用者等の管理上の責任**　　　　*給水条例*

> 　水道使用者等は善良な管理者の注意をもって，水が汚染し又は漏水しないよう，給水装置を管理しなければならない。
>
> 2　修繕を必要とするときは，その修繕に要する費用は，水道使用者等の負担とする。
>
> 3　第1項の管理業務を怠ったために生じた損害は水道使用者の責任とする。

　給水装置は，需要者が必要とする水量に応じて設置する設備で，その設置費用は需要者負担が原則であり日常の管理責任も需要者にある。

給　水　管

　「給水管」は，水道事業者の配水管から個別の需要者に水を供給するために分岐して設けられた管，又はその給水管から取り出して設けられた管をいう。

　また，給水装置の主体をなすもので，配水管や既設の給水装置から給水するために，宅地内や家屋内に引き込まれる管をいう。

　給水装置において，主要部分を構成するものは給水管である。したがって，給水管は十分な強度を有するものであって，耐食性に優れ，かつ水質に悪影響を与えないものでなければならない。

直結する給水用具

「**直結する給水用具**」とは，給水管に容易に取り外しのできない構造として接続し，**有圧の**まま給水できる給水栓・湯沸器等の給水用の器具及びこれに接続される設備等をいい，ゴムホース等，容易に取り外しの可能な状態で接続される用具は含まない。

給水管に直結する**給水用具**には分水栓・止水栓・メータ・給水栓・給水装置に係わる器具，同ユニット装置など数多くのものがある。

給水管及び給水用具の要件

給水装置及び受水槽以下の給水設備に使用する管や器具は，飲料水を供給するものであり，水質・構造・材質の安全性の確保が極めて重要である。このため，給水装置に使用できる給水管及び給水用具は，水道法施行令第5条により厚生労働省令で定められた，耐圧・浸出・水撃限界・防食・逆流防止・耐寒・耐久に関する基準に適合したものでなければならない。

① 当該給水装置以外の水管などに接続しないこと。
② 材質は法で定める浸出性能に適合し水道水の水質に影響を及ぼさないこと。
③ 内圧・外圧に対し十分な強度を有していること。
④ **耐久性**に富み，容易に破損又は腐食しないこと。
⑤ 水撃作用（ウォータハンマ）が発生しにくい構造であること。
⑥ 有効な逆流防止機構を備えていること。又は適正な吐水口空間が確保されていること。
⑦ 損失水頭が少ないこと。
⑧ 漏水等が生じないこと。

基省第1条　　　　　　　　　**耐圧に関する基準**　　　　　　　*基準省令*

> **給水管**及び**給水用具**は，最終の止水機構の流出側に設置される給水用具を除き，**耐圧性能を有する**ものを用いること。
>
> 2　給水装置の**接合箇所**は，水圧に対する充分な耐力を確保するためにその構造及び材質に応じた適切な接合を行うこと。

● 給水装置工事の施工の良否において，接合は極めて重要であり，管種，使用する継手，施工環境及び施工技術等を考慮し，**最も適当と考えられる接合方法及び工具を選択しなければならない。**

基省第6条，第7条　　　　　　**耐寒，耐久に関する基準**　　　　　*基準省令*

> **減圧弁，安全弁（逃し弁），逆止弁，空気弁及び電磁弁**は，**耐久性能**を有するものを用いること。

給水管及び継手

1 鋼　管

　鋼管としては，**樹脂被覆鋼管**と**ステンレス鋼鋼管**が水道用配管として使用されているが，一般鋼管は腐食等の影響で最近では使用していない。

　樹脂被覆鋼管は，管の内・外面に種々のライニングを施し，腐食防止を目的とした複合管である。

　ねじ接合部の腐食防止には，**管端防食継手**が最も効果がある。

　なお，地中埋設管には，外面被覆管及び外面被覆管継手を使用することが望ましい。

　ステンレス鋼管は，錆びにくく衛生性にすぐれ軽量化されている等の特徴から，給水管や給湯管として多用されている。

1-1　樹脂被覆鋼管

(1) 硬質塩化ビニルライニング鋼管 (SGP-V)

　　硬質塩化ビニルライニング鋼管は，鋼管の内面に硬質塩化ビニル管をライニングし，強度については鋼管が，耐食性等についてはビニルライニングが分担して，それぞれの材料を有効に利用した複合管である。

　　この管は強度が大きく，外傷に強い。また，**スケール（管内に発生する付着物）の発生が少なく，通水能力も大きい。建築物内の配管**に適しているが，修繕が面倒である。

　　硬質塩化ビニルライニング鋼管には，屋内及び埋設用に対応できる外面仕様の違う三種類の管があり，布設箇所の環境条件を考慮して選定する。

　　1) SGP-VA管は一般的に**屋内配管**として用いられ，**外面仕様は防錆塗装**である。

　　　一次防錆塗装（茶色）
　　　鋼管
　　　硬質塩化ビニル管

　　2) SGP-VB管は屋内配管及び屋外露出配管に使用され，**外面仕様は亜鉛メッキ**である。

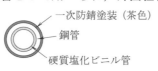

　　　亜鉛メッキ
　　　鋼管
　　　硬質塩化ビニル管

　　3) SGP-VD管は主として**埋設用**に使用され，**外面仕様が硬質塩化ビニル被膜であり，その色は青色**である。

　　　硬質塩化ビニル（青色）
　　　鋼管
　　　硬質塩化ビニル管

　　SGP-VD以外の管を地中埋設する場合は，防食テープ，ポリエチレンスリーブ等の被覆で防食対策する必要がある。

(2) 耐熱性硬質塩化ビニルライニング鋼管（SGP-HV）

耐熱性硬質塩化ビニルライニング鋼管は，鋼管の内面に耐熱性硬質塩化ビニルをライニングし，耐熱用に改良した管である。

この管の用途は、給湯・冷温水などであり、**連続使用許容温度が85℃以下**である。

ただし，瞬間湯沸器においては，機器作動に異常があった場合，85℃を超えることもあるため使用してはならない。

耐熱性硬質塩化ビニルライニング鋼管の専用継手として，**水道用耐熱性硬質塩化ビニルライニング鋼管用管端防食継手、耐熱性硬質塩化ビニルライニング鋼管用ねじ込み式管端防食継手**がある。

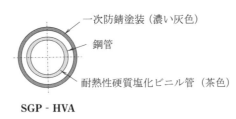

SGP-HVA

(3) ポリエチレン粉体ライニング鋼管（SGP-P）

ポリエチレン粉体ライニング鋼管は，鋼管内面に適正な前処理を施したのち，ポリエチレン粉体を熱融着によりライニングしたものである。温度変化による収縮はく離がなく，低温特性が良好であるから**寒冷地の使用**に適している。

管及び継手の種類，接合方法等については硬質塩化ビニルライニング鋼管に準じる。

SGP－PA　　　　　SGP－PB　　　　　SGP－PD

接合方法

ねじ接合

硬質塩化ビニルライニング鋼管，耐熱性硬質塩化ビニルライニング鋼管，ポリエチレン粉体ライニング鋼管の接合は，ねじ接合が一般的である。

この接合は，専用ねじ切り機で管端にねじを切り，ねじ込む方法である。

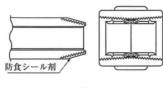

ねじ接合

① 使用するねじは，「**管用テーパねじ**」を使用する。

② ねじ切りに使用する切削油は，**水道用の水溶性切削油**を用いる。

③ **ねじ継手**には，**管端防食継手**を使用する。また，埋設の際には，管端防食継手の外面を合成樹脂で覆った**外面樹脂被覆継手**を使用する。

　外面樹脂被覆継手を使用しない場合は，防食テープを巻く等の防食処理等を施す。

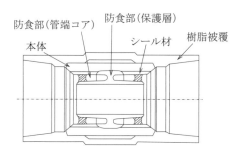

管端防食継手　例

④ **接合**に際しては，錆の発生を防止するため，防食シール剤をねじ部及び管端面に塗布する等，管切断面及び接続部の防食処理を行い接合する。

⑤ **管の切断**は，自動金のこ盤，ねじ切り機に搭載された自動丸のこ機等を使用して，管軸に対して直角に切断する。

　管の切断，ねじ加工等によって，管の切断面に生じた，かえり，まくれをヤスリ等で取り除く。

　硬質塩化ビニルライニング鋼管は，スクレーパ等を使用して管端内側硬質塩化ビニルの厚さの 1/2 〜 2/3 程度を面取りする。

⑥ 管内面及びねじ部に付着した切削油，切削粉等は，ウエス等できれいに拭き取る。

　埋設配管用外面被覆鋼管及び同継手をねじ込む場合，外面被覆層を傷つけないためにパイプレンチ及びバイスは，被覆鋼管用を使用する。

1-2 ステンレス鋼鋼管（SSP）

　ステンレス鋼管は，耐食性・耐錆・耐熱性に優れている。また，強度的に優れ，軽量化しているため取り扱いが容易である。しかし，かき傷やすり傷が付きやすく，切断面のバリや曲げ加工時にシワができやすい。また，薄肉であるため管端が変形しやすいから，加工・取扱いには注意を要する。

　なお，**波状ステンレス鋼鋼管**は，口径13〜50mm，管長は4.0mで最低必要連数（波状部の箇所数）を8連の等間隔形としている。種類は材質の違いによりA・Bの2種類である。

　この管は，変位吸収性などの耐震性に富み，波状部において任意の角度を形成でき，継手が少なくて済むなどの施工面の利点がある。

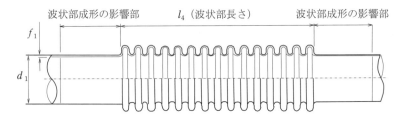

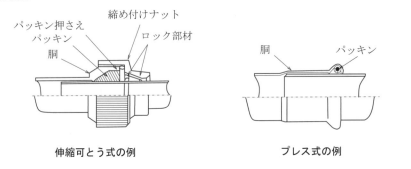

　　　伸縮可とう式の例　　　　　　　　プレス式の例

(1) 伸縮可とう式継手による接合

　伸縮可とう式は，地盤沈下，重車量の通過等使用環境の厳しい箇所の地中埋設配管に使用され，埋設地盤の変動に対応できるように継手に伸縮可とう性を持たしたものであり，**接合はワンタッチ方式が主である**。なお，ワンタッチ方式には溝付けする方式と溝付けしない方式がある。

　1）溝付け用ワンタッチ方式

　　接合にあたっては，管端のバリ，よごれなどがないことを十分に確認しておく。

　　① 溝付けは，溝付け位置にけがき（マーキング）し，専用工具を用いて行う。

　　② 管の挿入は適度に締付けナットを緩めたのち，管を手で引き，ロック部材が管の溝に入っているのを確認してから締付けナットを手締めする。

　　③ 締付けは，パイプレンチ，パイプバイス等を使用し，標準締付けトルク（呼び径20，25 N・mは70 N・m，呼び径30，40，50は120 N・m）で締付けナットを十分締付ける。

2) 溝なし用ワンタッチ方式

① 差し込み深さのマーキングは，所定の位置に行う。

② 管の挿入は，締付けナットの端面に差込み寸法のマーキングが位置するように継手を管に差し込み，手締めをする。

③ 締付けは，パイプレンチ，パイプバイス等を使用し，標準締め付けトルクで締め付ける。

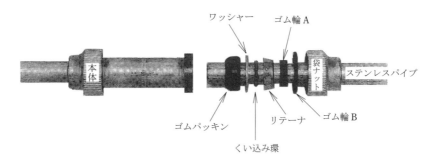

伸縮可とう式継手の接合

(2) プレス式継手による接合

プレス式継手は，**屋内配管**及び可とう性，抜出し阻止力等をそれほど必要としてない箇所の**地中埋設配管**に使用される。接合は，専用締め付け工具（プレス工具）を使用するもので，短時間に接合ができ，高度の技術を必要としない方法である。

① 管を所定の長さに切断後，接合部を清掃し，"ばり"などを除去する。

② ラインゲージで挿入位置を記し，その位置に継手端部がくるまで挿し込む。

③ プレス工具を継手に当て，管軸に直角に保持して，油圧によって締め付ける。

④ 継手に管を挿し込む場合，ゴム輪に傷を付けないように注意をする。

⑤ 専用締め付け工具は，整備不良により不完全な接合となり易いので十分点検する。

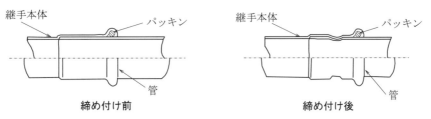

管を継手本体に挿入して，ラインゲージで挿入位置を確認後，プレス工具で加締める。

プレス式継手

―・―・―・―・―・―・―作業上の注意事項・―・―・―・―・―・―・―

① 管の切断は，自動金のこ盤（帯のこ盤，弦のこ盤），ねじ切り機に搭載された自動丸のこ機等を使用して，管軸に対して直角に切断する。管に悪影響を及ぼす**パイプカッターやチップソーカッター**，**ガス切断**，**高速砥石は使用しない**。

② 管の切断，ねじ加工等によって，管の切断面に生じた，かえり，まくれをヤスリ等で取り除く。硬質塩化ビニルライニング鋼管は，スクレーパー等を使用して，**硬質ポリ塩化ビニル管肉厚の 1/2～2/3 程度を面取り**する。

③ 管内面及びねじ部に付着した切削油，切削粉等は，ウエス等できれいに拭き取る。また，ねじ切り機に搭載されている**内面面取り機**（リーマ）の面取りは過大な面取りをするので**使用してはならない**。

④ 埋設配管用外面被覆鋼管及び同継手をねじ込む場合，外面被覆層を傷つけないためにパイプレンチ及びバイスは，被覆鋼管用を使用する。万一，管や継手の**外面を損傷したときは**，**必ず防食テープを巻く等の防食処理を施す**。

⑤ 液状シール剤が硬化しないうちにねじ込む。また，**硬化後にねじ戻しは行わない**。

2 銅管（CP）

銅管は引張強さが比較的大きく，アルカリに侵されず，スケールの発生も少ない。

また，耐食性に優れているため薄肉化しているので，軽量で取り扱いが容易である。しかし，管厚が薄いため，管の保管・運搬に際しては凹みなどをつけないよう注意する必要がある。

温度の低い水の場合は腐食は少ないが，給湯設備に使用する場合には，**pHが低く，遊離炭酸が多い水質では孔食が起こることがある。**

被覆銅管は，銅管の外傷防止と土壌腐食防止を考慮したものである。

軟質銅管は，4～5回の凍結では破裂しない特徴がある。

硬質銅管は，曲げ加工は行わないが軟質銅管は徐々に手で曲げていく。

銅管の継手としては，**はんだ付，ろう付接合の継手**がある。また，**プレス式管継手**の機械継手もある。

接合方法

ろう付け・はんだ付継手の例　　　　プレス式（インコアタイプ）

銅管用の継手

接合には，継手を使用する。しかし，25mm以下の給水管の直管部は，胴継ぎとすることができる。

（1）はんだ接合

① 切断によって生じた管内外のまくれは専用のリーマ又はばり取り工具によって除去する。

② 管端修正工具を使用して管端を真円にする。

③ 接合部は，ナイロンたわし等を使用して研磨し，汚れや酸化膜を除去する。

④ **フラックスは必要最小限とし，接合部の管端3～5mm離して銅管外面に塗布する。**

⑤ フラックスを塗布した銅管へ，ストッパーに達するまで十分継手を挿し込む。

⑥　加熱はプロパンエアートーチ又は電気ろう付け器で行う。はんだをさす適温は**270～320℃である。**

⑦　濡れた布などでよく拭いて外部に付着しているフラックスを除去すると同時に接合部を冷却し安定化させる。

(2) ろう接合

口径40mm以上の接合銅管に用い，管の差込み部と継手受け口の隙間にろう材を加熱・溶解して毛細管現象により吸い込ませて接合する。

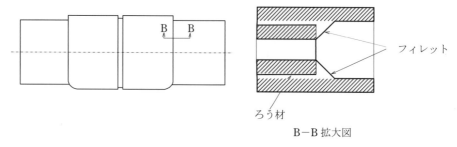

はんだ接合及びろう接合

(3) プレス式接合（機械継手式）

ステンレス鋼鋼管のプレス式継手の接合に準じる。

3 硬質ポリ塩化ビニル管

(1) 硬質ポリ塩化ビニル管 (**VP**)

硬質ポリ塩化ビニル管は，引張強さが比較的大きく，耐食性に優れ，酸・アルカリに侵されず，特に耐電食性が大きい。スケールの発生も少なく通水能力は極めてよい。重量も軽く，取扱いが容易である。

しかし，衝撃に弱いので露出配管は危険である。紫外線に侵されやすく直射日光による劣化や，温度の変化による伸縮性があるので配管において注意を要する。また，難燃性であるが，熱や低温に弱く，凍結の際に破損しやすい。使用範囲は約−5〜60℃（気温）である。

したがって，使用は埋設や屋内を原則とし，やむを得ず屋外に配管する場合には冬季の凍結防止も兼ね，露出部分を被覆する必要がある。

特に，管に傷がつくと破損しやすいため，外傷を受けないよう取扱いに注意するとともに，芳香族化合物（シンナー等）などの管の材質に悪影響を及ぼす物質と接触させてはならない。

硬質ポリ塩化ビニル管の継手としては，硬質ポリ塩化ビニル製はTS継手接合，及びダクタイル鋳鉄製のものはゴム輪形継手接合がある。

(2) 耐衝撃性硬質ポリ塩化ビニル管 (**HIVP**)

耐衝撃性硬質ポリ塩化ビニル管は，**硬質ポリ塩化ビニル管の耐衝撃強度を高めるように改良されたものである。**長期間，直射日光に当たると，年月の経過とともに耐衝撃強度が低下することがあるので注意が必要である。

耐衝撃性硬質ポリ塩化ビニル管の継手としては，耐衝撃性硬質ポリ塩化ビニル製及びダクタイル鋳鉄製のものがある。

(3) 耐熱性硬質ポリ塩化ビニル管 (**HTVP**)

耐熱性硬質ポリ塩化ビニル管は，硬質ポリ塩化ビニル管を耐熱用に改良したものである。許容圧力0.2MPaの場合，71〜90℃以下の給湯配管に使用できる。

金属管と比べ伸縮量が大きいため，使用に当たっては専用の**耐熱性硬質ポリ塩化ビニル管継手等を使用するか，**又は配管方法によって**伸縮を吸収する必要がある。**

ただし，瞬間湯沸器においては，機器作動に異常があった場合，管の使用温度を超えることもあるため使用してはならない。また，熱による膨張破裂のおそれがあるため，使用圧力により減圧弁の設置を考慮することが必要である。

接続方法

(1) **TS継手による接合**：接着剤を用いた接合方法である。

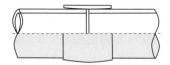

① 管挿し口外面と継手受け口内面に付着した泥や水をきれいに拭き取る。

② 接着剤を均一に薄く塗布後，直ちに継手に挿し込み，管の戻りを防ぐため，**口径50mm以下は30秒以上，口径75mm以上は60秒以上そのまま保持する。** この間は接合部分に，引っ張り及び曲げの力を加えてはならない。

③ はみ出した接着剤は，直ちに拭きとる。接着剤には，水道用硬質ポリ塩化ビニル管の接着剤として，硬質ポリ塩化ビニル管用と耐衝撃性硬質ポリ塩化ビニル管用がある。

④ 接合後の静置時間を十分に取り，この間は接合部に引っ張り及び曲げの力を加えてはならない。

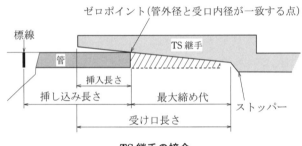

TS継手の接合

(2) **RR継手による接合**：ダクタイル鋳鉄製はRR継手による接合である。

① 管の切断面は面取りを行う。

② ゴム輪とゴム輪溝，管挿し口の清掃を行う。

③ ゴム輪は，前後反対にしたり，ねじれのないように正確に装着する。

④ 挿し込み荷重を軽減するため，**ゴム輪及び挿し口の表示線まで，専用の滑剤を塗布する。**

⑤ 接合は，管軸を合わせた後，一気に表示線まで挿し込む。

⑥ 接合後，ゴム輪のねじれ，離脱がないかチェックゲージを用いて全円周を確認する。

⑦ 曲管の接合部は，水圧によって離脱するおそれがあるので，離脱防止金具又はコンクリートブロックにより防護する。

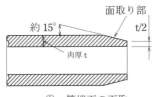
① 管端面の面取

② ゴム輪の装着方法

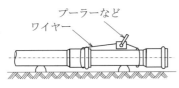
③ 挿入機による挿し込み

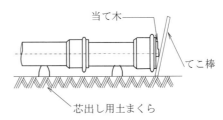
④ てこ棒による挿し込み

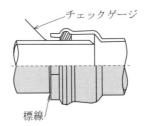
⑤ チェックゲージによる確認

RR継手の接合

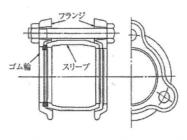

硬質ポリ塩化ビニル管のダクタイル鋳鉄異形管（ドレッサー形ジョイント）

硬質ポリ塩化ビニル管の継手の例

4 ポリエチレン二層管（PP）

ポリエチレン二層管は，柔軟性があるため，生曲げ配管が可能であり，**たわみ性に富み**，**耐震性に優れている。耐寒性・耐衝撃強さが大であり**，また，**長尺ものであるため，少ない継手で施工できる。**しかし，引張強さが小さく，管の内圧強度も比較的低い。可燃性で高温に対して弱い。また，他の管種に比べて柔らかく，傷が付きやすいため，管の保管や加工に関しては取扱いに注意が必要である。

なお，**有機溶剤・ガソリン等に侵されやすい**ので，これらに触れるおそれのある個所での使用は避けなければならない。

管の種類には，1種（軟質管）と2種（硬質管）がある。

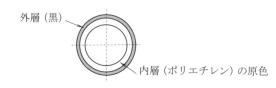

ポリエチレン二層管

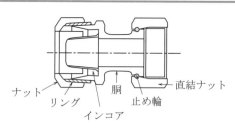

ポリエチレン二層管の継手

金属継手（メカニカル継手）による接合

① 継手は，管種（1種・2種）に適合したものを使用する。
② パイプ切断面にばりがある場合には，面取り器で，ばり取りを行う。
③ 継手を分解し，リングは割りのある方を袋ナット側に向ける。また，挿し込み長さを考慮して，切断箇所には，あらかじめ標線を入れておく。
④ インコアを管に，プラスチックハンマー等で根元まで十分にたたき込む。
⑤ 管を継手本体に差し込み，リングを押し込みながら袋ナットをパイプレンチ等を2個使用し，十分に締め付ける。

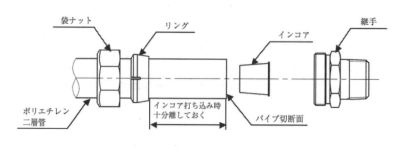

5　水道配水用ポリエチレン管

1. 水道配水用ポリエチレン管は，**高密度ポリエチレン樹脂を主材料とした管で，耐久性，耐食性，衛生性に優れる。**
   管の柔軟性に加え，**電気融着等により管と継手が一体化し，地震，地盤変動等に適応できる。また，軽量で取扱いが容易**である。

2. 管の保管は直射日光を避けるとともに，管に傷がつかないよう，保管や運搬，及び施工に際しては取扱いに注意が必要である。

3. 灯油，ガソリン等の有機溶剤に接すると，管に浸透し水質事故を起こすことがあるので，これらの物質と接触させてはならない。

接合方法

水道配水用ポリエチレン管の接合には通常，EF（エレクトロフュージョン，**電気融着）継手**が用いられる。**EF 継手はコントローラから通電してEF 継手に内蔵した電熱線を発熱させ，継手内面と管外面の樹脂を加熱溶融し，一体化させる。**

この方法は下記のような特長を有する。

① 接合方法がマニュアル化されており，かつ，EF コントローラによって最適融着条件が自動制御される。

② 管重量が軽量であるうえ，継手が融着により一体化されているため，長尺の陸継ぎが可能である。

③ **異形管部分の離脱防止対策が不要**である。

(1) EF 継手による接合

① 管端部外面に付着している土や汚れを取り除き，継手挿入代を記入する。

② **継手との管融着面の挿入範囲をマーキング**し，この部分をスクレーパで切削し，削り残しが無いようにする。

③ 継手内面と管外面を**エタノールまたはアセトンを浸み込ませた専用ペーパータオルで清掃**する。清掃後は，その面に手を触れない。

④ 管に挿入標線を記入後，継手をセットし，クランプを使って，管と継手を固定し，標線まで挿入されていることを確認する。

⑤ コントローラのコネクタを継手に接続のうえ，継手バーコードを読み取り，通電を開始する。

⑥ 融着終了後，所定の時間冷却確認後クランプを取外す。
　冷却中はクランプで固定したままにし，接合部に外力を加えない。

⑦ **融着作業中のEF 接続部に水が付着しないように，**ポンプによる十分な排水，雨天時はテントによる雨よけ等の対策を講じる。

(2) メカニカル式継手による接合

メカニカル式継手には，引抜阻止性能をもつ金属継手(呼び径50用)とメカニカル継手がある。金属継手は，ポリエチレン二層管用の金属継手と同様の構造で，接合も同様の方法で行う。メカニカル継手は，次のような手順で行う(PTC規格品の場合)。

① 管端が直角になるように切断し，管端面のばり取りを行う。

② 管端から200 mm程度の内外面及び継手本体の受口内面やインナーコアに付着した油・砂等の異物をウエス等で取り除く。

③ インナーコアを管に挿入する(入りにくい場合は，角材をあててプラスチックハンマ等で軽くたたいて挿入する)。

④ 製造業者指定の標線を，管表面にマーキングする。

⑤ 潤滑材を製造業者指定の場所(管または，継手ゴム部等)に塗布する。

⑥ 継手本体に管を所定の標線まで差し込む。

⑦ 継手と押輪がメタルタッチとなるまで，ボルトナットを均等に締込む。なお，継手と押輪の間にスペーサがある場合には，締付け時に取り除く。

6 架橋ポリエチレン管（XPEP）

　架橋ポリエチレン管は，耐食性に優れ，軽量で柔軟性に富んでいる。管内スケールの付着も少なく，流体抵抗が小さい。耐寒性にも優れ，寒冷地での使用に適している。
　また，管は長尺物のため，中間での接続が不要になり，施工も簡単である。しかし，熱による膨張破裂のおそれがあるため，使用圧力が高い場合は減圧弁の設置を考慮する等配管には注意が必要である。
　直射日光や直火，有機溶剤に弱く，傷つきやすいことから，保管や運搬には注意を要する。

接合方法

(1) メカニカル継手による接合

　乳白色の単層管に使用する。
　管を継手に差し込み，ナット及びリングで締め付けて水密性を確保する接合である。
　袋ナット式，スライド式，ワンタッチ式の継手形式がある。

メカニカル式継手

(2) 電気融着式継手による接合

　緑色の二層管に使用する。
　継手内部に埋めてあるニクロム線を電気により発熱させ，継手内面と管外面を電気融着接合する。接合面が完全に一体化し，信頼性の高い方法である。

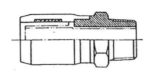

（電気融着だけで水密性を確保する継手）

電気融着式継手

7 ポリブテン管（PBP）

ポリブテン管は，ポリブテン樹脂を原料としたプラスチック管で高温時でも高い強度をもち，しかも金属管に起こりやすい熱水による腐食もないので**温水用配管に適している**。

さや管ヘッダーシステムの給水管・給湯管に使われている。しかし，熱による膨張破裂のおそれがあるため，使用圧力により減圧弁の設置を考慮する等，配管には注意が必要である。

有機溶剤，ガソリン等に接すると，管に浸透し，管の軟化・劣化や水質事故を起こすことがあるので，これらの物質と接触させてはならない。

また，管に傷がつかないように運搬や施工に際しての取扱いに注意が必要である。

接合方法

(1) 電気融着式接合

継手内部に埋めてあるニクロム線を**電気**により**発熱**させ，継手内面と管外面とを**電気融着接合**する。

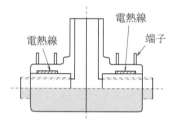

電気融着式継手

(2) メカニカル式接合

管を継手に差し込み，**ナット**，**バンド**，**スリーブ**等を締め付ける**接合**や**O**リングにより**水密性を確保**する接合方法である。

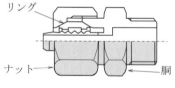

メカニカル式継手

(3) 熱融着式接合

ヒーターで管の外面と継手の内面を**加熱融着**させて溶融した樹脂を接合する。

温度管理等に熟練を要すが，接合面が完全に一体化し，信頼性の高い方法である。

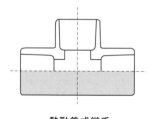

熱融着式継手

8　ダクタイル鋳鉄管（DIP）

　ダクタイル鋳鉄管は，鋳鉄組織中の黒鉛が球状のため靱性に富み衝撃に強く，強度が大であり，耐久性がある。

　継手は種類が豊富であり，伸縮可とう性のある継手を用いれば管が地盤の変動に適応できる。しかし，重量が重く，異形管の接合箇所には，原則として異形管保護を必要とする。

　一般に，給水工事において，**ダクタイル鋳鉄管の接合形式**は，K形，T形，NS形，GX形等がある。

接合方法

(1) K形による接合

① 挿し口外面及び受け口内面に滑剤を十分塗布する。

② ゴム輪全面に継手用滑剤を塗り，押し口から20cm程度の位置まで挿入する。

③ 挿し口を受け口に確実に挿入する。

④ 管のセンターをあわせ，受け口内面と挿し口外面との隙間を上下左右できるだけ均一にし，ゴム輪を受け口内の所定の位置に押し込む。

⑤ 押し輪又は特殊押し輪を受け口に寄せ，セットする。この場合，押し輪端面に鋳出してある口径及び年号の表示を管と同様に上側にくるようにする。

⑥ T頭ボルトを受け口から挿入し，平均に締め付けていくようにし，受け口と押し輪間隔が均一に確保されるようにする。
　なお，標準締め付けトルクは$\phi 75\,mm$の管で60N・m。

⑦ 特殊押し輪はT頭ボルトを均一に締め付けた後，特殊押し輪の押しねじを上下，左右等の順に一対の方向で徐々に数回にわたって締め付けるようにしなければならない。

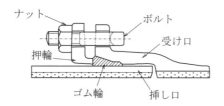

(2) T形による接合

① ゴム輪の装着はヒール部を手前にし，ゴム輪の受け口内面の突起部に完全にはまり込むよう正確に行う。

② 挿し口端面から白線までの部分及びゴム輪の挿し口接触部分に滑剤をむらなく塗布する。

③ 接合に当たっては，呼び径に応じて，レバーホイスト等の接合用具を使用する。

④ 管挿入後，挿し口が規定通り入っているか，ゴム輪が正常な状態かを確認する。

⑤ T形継手用離脱防止金具は，異形管と切り管の前後及び他の管との接合部に使用しなければならない。

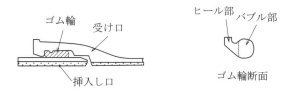

(3) NS形（呼び径75～450）及びGX形（呼び径75～250）直管継手の接合

　この継手は，大地震でしかも地盤が悪い場合を想定して大きな伸縮余裕，曲げ余裕をとっているため，管体に無理な力がかかることなく継手の動きで地盤の変動に適応することができる。

① 受け口溝及び挿し口外面の清掃を行う。

② ロックリングとロックリング芯出し用ゴムの確認を行い，正しくセットする。

③ ゴム輪を清掃し，受口内の所定の位置にセットする。

④ 管をクレーン等で吊った状態にして挿し口を受口に預け，GX形は2本の管が2°以内，NS形は管芯が一直線になるようにする。

⑤ 接合器具をセットした後，レバーホイストを操作し所定の位置まで挿入する。

⑥ 受口と挿し口の隙間にチェックゲージ又は薄板ゲージを挿入し，ゴム輪が全周にわたり所定の位置にあるかどうか確認する。

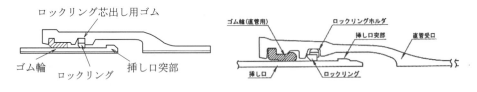

NS形ダクタイル鉄管　　　　　GX形ダクタイル鉄管

作業上の注意事項

① 管の接合部に付着している油，砂，その他の異物の除去をする。

② 締付は，ラチェットレンチ，トルクレンチ，スパナ等の工具を使用する。

③ 管継手用滑剤を使用し，グリース等の油剤類は使用しない。
---

9 フランジ継手による接合

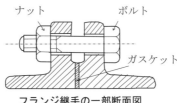

フランジ継手の一部断面図

　フランジ継手は，鋳鉄管及び鋼管用の継手。両方のフランジ面の間にガスケットをはさみ，ボルトで締め付ける構造のため，継手として剛性は大きいが伸縮性や可撓性はない。取り付けや取りはずしが比較的容易なことから，一般的にはバルブ類やポンプの接合部など点検や補修などの頻度の多い箇所に用いられる。

① フランジ接合面は，錆，油，塗装，その他の異物を丁寧に取り除き，ガスケット溝の凹部をきれいに清掃しておく。

② 布入りゴム板を使用する場合，手持ち部を除き，フランジ部外周に合わせて切断し，ボルト穴部分及び管内径部をフランジ面に合わせて正確に穴開けする。

③ 布入りゴム板又はガスケットを両フランジに正確に合わせ，所定のボルトを同一方向より挿入し，ナット締め付けを行うようにする。締め付けは，左右一対の方向で徐々に数回に分けて締め，片締めにならないよう十分注意する。

10 材質が異なる給水管の接合

接合方法

接合を確実にすることと異種金属管どうしの接合は電位差を生じ腐食を早めるので、これを防止するために**異種金属管用の絶縁継手**を使用する。

(1) ステンレス鋼管と銅管

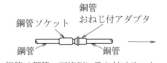
① 伸縮可とう式継手による接合

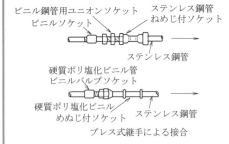
② プレス式継手による接続

(2) 鋼管と銅管

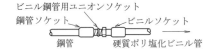
銅管は鋼管の下流側に取り付けること。

(5) 硬質ポリ塩化ビニル管とステンレス鋼管

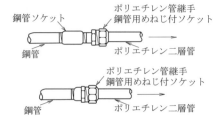
プレス式継手による接合

(6) 鋼管と硬質ポリ塩化ビニル管

(7) 鋼管とポリエチレン二層管

(8) 硬質ポリ塩化ビニル管とポリエチレン二層管

(3) 銅管と硬質ポリ塩化ビニル管

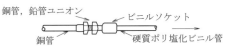

(4) 鋼管とステンレス鋼管
金属電位差による腐食を防止するため、必ず次の継手を使用し接合

① 伸縮可とう式継手による接合

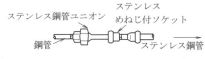
② プレス式継手による接合

(9) ダグタイル鋳鉄管と鋼管

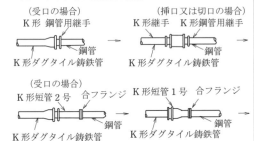
① K形継手による接合

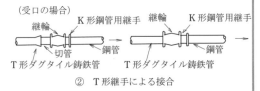
② T形継手による接合

(10) ダグタイル鋳鉄管と硬質ポリ塩化ビニル管

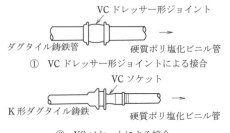
① VCドレッサー形ジョイントによる接合
② VCソケットによる接合

11 給水管の切断方法と曲げ加工

管　種	切　断　方　法	曲　げ　加　工
ライニング鋼管	・ 自動金のこ盤（帯のこ盤，弦のこ盤），ねじ切り機に搭載された自動丸のこ機等を使用し，管軸に対して直角に切断する。 ・ 管に悪影響を及ぼすパイプカッターやチップソーカッター，ガス切断，高速砥石は使用しない。 ・ 管の切断，ねじ加工等によって，管の切断面に生じたかえり，まくれをヤスリ等で取り除く。 ・ 塩化ビニルライニング鋼管は，スクレーパー等を使用して塩化ビニル管肉厚の1/2～2/3程度を面取りする。 ・ 管内面及びねじ部に付着した切削油，切削粉等は，ウエス等できれいに拭き取る。また，ねじ切り機に搭載されている**内面面取り機**（リーマ）の面取りは過大な面取りをするので**使用してはならない。** ・ 埋設配管用外面被覆鋼管及び同継手をねじ込む場合，外面被覆層を傷つけないためにパイプレンチ及びバイスは，被覆鋼管用を使用する。万一，**管や継手の外面を損傷したときは，必ず防食テープを巻く等の防食処理を施す。** ・ 液状シール剤が硬化しないうちにねじ込む。また，硬化後にねじ戻しは行わない。	・ パイプベンダでの曲げ加工は行わない。（エルボを使用する）
硬質ポリ塩化ビニル管	・ 切断か所は正確に寸法を測り，管軸に直角にケガキ線を入れる。 ・ 一般に口径50mm以下は金切鋸，75mm以上は万能鋸で切断し，切断面は，ヤスリで面取りを行う。	エルボ又はベンド類による。
ポリエチレン二層管	・ ナイフ又は金切鋸で管軸に直角に切断し，切り口はきれいに仕上げる。	・ 屈曲半径は外径の**20倍以上**とする。（これより小さい屈曲半径とする場合はエルボを使用する。）
銅　管	・ 金切鋸で管軸に対し直角に切断する。 ・ 切り口は，リーマ又はバリ取り工具でバリやマクレを取る。 ・ 管端修正工具で真円にする。	・ 硬質銅管は曲げ加工は行わない。 ・ 軟質銅管を手曲する時，スプリングベンダー又はポリ芯を管内に挿入して曲げる。 | 口径 (mm) | 曲げ半径R (mm) | | 13 | 80以上 | | 20 | 150以上 | | 25 | 250以上 | ・ 断面が変形しないようにできるだけ大きな半径で支点を移動させながら少しづつ曲げる。
ステンレス鋼鋼管	・ 切断にはロータリーチューブカッターを使用することが望ましい。 ・ 金鋸や高速切断機を使用する場合は，管軸に対し直角に切断し，切り口のバリは必ず取り除き，十分管外面の面取りを行う。 ・ 管端部にだれ，バリがないことを確認する。	・ ベンダーにより行い，加熱による焼曲げ加工等は行ってはならない。 ・ **最大曲げ角は原則として90度**(補角)とし曲げ部分にしわ，ねじれのないようにする。 ・ 曲げの曲率半径は管軸線上において口径の**4倍以上**とする。 ・ **曲がりの始点又は終点から10cm以上の直管部分を確保する。** ・ 曲げの加工部の楕円化率は，所定の計算式で算出した数値が5%以下でなければならない。
ダクタイル鋳鉄管	・ 鉄管カッターで管軸に直角に切断する。	（曲管を使用する。）

銅管の曲げ加工表:

口径 (mm)	曲げ半径R (mm)
13	80以上
20	150以上
25	250以上

給水用具

　給水管に直結する給水用具には多種多様なものがある。これらの器具は，衛生上無害で一定の水圧に耐え，耐久性に富み，損失水頭が少なく，水が逆流せず，かつ過大な水撃作用（ウォータハンマ）を生じない構造のものでなければならない。

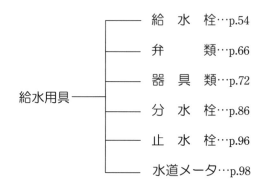

給水用具の分類

2-1 給水栓

　給水栓は，給水装置において**給水管の末端**に取り付けられ，水を出したり，止めたりする栓であり，その種類には次のようなものがある。

給水栓の種類

区　分	種　　　類
単水栓	横水栓　　立水栓　　横形衛生水栓　　ホース接続型水栓 電子式自動水栓　　　　小便器洗浄水栓　　など
湯水混合水栓	ツーハンドル式　　　　シングルレバー式 ミキシングバルブ式　　サーモスタット式
ボールタップ	一般形ボールタップ　　副弁付定水位弁 ダイヤフラム式ボールタップ
洗浄弁	小便器洗浄弁　　　　　大便器洗浄弁 洗浄弁内蔵型大便器　　洗浄装置付便座
凍結予防栓類 （不凍栓類）	内部貯留式不凍給水栓　　外部排水式不凍給水栓 水抜栓　　水抜きバルブ
その他	水道用コンセント

(1) 単水栓

水栓は，使用者に直接水を供給するための給水用具で，弁の開閉は主にハンドルを回して行うが，中には，レバーハンドルを上下して弁の開閉を行うシングルレバー式の水栓や，自動的に弁の開閉を行う電子式自動水栓などもあり，用途によって多種多様のものがあるので，使用目的に最も適した水栓を選ぶことが必要である。

こまの取替要領例

① 止水栓を回して水を止める。

② 給水栓のハンドルを全開にし，スパナ等でハンドルの下にあるキャップナットをはずし，ハンドルを左に数回まわしてスピンドルを抜き取る。
　また，水栓の種類によっては，
　　ア．キャップを外す　　　　　　　イ．ビスを外す
　　ウ．ハンドルを引き抜く　　　　　エ．キャップナットを外してスピンドルを抜く

③ スピンドルを抜いた本体の中にこまが入っているので，これをピンセット等で取り出す。

④ こまの摩耗やごみ等の付着を点検し，摩耗しているものは新しいものと交換する。

⑤ 逆の順序で組み立てを行い，止水栓を回して開ける。

給水栓の故障と修理

故　障	原　因	修　理
漏　水	こま，パッキンの磨耗損傷	こま，パッキンを取り替える。
	弁座の磨耗，損傷	・軽度の磨耗，損傷ならば，パッキンを取り替える。 ・その他の場合は給水栓を取り替える。
水　撃	こまとパッキンの外形の不揃い（ゴムが磨耗して拡がった場合など）	正規のものに取り替える。
	こまパッキンが柔らかいときキャップナットの締め過ぎ	こまパッキンの材質を変えるか，キャップナットを緩める。
	こまの裏側（パッキンとの接触面）の仕上げ不良。	こまを取り替える。
	パッキンの硬度が軟らかすぎるとき	適当な硬度のパッキンに取り替える。
	水圧が異常に高いとき	減圧弁等を設置する。
異常音	栓棒の穴とこま軸の外径が合わなく，がたつきがあるとき	磨耗したこまを取り替える。
グランドから漏水	栓棒又はグランドパッキンの磨耗損傷	栓棒又はグランドパッキン栓を取り替える。
栓棒のがたつき	栓棒のねじ山の磨耗	栓棒又は給水栓を取り替える。
水の出が悪い	給水栓のストレーナにゴミが詰まった場合	給水栓を取り外し，ストレーナのゴミを除去する。

(2) 湯水混合水栓

1) ツーハンドル式

湯側・水側の2つのハンドルを操作することにより，止水と吐水及び吐水温度・量の調整を行う切替ハンドルで，水側・シャワー側・一時止水の切替ができるものもある。

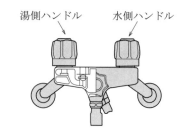

2) シングルレバー式

1つのレバーハンドル操作により，止水・吐水の切替え，吐水温度・量の調整ができる。

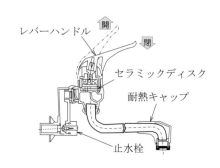

3) ミキシングバルブ式

給水と給湯を1つのハンドル操作によって適当な割合で混合し，吐水温度の調整できる湯水混合水栓で，給湯圧力と給水圧力に変化がない場合に適している。

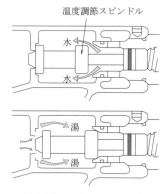

温度調節スピンドルの動き

4) サーモスタット式

サーモスタット式は，温度調節部にサーモスタット（自動適温維持装置）を組み込んだもので，温度調整ハンドルによって，あらかじめ吐水温度を設定しておけば湯水の圧力及び温度変動などがあった場合でも，湯水の混合量を自動的に調整し，設定温度の混合水を供給するもの。

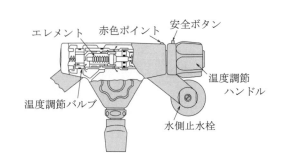

(3) ボールタップ

ボールタップは,フロートの上下によって自動的に弁を開閉する構造になっており,水洗便所のロータンクや,受水槽に一定量の水を貯めるために使用する給水用具である。

① 受水槽内のボールタップは,水槽上部のマンホールに近いところに設置すること。

② 受水槽等に給水する場合は,水槽への給水は落とし込み式とし,吐水口と水槽越流面との位置関係は,十分な吐水口空間を設け,水槽内の水が給水管内に逆流しないものでなければならない。

③ ボールタップは,過大な水撃圧を与えるものを避け,**複式**や**副弁付定水位弁**等の緩衝式のものを使用し,また,**波立ち防止板等**の設置を考慮する。

1) 一般形ボールタップ

一般形ボールタップは,テコの構造によって単式と複式に区分され,さらにタンクへの給水方式によりそれぞれ横形,立形の2形式がある。

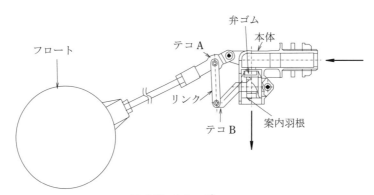

複式ボールタップ

ボールタップの故障と修理

故障	原因	修理
水が止まらない	弁座に異物が付着し,締めきりが不完全となる。	分解して異物を取り除く。
	パッキンの磨耗	パッキンを取り替える。
	水撃が起きやすく,止水不完全	・水面の動揺する場合は,波立ち防止板を設ける。 ・複式フロートの場合,フロートを取り替える。
	弁座が損傷又は磨耗。	ボールタップを取り替える。
水が出ない	異物による詰まり。	分解して清掃する。
	主弁のスピンドルの折損。	主弁のスピンドルを取り替える。

2）副弁付定水位弁

副弁付定水位弁は，大口径用一般形ボールタップを改良したもの。

主弁に小口径ボールタップを副弁として組合わせ取り付けるもので，副弁の開閉により主弁内に生じる圧力差によって開閉が円滑に行えるものである。主弁が低位置に設置できるため，配管・補修管理が容易に行え，また主弁の開閉は圧力差により徐々に閉止するので**ウォータハンマを緩和することができる。**

なお，この形式のものには，副弁として**電磁弁**を組合わせて使用するものがある。

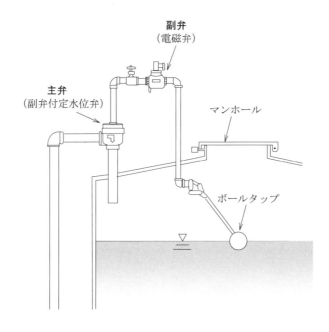

副弁付定水位弁の故障と修理

故　障	原　因	修　理
水　が 止まらない	副弁の故障。	一般形ボールタップ修理と同じ。
	主弁座に異物をかんでいる。	シリンダを外し，弁座を清掃する。
	主弁座パッキンの摩耗。	新品と取り替える。
水　が 出ない	ストレーナに異物が詰まっている。	分解して清掃する。
	ピストンのOリングが摩耗して作動しない。	Oリングを取り替える。

※ **電磁弁**

圧力・水位・温度などを自動制御する弁で，電磁力の力で弁を開閉するもの。遠隔操作できる特徴がある。

3) ダイヤフラム式ボールタップ

ダイヤフラム式ボールタップの機構は，圧力室内部の圧力変化を利用し，ダイヤフラムを持ち上げたり，押し下げたりすることにより吐水・止水を行うもの。

作動手順

タンク内の水位	浮 玉	浮玉レバーの先端についているシートA	圧力室の圧力	ダイヤフラム	シートB	タンク内へ
低下すると ⇒	下がる ⇒	開 く ⇒	低 下 ⇒	給水圧力により右の方へ押される ⇒	開 く ⇒	吐水される
上昇すると ⇒	上がる ⇒	閉じる ⇒	高 く ⇒	左の方へ押される ⇒	閉じる ⇒	止水される

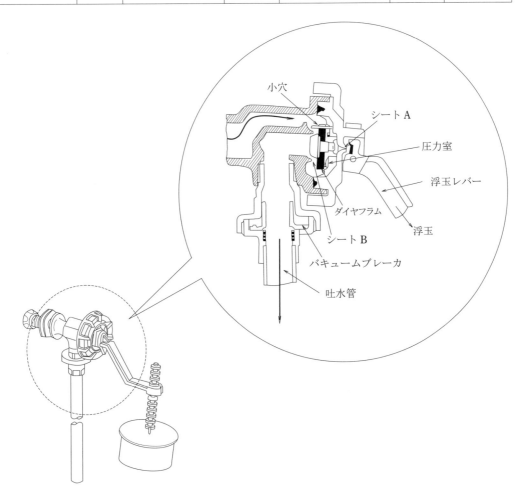

① 給水圧力による止水位の変動が極めて少ない。

② 開閉が圧力室内の圧力変化を利用しているため，止水間際にチョロチョロ水が流れたり絞り音が生じることがない。

③ 止水するためには，パイロット孔を浮玉浮力で止めればよく，浮玉がコンパクトに設計できる。

（4）洗浄弁（フラッシュバルブ）

大便器洗浄弁・小便器洗浄弁

1) 便器洗浄用の給水用具で，大便器用と小便器用とがあり，給水管から直接必要水量を勢いよく放水して洗浄し，自動的に停止する弁。

   洗浄弁の構造は，ハンドルを下に押すと，弁が開いて器内水圧室の水が落下し，給水管側と水圧室との水圧のバランスが失われ，超過水圧によってピストンは押し上げられ放水される。このとき，圧力水はバイパス孔を通じて徐々に水圧室に充満し，水圧のバランスが保たれると，ピストンは元の位置に下降して自動的に放水を停止する。

   小便器用には，手動でボタン等を操作し，水を吐水させる手動式とセンサーで感知し，自動的に水を吐水させる自動式がある。

2) **大便器用**には，逆流防止のため，**大気圧式バキュームブレーカを付けなければならない。**
   これは，大便器洗浄弁に内蔵される負圧破壊装置によって，給水側に負圧が発生した場合，逆流を防止するためである。又，瞬間的に多量の水を必要とするため**配管口径は25mm以上**とする。

3) 洗浄弁はハンドルのほかに押ボタン式，ペダル式もある。なお，洗浄弁は器具ごとに取付けるもので，2個以上の器具に連結使用してはならない。

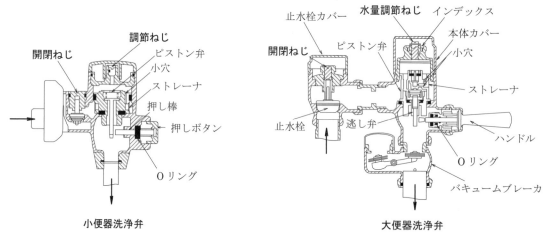

小便器洗浄弁の故障と修理

故　障	原　因	対　策
吐水量が少ない	調節ねじの閉め過ぎ	調節ねじを左に回して吐水量を増やす。
吐水量が多い	調節ねじの開け過ぎ	調節ねじを右に回して吐水量を減らす。
水勢が弱く洗浄が不十分である	開閉ねじの閉め過ぎ	開閉ねじを左に回して水勢を強める。
水勢が強く洗浄が強く水が飛び散る	開閉ねじの開け過ぎ	開閉ねじを右に回して水勢を弱める。
小量の水が流れ放し	ピストンバルブと弁座の間への異物のかみ込み	ピストンバルブを取外し，異物を除く。
多量の水が流れ放し	ピストンバルブ小孔の詰まり	ピストンバルブを取外し，小孔を掃除する。

大便器洗浄弁の故障と修理

故　障	原　因	修　理
常に少量の水が流出している	ピストン弁と弁座の間に異物がかんでいる。	ピストン弁を取り外し異物を除く。
	弁座又は弁座パッキンの傷。	損傷部分を取り替える。
常に大量の水が流出している	・ ピストン弁の小孔の詰まり。 ・ ピストン弁のストレーナの異物の詰まり	ピストン弁を取り出しブラシなどで軽く清掃する。
	押棒と逃し弁との間にすき間がなく常に押棒が逃し弁を押している。	やすりなどで押棒の先端をけずり，1.5mm位の隙間になるようにする。
	逃し弁のゴムパッキンが傷んでいる。	ピストン弁を取り出し，パッキンを取り替える。
吐水量が少ない	・水量調節ねじを閉め過ぎている。 ・ピストンバルブのUパッキンの摩耗	・水量調節ねじをドライバーで**左**に回して吐水量を増す。 ・ピストンバルブを取り出し，Uパッキンの取替
吐水量が多い	水量調節ねじが開き過ぎている。	水量調節ねじをドライバーで**右**に回して吐水量を減らす。
水の勢いが強く水が飛び散る	開閉ねじがあき過ぎている。	ドライバーで開閉ねじを**右**に回して水の勢いを下げる。
水の勢いが弱く汚物が流れない	開閉ねじを締め過ぎている。	開閉ねじを**左**に回して，水の勢いを強める。
	小孔にゴミが詰まり圧力室に少量しか水が入ってこない。	ピストン弁を取り出して掃除する。
水撃が生じる	ピストンゴムパッキンを押しているビスが緩んでいる。	ビスが緩んだ場合，圧力室に多量の水が流入してピストン弁が急閉止して音を発する。ビスの締め直しをする。
	非常に水圧が高く，かつ，開閉ねじが開き過ぎている。	開閉ねじをねじ込み，水の水路を絞る。
	ピストンゴムパッキンの変形（ピストン弁が急閉止する。）	ピストン弁を取り出してよく広げるか，又は取り替える。
ハンドルから漏水する	ハンドル部のOリングの傷み。	Oリングを取り替える。

(5) 洗浄弁内蔵型大便器（器具ユニット，通称：タンクレス洗浄大便器）

負圧破壊装置（大気圧式バキュームブレーカ）を内蔵した水道直結式大便器である。給水側に負圧が発生した場合，大気圧式バキュームブレーカにより給水経路内を大気開放し，水の逆流を防止する。

ロータンク付大便器からタンクを取り外し水道直圧の水流により排泄物を洗浄する腰掛け式便器。弁開閉スイッチを押すことにより，バルブユニットから便器上部及び便器下部へと水道水が吐出される。水道1次側との縁切りは大気圧式バキュームブレーカ等による。

(6) ホース接続型水栓

ホース接続型水栓には，散水栓，カップリング付水栓，カプラ付水栓，ハンドシャワー付水栓，洗濯機用水栓等がある。

1) ハンドシャワー付き水栓，湯水混合水栓

湯水混合水栓に固定してあるホースとシャワーヘッドを連結した主として浴室に設置される器具で，ハンドシャワーを浴槽内に漬ける場合もありうるので逆流防止装置が必要である。

ハンドシャワー付き水栓の1次側通水（湯）室の水と湯の系統が完全に分離されており，かつ器具本体の混合室及びホース室の湯が逆流防止装置で1次側通水（湯）室に逆流するおそれがない構造となっている。器具本体の混合室内の1次側に近い箇所で，バネなどの有効な逆流防止機能を持つ補助装置を設けた逆止弁機構を内蔵したものになっている。

2) ハンドシャワー専用水栓

理・美容専用及び一般家庭の洗面化粧台・台所に使用される器具で，レバー操作を行う水栓本体部と吐水を行うシャワー部に大別され，その間をシャワーホースで接続されている。水栓下部には，給水・給湯・混合と3本のパイプが接続され，給水・給湯パイプには逆止弁を有している。

（7）水道用コンセント

　水道用コンセントは，洗濯機，自動食器洗い器との組み合わせに最適な水栓で，通常の水栓のように出っ張らず，使用するときだけホースをつなげばよいので空間を有効利用できる。また，ホースの着脱はワンタッチで行うことができる。水道用コンセントには，水だけの単水栓と湯水混合の水栓がある。

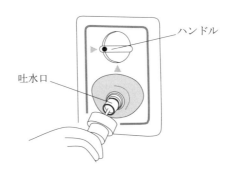

（8）凍結予防栓類

　不凍栓類は，寒冷地に用いる水栓の一種で，給水栓の取り付けられた立上り管内の水を使用時以外は凍結深度より深い地中に排水する構造で，水栓ごと凍結による管体の破損を防止する。

1）内部貯留式不凍給水栓

　水圧が0.1MPa以下の所では，栓の中に水が溜まって上から溢れ出たり，凍結したりするので使用の場所が限定される。
　閉止時（水抜き操作）にその都度，揚水管内（立上り管）の水を凍結深度より深いところにある貯留部に流下させて，凍結を防止する。

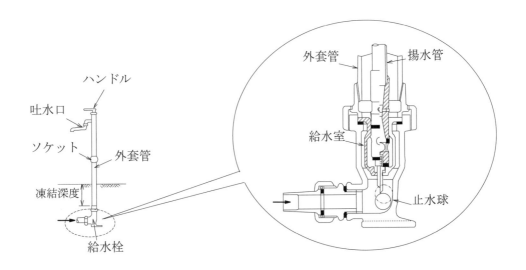

2) 外部排水式不凍給水栓

　排水弁から逆流するおそれもあるので，逆止弁を取り付け，さらに排水口に砂利等を施して排出水が浸透しやすい構造とする必要がある。

　閉止時（水抜き操作）に外套管内の水を，排水弁から凍結深度より深い地中に流下排水させて凍結を防止する。

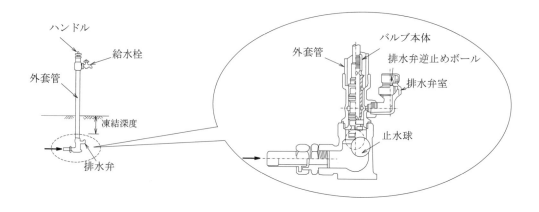

3) 水抜栓

　外套管が揚水管を兼ねておらず，ハンドルのねじ部が水に触れないため，凍って重くなることがない。万一凍結しても，その解氷や修理については，外部排水式不凍給水栓より容易である。

　外部排水式不凍給水栓と同様の機能をもつもので，屋外操作型，屋内操作型，屋内設置式，電動式がある。

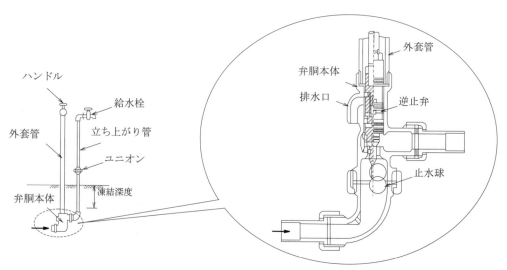

4) 水抜きバルブ

地下室やピット内等で水抜栓を設置できない場合に取付け，水抜き操作をするバルブである。

排水は器具本体の排水口に配管を接続して，浸透ます等に放流する。

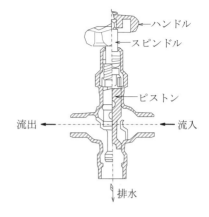

水抜き用の給水用具の設置

水抜き用の給水用具は，給水装置の構造，使用状況及び維持管理を踏まえ選定し，次により設置する。

① 操作・修繕等容易な場所に設置する。

② 水道メータ下流側で屋内立上がり管の間に設置する。

③ 汚水ます等に直接接続せず，**間接排水とする。**

④ 水抜き用の給水用具の排水口は，**凍結深度より深くする。**

⑤ 排水口付近には，水抜き用浸透ますの設置又は切込砂利等により埋め戻し，排水を容易にする。

⑥ 水抜き用の給水用具以降の配管は，管内水の排出容易な構造とする。

　a. 給水用具への配管は，**できるだけ鳥居形配管やU字形の配管を避け，水抜きバルブから先上がりの配管とする。**

　b. 先上がり配管・埋設配管は 1/300 以上の勾配とし，露出の横走り配管は 1/100 以上の勾配をつける。

　c. 末端給水栓に至る配管がやむを得ず先下がりとなる場合には，水抜き操作をしても水栓弁座部に水が残るので注意して配管する。

　d. 配管が長い場合には，万一凍結した際に，解氷作業の便を図るため，取り外し可能なユニオン，フランジ等を適切な箇所に設置する。

　e. 配管途中に設ける止水栓類は，排水に支障のない構造とする。

　f. 水栓はハンドル操作で吸気をする構造（固定こま，吊りこま等）とするか，又は吸気弁を設置する。

　g. やむ得ず水の抜けない配管となる場合には，適正な位置に空気流入用又は排水用の栓類を取り付けて，凍結防止に対処する。

　h. 水抜きバルブ等を設置する場合は，屋内又はピット内に露出で設置する。

2-2 弁

(1) 減圧弁及び定流量弁

1) 減圧弁

減圧弁は，調節バネ・ダイヤフラム・弁体等の圧力調整機構によって，1次側の圧力が高くても2次側の圧力を，**1次側より低く，ある一定圧力に減圧できる自動調整のできる器具**である。また，逆流防止装置，負圧破壊装置（大気圧式バキュームブレーカ），ストレーナ，水抜栓を具備した構造もある。

高圧となるマンションの階下の給水や給湯設備に用いられる。

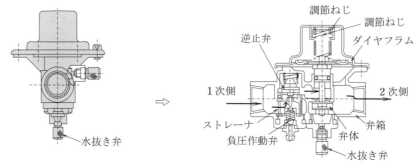

2) 定流量弁

定流量弁は，バネ・オリフィス・ニードル式等による流量調整機構によって，1次側の圧力にかかわらず流量が一定になるよう調整する給水用具である。

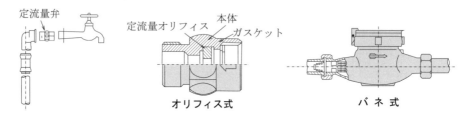

(2) 安全弁（逃がし弁）

安全弁（逃がし弁）は，1次側の圧力が，あらかじめ設定された圧力になると，弁体が自動的に開いて過剰圧力を逃がし，圧力が所定の値に降下すると閉じる機能を持つ給水用具である。

一般に給湯用の配管に取付けられる。取り付け位置は，設置後の点検，取り替えを考慮するとともに，減圧弁と組み合わせて使用することが必要である。設置後の定期点検を確実に行う。

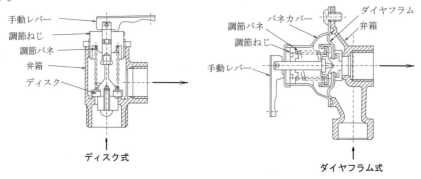

(3) 空気弁及び吸排気弁

1) 空気弁

フロートの作用により，管内に停滞した空気を自動的に排出する機能をもった給水用具である。

また，工事などで管内の水を排水する時，管内負圧が生じると吸気機能の働きが生じて，管内の排水を容易にする働きもある。

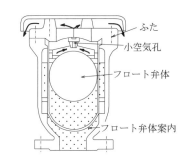

2) 吸排気弁

管内に停滞した空気を自動的に排出する機能と管内に負圧が生じた場合に自動的に吸気する機能を併せもった給水用具である。

集合住宅の立て配管の頂部や増圧給水設備における給水管の最上端に用いられる。

3) 吸気弁

配管の凍結を防ぐのに，不凍水栓を使用して，排水時に空気を導入して水抜きをする自動弁である。

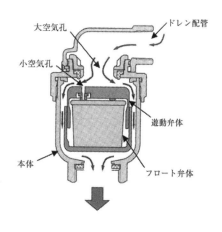

(4) バキュームブレーカ

給水管内に**負圧が生じたとき**，逆サイホン作用により使用済みの水その他の物質が逆流し，水が汚染されることを防止するために，負圧部分へ自動的に空気を取り入れる機能をもつ給水器具である。

1) 大気圧式バキュームブレーカ

常時圧力が，かからない配管部分で器具の最終弁の下流側に設けるもので，耐圧性能は求めない。

用途は，洗濯機，大便器，ハンドシャワー，自動販売機，散水用スプリンクラ等である。

器具のあふれ縁より高い位置（150mm以上）で止水栓等の下流側（常時圧力のかからない配管部分）に設置し，2次側には閉止弁等を設けてはならない。

適正なメンテナンスと取替えを要すため，緊急時の漏水が問題を生じない所，検査や点検が容易な配管の流末に設置する。

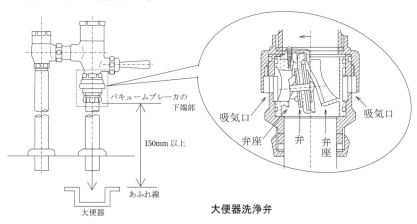

ホース接続式（立水栓・横水栓）も大気圧式バキュームブレーカで給水栓の先端に取り付けることにより，その先に接続したホースから吸い込む負圧による逆流を防止する簡便な器具である。

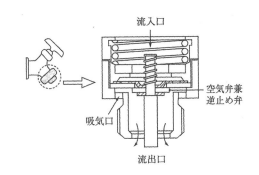

2）圧力式バキュームブレーカ

常時圧力が加わる配管部分で，器具の上流側に取り付けられ，耐圧性能を有する。

機能的には大気圧式と差はないが，常時圧力下で必要な時（負圧時）に確実に作動する構造である。

凍結の恐れのない，水抜き可能な所に設置する。

また，負圧による逆流に対して，逆流を防止することができる。ウォータハンマには対応できない。

給水用具の上流側（常時圧力のかかる配管部分）に器具のあふれ縁より高い位置に取付け，点検が容易な所に垂直に設置する。

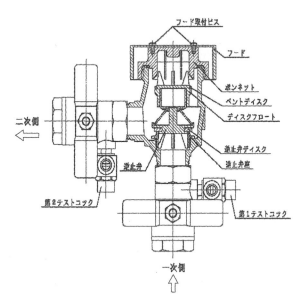

(5) 逆止弁

逆止弁は**吐水口空間の確保が困難な場合**など，管内の逆圧による水の逆流を弁体により防止するもので，最近特に，中高層建物への直結増圧式給水を実施するにあたり，極めて関心の高い給水用具のひとつになっている。

逆止弁に働く1次側（流入側）圧力が，2次側（流出側）圧力よりも低下したときに生じる水の逆流を防止する器具である。

設置にあたっては，流水方向の表示に注意するとともに，設置後の点検，取替え等を容易にするための配慮が必要である。

1）バネ式逆止弁

弁箱に弁体（カートリッジ式）を組入れ，弁体がバネによって弁座に押し付け逆止機能を高めた構造であり，低圧における逆流防止性能が優れている。単体での使用及び器具の内部に組み込んでの使用等，広範囲に多用されている。

現在使用されている逆止弁の大部分はバネ式である。

a. 単式逆流防止弁

1次側圧力が，2次側圧力よりも低いときに生じる水の逆流を防止する器具で，逆止弁が1個内蔵され，弁体をバネによって弁座に押し付け逆流を防止する構造である。

b. 複式逆流防止弁

1次側圧力が，2次側圧力よりも低いときに生じる水の逆流を防止する器具。独立した二つの逆止弁のユニットで構成されており，異物噛みによる逆流の危険をダブルで防止する。JWWA規格品は維持管理のための点検孔を備えたものが規定されている。弁体二つは，バネによって弁座に押しつけられており，二重の安全構造になっている。

c. 二重式逆流防止器

複式逆流防止弁と同じ構造であるが，各逆止弁のテストコックによる性能チェック及び作動不良時の逆止弁の交換が，配管に取り付けたままできる。

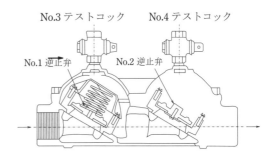

d. 中間室大気開放式逆流防止器

負圧，逆圧による逆流を防止し，機構的に二つの独立した逆止弁と中間室の逃し弁からなっており，逆流時の水は中間室から外に排出される。

1次側圧力が2次側圧力を上回ると，バネが押され二つの逆止弁が開き通水状態となる。

設置目的は，低圧又は低い危険性での負圧による逆流を防止する。

e. 減圧式逆流防止器

2個の逆止弁の間に逃し弁を持つ中間室がある構造で，逆止弁が故障しても逃し弁が開くことによって逆流防止効果を持つ。

独立して働く第1逆止弁（バネの力で通常「閉」）と第2逆止弁（バネの力で通常は「閉」）及び漏れ水を自動的に排水する逃し弁をもつ中間室を組み合わせた構造のもの。

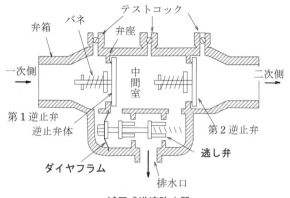

減圧式逆流防止器

逆圧と負圧による逆流の両方に有効な逆流防止器である。万一，逆止弁に異物が挟まった状況においても逆流を防ぐ構造で，中間室内の圧力が1次側圧力より高くなると，ダイヤフラムが働き自動的に逃し弁が開き，中間室内の設定圧力に低下するまで排水口より水が排出され逆流を防ぎ，外から異常が確認出来る。

この逆流防止器は，損失水頭が非常に大きいが，吐水口空間に匹敵する信頼性があり，最も確実なものとして，**直結増圧式給水設備の逆流防止装置としても使用されている**。しかし，構造は複雑であり，機能を良好な状態に確保するための管理が必要である。**減圧式逆流防止器の排水口からの排水等により，直結加圧形ポンプユニットが水没しないように排水処理ができるようにすることが必要である**。

なお，排水口は完全に管理され，汚染物が内部に絶対入らないようにしなければならない（間接排水とする）。

2) リフト式逆止弁

弁体が弁箱又は蓋に設けられたガイドによって弁座に対して垂直に作動し，弁体の自重で閉止の位置に戻る構造のもの。

通水時は水圧によって弁体を持ち上げ，停水時には自重で弁体がシート面を押える。また逆圧がかかった場合も，弁体がガイドに沿ってシート面を押えることにより逆流を防止する。

リフト式は，**損失水頭が比較的大きいことや水平に設置しなければならない**という制約を受けるが，故障などを生じる割合は少ないので湯沸器の上流側に設置する逆止弁として用いられ，必ず水平に取り付ける。

球状等に加工された樹脂や金属のリフト式逆止弁もある。停水時や逆圧（高圧・低圧共）時には，自重と水圧により逆止ボールが合成ゴム製の逆止弁座に均一に密着して逆流を防ぐ。

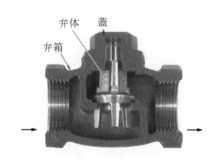

3) 自重式逆流防止弁

一次側の流水圧で逆止弁体を押し上げて通水し，停水又は逆圧時は逆止弁体が自重と逆圧で弁座を閉じる構造である。一般には配管に対して水平に取付けて使用するが，垂直方向に設置可能なタイプもある。

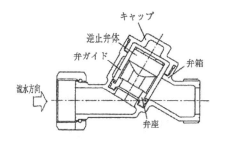

4) スイング式逆止弁

通水時は水圧によって弁体を押し上げ，停水時には自重で弁体がシート面を押さえる。また，逆圧がかかった場合も，弁体がヒンジピンを支点にシート面に押し付けられ逆流を防止する。

スイング式はリフト式に比べ損失水頭が小さく，**水平及び縦方向の取り付けが可能で**あることから使用範囲が広い。しかし，長時間使用するとスケール等による機能低下，及び水撃圧等による異常音の発生がある。
逆止弁のシートには，メタルシート及びソフトシート等がある。

メタルシート例

5) ダイアフラム式逆止弁

ゴム製のダイアフラムが流れの方向によりコーンの内側に収縮したとき通水し，密着したとき閉止となる構造のもの。

ダイヤフラム式は，逆流防止のほか，給水装置に生じる**水撃作用や給水栓の異常音等の緩和にも有効**。

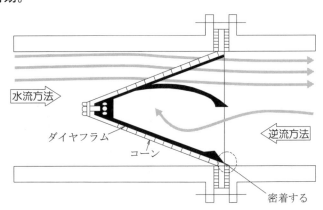

2-3 器具類

(1) 湯沸器

　湯沸器とは，小規模な給湯設備の加熱装置として用いられているもので，ガス・石油・電気・太陽熱等を熱源として水を加熱し，給湯する給水用具の総称であり，構造別に瞬間湯沸器，貯湯湯沸器，貯蔵湯沸器等がある。故障が発生した場合，構造も複雑であるため，簡単なもの以外は製造業者に修理を依頼する。

1）ガス瞬間湯沸器

　器内の吸熱コイル管で熱交換を行うもので，コイル管内を水が通過する間にガスバーナで加熱する構造になっている。給湯に連動してガス通路を開閉する機構を備え，最高85℃程度まで上げることができる。構造上，元止め式と先止め式がある。

　元止め式は湯沸器から直接使用するもので，湯沸器に設置されている入口側の止水栓の開閉により，メインバーナが点火，消火する構造になっている。出湯能力は小さく（5号以下），給湯栓は1箇所である。

　先止め式は，出口側の給湯栓の開閉によりメインバーナが点火，消火する構造になっており，給湯配管を通して湯沸器から離れた場所で使用できるもので2個所以上に給湯する場合に広く利用される。出湯能力は5号の小型のものから，風呂へ給湯するものでは12〜32号程度のものまである。

　瞬間湯沸器の号数とは，水温を25℃上昇させたとき1分間に出るお湯の量（ℓ）の数字である。17℃の水道水を25℃上昇させ，42℃で使用したとき1分間に出る量が20ℓであれば20号である。

潜熱回収型ガス給湯機

　2次熱交換器を設けることにより熱効率を約95％に高めた給湯機である。しかし，2次熱交換器で凝縮水が生じるためドレン配管による排水工事が必要で，分流式下水道の雨水系統に流しては駄目な自治体があるので工事にあたり確認が必要である。

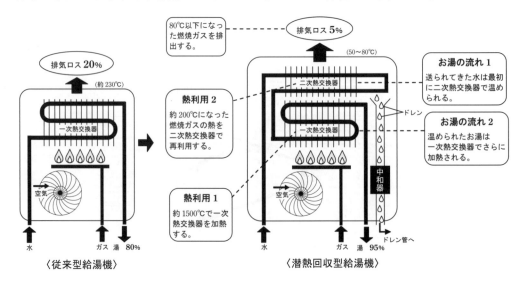

2) 貯湯湯沸器

給水管に直結し有圧の貯湯槽内に貯えた水を加熱する構造で，湯温に連動して自動的に燃料通路を開閉あるいは電源を切替え（ON／OFF）する機能をもっている。貯湯部にかかる圧力が100kPa以下で，かつ伝熱面積が4m²以下の構造のもの及び100kPaを超え200kPa以下で，かつ伝熱面積が2m²以下の構造のものもある。

貯湯湯沸器の配管には，**減圧弁・安全弁（逃し弁）及び逆止弁等**を必ず取り付けなければならない。

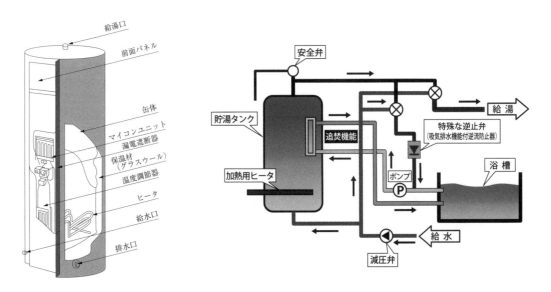

貯湯湯沸器（電気式）　　　　　　　　　　一缶二水路貯湯湯沸器構造

3) 貯蔵湯沸器

ボールタップを備えた器内の容器に貯水した水を，一定温度に加熱して給湯する構造で，タンクが密閉されていない湯沸器である。

水圧がかからないため湯沸器設置場所でしか湯を使うことができない。事務所・食堂・病院等の湯沸器室に設置され，**給茶用の湯沸器に用いられている。**

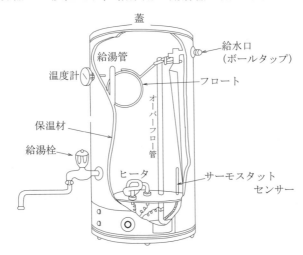

4) 自動給湯する給湯機及び給湯付ふろがま

給湯機とふろ機構を組み合わせたもので，ふろの追焚には自然循環式と強制循環式がある。強制循環式は10m程度の揚程を持つ循環ポンプを内蔵し，階上の浴槽でも追焚できる。

例えば，強制循環式給湯付ふろがまは，自動給湯回路とふろ追焚回路を持っている。それぞれの回路には，負圧破壊装置（大気圧式バキュームブレーカ）を浴槽のあふれ縁より上方150mm以上に設置する。

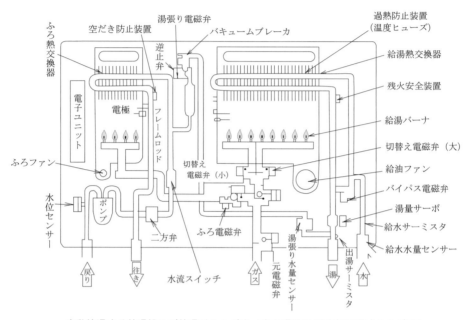

自動給湯する給湯機及び給湯付ふろがま（自動湯張り型強制循環式ふろがま）

5) 自然冷媒ヒートポンプ給湯機

自然冷媒ヒートポンプ給湯機は，熱源に大気熱を利用しているため、消費電力が少ない。

熱交換の仕組みは，ヒートポンプユニットで，空気の熱を吸収した冷媒（CO_2）が，コンプレッサで圧縮されることにより，さらに高温となり，貯湯タンク内の水を熱交換器内に引き込み，冷媒の熱を伝えることにより，お湯を沸かしている。

給湯機で，水の加熱が貯湯槽外で行われるため、労働安全衛生法及び圧力容器安全規則の適用を受けない。

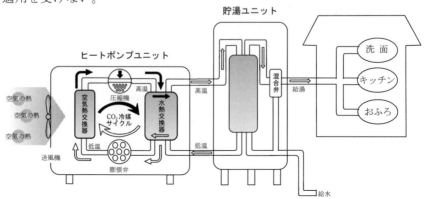

6) 太陽熱利用貯湯湯沸器

一般用貯湯湯沸器を本体とし、太陽集熱器に集熱された太陽熱を主たる熱源として、水を加熱し給湯する給水用具である。

太陽集熱装置系と上水道系が貯湯タンクで別系統になっている**2回路式**や太陽集熱装置系内に上水道が循環する**水道直結式**、シスターンによって上水道系と縁の切れている**シスターン式**等がある。

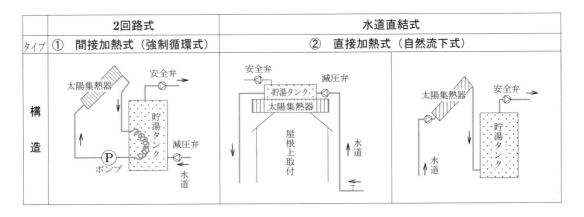

(2) 浄水器

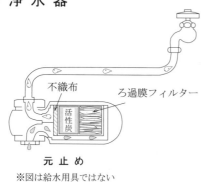
元止め
※図は給水用具ではない

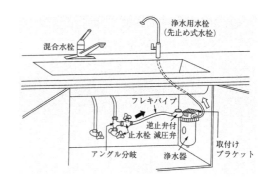
先止め　※図は給水用具である

浄水器は，水道水中の残留塩素や濁度などの溶存物質を減少させるほか，トリハロメタン等の有機物や鉛，臭気等を減少させるものもある。

残留塩素が取り除かれると，器具内に滞留した水は雑菌が繁殖しやすくなるので浄水器の特性をよく理解して使用すること。

ろ過材には　① 活性炭
　　　　　　② 中空糸膜を中心としたろ過膜（ポリエチレン，ポリスルホン，ポリプピレン等）
　　　　　　③ その他（セラミックス，ゼオライト，不織布，天然サンゴ，イオン交脂等）がある。

また，浄水器はろ過材のカートリッジの有効期限を確認し，適切に交換することが必要である。

先止め式	水栓の流入側に取付けられ，常時水圧が加わるもの	すべて給水用具に該当する
元止め式	水栓の流出側に取付けられ，常時水圧が加わらないもの	水栓の**流出側**に取付けられて，常時水圧が加わらないもののうち，浄水器と水栓が一体として製造・販売されているもの（**ビルトイン型又はアンダーシンク型**）は給水用具にも該当するが，浄水器単独で製造・販売され，消費者が取り付けを行なうもの（給水栓直結型及び据え置き型）は該当しない

※ 浄水器の除去物質の表示
　　家庭用品品質表示法により，浄水器の材料，性能品質，除去物質の表示などが義務づけられている。

(3) ウォータークーラ

ウォータークーラは冷却槽で給水管路内の水を任意の一定温度に冷却し，押ボタン式又は足踏み式の開閉弁を操作して，冷水を射出する給水用具である。

（4）ロータンク

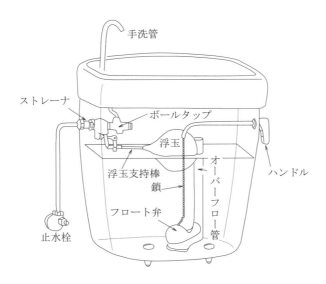

ロータンクの故障と修理

故　障	原　　因	修　　理
水が止まらない	鎖のからまり	鎖が2環くらいたるむようにセットする。
	フロート弁の磨耗，損傷のためすき間から水が流れ込んでいる	新しいフロート弁に交換する。
	弁座に異物がかんでいる	分解して異物を取り除く。
	オーバーフロー管から水があふれている	・ボールタップの止水位調整不良の場合は，水位調整弁で調整する。水位調節のないものは浮玉指示棒を下に曲げる。 ・止水栓を調節する。止水栓を開きタンクに水を貯める。止水栓を一旦止め，浮玉を手で一杯に押し下げる。 ・ボールタップのごみかみの場合は，パッキンにかみ込んだごみを取り除き，パッキンの傷がある場合は新しいものと交換する。
水が出ない	ストレーナに異物が詰まっている	分解して清掃する。

(5) 節水型給水用具

器具そのものが節水型であるものと，節水が図られる器具とがある。
節水型給水用具として，次のものがある。

1) 節水型給水用具

洗浄弁内蔵式便器は，ロータンク付き大便器からタンクを取り外し，水道直圧の水流により排泄物を洗浄する腰掛け式便器である。この便器の逆流防止装置は便器内蔵の大気圧式バキュームブレーカである。

A 節水型大便器用洗浄弁

節水型大便器用洗浄弁の1回当たりの洗浄水量は8.5ℓ以下を節水Ⅰ形，6.5ℓ以下を節水Ⅱ型と定義している。

B 節水型ロータンク方式便器

節水型ロータンク方式便器の1回あたりの洗浄水量は小洗浄6ℓ，大洗浄8ℓである。普通型の12〜20ℓの40〜50％の水量となる。

2) 節水が図れる給水用具

A 吐出量を絞ることにより，節水が図れる給水用具

① 定流量弁

水圧に関係なく，一定の流量に制御する。

② 泡沫式水栓

給水栓の吐水口で空気を混ぜ，泡状に吐水させる。

B 自閉構造により，節水が図れる給水用具

① 手洗衛生洗浄弁

押棒を手で上げ，手を離すと自動的に止水する自動閉止機構を有している。

② 自閉式水栓

ハンドルから手を離すと水が流れたのち，バネの力で自動的に止水する。

③ 電子式水栓

給水用具に手を触れずに，吐水，止水ができるもので，その機構は，手が赤外線ビームなどを遮断すると電子制御装置が働いて，吐水・止水が自動的に制御される。

④ 湯屋カラン

ハンドルを押している間は水が流れているが，ハンドルから手を離すと自動的に止水する。

⑤ 定量水栓

ハンドルの目盛を必要水量にセットしておくと，設定した水量を吐水したのち自動的に止水する。

C 制御方式を使って、節水が図れる給水用具

① 小便器洗浄用ユニット　② 大便器洗浄用ユニット
③ 小便器洗浄用電磁弁　④ 全自動電気洗濯機及び自動電気洗濯機
⑤ 自動食器洗い機

3）便器洗浄ユニット

センサー等を利用して使用実態に合せて便器の洗浄を行うもの。

4）節水こま

こまの形状を特別に加工したもので、一回ひねり（90°～120°）での開度は普通こまの約1/2であり、出し過ぎによる無駄を少なくすることができる。

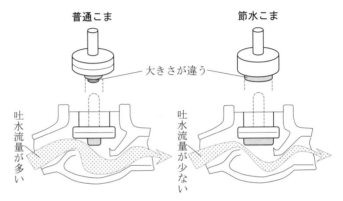

普通こまと節水こまの吐水流量

※ 節水機器

節水の目的を達成するため、機器の性能を損なうことなく水の使用量の減少が図れる用水機器をいう。
また、節水とは水の使用量を使用目的の果たし得る最小量に近づけるために、節約することをいう。

---

(6) その他の給水用具

スプリンクラー（p.83参照）、シャワーヘッド、水撃防止器、ストレーナ、非常用貯水槽、活水器などの給水用具がある。また、流し台、洗面所、浴槽、便器などにそれぞれ必要な器具と給水管を組み立てた装置がある。

なお、活水器は、ステンレス製容器の内外面もしくは外面に永久磁石を直接水に触れることなく完全密閉した磁気式のもの及びステンレス製容器内にセラミックを充填したものなどがあり、水道水を変質させないことを条件とした給水用具である。

活水器は、性能基準適用外であるが、設置に当っては次の条件をつけている。

① 製品に磁気漏洩防止の処置を講じること。
② 設置に当っては、水道メータから50cm以上離すこと、また、水道メータの取替えに支障がないこと。

2-4 直結加圧形ポンプユニット（直結増圧式給水設備）

施第5条1項　　　　　　給水装置の構造及び材質の基準　　　　　水道法施行令

> 三　配水管の水圧に影響を及ぼすおそれのあるポンプに直接連結されていないこと。

- 配水管の水を吸引するようなポンプとの連結を禁止して，吸引による水道水の汚染，他の需要者の水使用の障害等を防止するものである。

- 加圧ポンプ，制御盤，圧力タンク，逆止弁等があらかじめ組み込まれたユニット形式で，給水装置に直接接続して，**中高層建物**の末端最高位の給水用具に**必要な圧力を増圧**して吐水圧を確保するポンプ設備をいう。

- 1次側水圧（配水管水圧）及び2次側水圧の変動を動力センサー等で感知し，その情報に基づき，ポンプをインバータ制御によって運転するものである。したがって配水管の水圧に影響を与えることはない。また，直結加圧形ポンプユニットは配水加圧ポンプの役目を果すものではない。

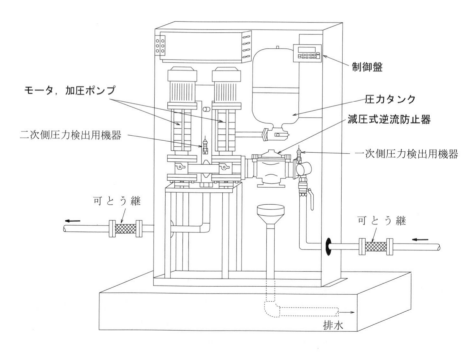

（1）加圧ポンプ

　　加圧ポンプは，うず巻ポンプ・多段遠心ポンプ等に交流誘導電動機を直結したものであり，ポンプが故障した場合や保守点検の際の断水を避けるため，**複数のポンプ**で構成され単独運転又は並列運転ができ，運転は設定により自動的に切り替わる自動交互運転方式になっている。

直結加圧形ポンプの要件

① 始動・停止及び運転中の過度な応答による配水管の圧力変動がごく小さく，ポンプ運転により**配水管の圧力に影響を与えるような脈動を生じない**。

② 吸込側の水圧が通常の範囲より低下したとき**自動停止**し，水圧が回復したとき**自動復帰**する。

③ 配水管の水圧の変化及び使用水量に対応でき，安定給水ができる。

④ 使用水量が少ない場合に**自動停止**する。　（吐水量が約10ℓ/分前後で自動停止）

⑤ 吸込側の水圧が吐出設定圧力以上になると，**自動停止**し，直結直圧給水ができる。

⑥ 安全性を十分確保している。

⑦ 水質に影響を及ぼさない。

(2) 制 御 盤

　制御用マイコン・インバータ・継電器類・表示器等を内蔵し，各検出用機器から得た情報をもとに，加圧ポンプの制御，電流・電圧・故障等の状態表示，設備の入・切，自動・手動の切替え，各制御目標値の設定など，制御に関することのすべてを行うもの。

(3) 圧力タンク

　吐出側はポンプ停止後の水圧保持のため，吸込側は吸込圧力の安定のため設けるもので，特に吐出側はポンプが停止した後，圧力タンクの蓄圧機能により管内をポンプ停止前の圧力に保ち，ポンプ停止後，少量の水使用には，**圧力タンク内の水を供給し，ポンプが頻繁に入・切を繰り返すことを防ぐもの**である。その構造は，主にゴム製隔膜により空気室と水室に分離され，空気室に予め空気を封入したものであるため，急激な圧力変動を吸収し，水圧を一定にする機能を持っている。
　ポンプの開閉を少なくすることで，配水管の水圧の影響を少なくできる。

(4) 逆 止 弁

　配水管への逆流を防止するためのもので，ポンプごとの吐出側及びバイパス管に必ず設けられる。なお，これとは別にユニット（ポンプ設備）の吸込側又は吐出側に設置する逆流防止装置はユニットの構成外機器である。

§3 給水装置の概要と給水装置工事法

直結加圧形ポンプユニットの設置
---

① **停滞空気が発生しない構造**とし，**給水管の最上部には吸排気弁を設ける**。これは，故障などにより生じる負圧を破壊して逆サイホンによる逆流を防止する。
また，**衝撃防止**のための必要な措置を講じる。

② 各階への分岐部付近で維持管理が容易な場所に，**止水器具及び逆止弁を設置**する。

③ 低層階等で，給水圧が過大になるおそれがある場合には，必要に応じ**減圧弁を設置**し，減圧することが望ましい。

④ 圧力が高くなる部分には，その最高使用圧力に応じた強度を有する材料を使用する。

⑤ 直結加圧形ポンプユニットの設置位置は，**水道メータの下流側で保守点検及び修繕を容易に行える場所**とし，これらに必要なスペースを確保する。

⑥ 逆流防止機器は，減圧式逆流防止器等の信頼性の高い逆止弁とする。なお，**減圧式逆流防止器を設置する場合**は，その吐水口からの排水等により，直結加圧形ポンプユニットが水没することのないよう，**排水処理を考慮**する。

⑦ 停電時や故障時に加圧ポンプが作動しない場合に備えて，**加圧形ポンプの上流側に給水栓を設けておく**ことが望ましい。

⑧ 直結加圧形ポンプユニットの設置は，電気設備，排水設備等が必要であるので，設備に精通した者に施工させることが望ましい。

※ **直結加圧形ポンプユニットの仕様**

日本水道協会規格（JWWA）B130　水道用直結加圧形ポンプユニットが一般的である。
この規格の対象口径は，20mm～75mmである。

(5) 直結給水システムの逆流防止措置

建物の高いところまで直結給水するシステムでは，配水管の事故等により負圧発生の確立が高くなることから，逆流防止措置は次の三つに分類されている。

1) 配水管側への逆流防止
① 直結直圧式給水の場合は，水道メータの前又は後に逆止弁を設置する。
② 直結増圧式給水の場合は，直結加圧形ポンプユニットの前又は後に減圧式逆流防止器等の逆流防止器を設置する。

2) 建物内の逆流防止
① 建物内の立て配管の最上部には，吸排気弁を設置する。
② 集合住宅で各戸検針用の水道メータを設置する場合は，水道メータの前又は後に逆止弁を設置する。
③ 住宅以外の建物で，屋内の給水管が複数の系統で形成される建物においては，それぞれの系統ごとに逆止弁を設置するのが望ましい。

3) 末端給水用具の逆流防止
末端給水用具の逆流防止措置は，基準省令第5条の逆流防止に関する基準 (p.157～p.167参照) に基づく逆流防止措置を講じる。

82

2-5 給水装置に設置するスプリンクラー

(1) 住宅用スプリンクラー

常時使用する水洗便器や台所水栓等の末端給水栓までの配管途中に設置する。

① **消防法の適用を受けない**

② 停滞水が生じないよう日常生活において常時使用する水洗便器や台所水栓等の末端給水栓までの配管途中に設置する。

(2) 水道直結式スプリンクラー

① **消防法の適用を受ける**

② **工事及び整備は**，消防法の規定により必要な事項については**消防設備士が責任を負う**ことから，指定給水装置工事事業者等が消防設備士の指導の下で行う。

③ 設置に当たり，分岐する配水管からスプリンクラーヘッドまでの水理計算及び給水管，給水用具の選定は，消防設備士が行う。

④ **工事は**，水道法に定める給水装置工事として**指定給水装置工事事業者が施工する。**

⑤ 消防法令適合品を使用するとともに，基準省令に適合した給水管，給水用具であること，また，設置される設備は構造材質基準に適合していること。

⑥ 停滞水，及び停滞空気の発生しない構造である。

⑦ 災害その他，正当な理由によって，一時的な断水や水圧低下により，その性能が十分発揮されない状況が生じても水道事業者に責任がない。

1) 湿式配管

末端給水栓までの配管途中にスプリンクラーを設置し，常時充水されている配管方法である。この配管の停滞水防止は，住宅用スプリンクラーと同じである。

2) 乾式配管 （火災感知器作動時のみ配管内に充水する配管）

スプリンクラー配管への分岐部直下流に電動弁を設置して，弁閉止時は自動排水し，電動弁以降の配管を空にできるようにする。火災の熱で火災感知器が反応すると，その信号で電動弁が開放され下流の配管内を充水し，その後，スプリンクラーヘッドが作動すると放水が行われる。この配管では，給水管の分岐から電動弁までの間の停滞水をできるだけ少なくするため，給水管分岐部と電動弁との間を短くすることが望ましい。

配水管の分岐部からメータまで

(1) 給水装置工事は，水道施設を損傷しないこと，他の水道利用者への給水に支障を生じたり，水道水質の確保に支障を生じ公衆衛生上の問題が起こらないこと等の観点から，適正な施行が必要となる。

このため，水道法では，**指定給水装置工事事業者**（p.238参照）**の施行した給水装置であることを供給条件としている。**

(2) 給水装置工事の形態は，**公道を掘削し**水道事業者の管理する**水道管から分岐し宅地内まで工事**を行う場合，宅地内のみの工事の場合等さまざまな種類があり，それぞれの工事に適応した適正な管理のもとに工事を行う必要がある。また，水道以外の管との誤分岐接続を行わないように十分な調査をする。

(3) **指定給水装置工事事業者**の工事の**施工範囲**を制限する水道法上の根拠はないので，工事の**施工範囲を制限されることなく，施工することができる。**

ただし，道路管理者が道路管理の観点から規制をし，指定給水装置工事事業者による施工が認められないという場合は，当該**水道事業者**は道路管理関連規定等を引用し，**工事等の範囲を定めることができる。**

したがって，指定給水装置工事事業者が給水装置工事を受注した場合は，工事等の範囲を**当該水道事業者に確認**する必要がある。

1）一般的な施工範囲

	道路上の工事			宅地内の工事	
	道路部分の土工事	給水管の取出し工事	給水管の布設工事	メータの設置	宅地内工事
水道事業者	—	—	—	○	—
指定給水装置工事事業者	○	○	○	—	○

2）道路管理者の規制による施工範囲

	道路上の工事			宅地内の工事	
	道路部分の土工事	給水管の取出し工事	給水管の布設工事	メータの設置	宅地内工事
水道事業者	○	○	○	○	—
指定給水装置工事事業者	—	—	—	—	○

(4) 水道事業者は，災害等による給水装置の損傷を防止するとともに，給水装置の損傷の復旧工事を迅速かつ適切に行えるようにするために，配水管への取付口から水道メータまでの間の給水管及び分水栓の構造・材質を指定する場合がある。

　したがって，配水管への取付口から水道メータまでの**使用材料及び工法について水道事業者に確認する必要がある**。

　配水管からの給水管の取出しにあたっては，ガス管，工業用水道管等の水道以外の管から**誤分岐接続**しないよう，明示テープ，消火栓，仕切弁等の位置の確認及び音聴，電動ドリルでの試験穿孔等により当該配水管であることを確認のうえ，施工しなければならない。

① 鋼管の場合

② ステンレス鋼管の場合

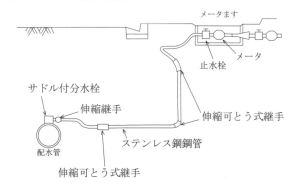

③ ステンレス波状管の場合

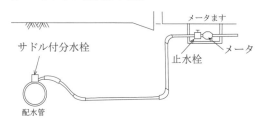

④ 硬質ポリ塩化ビニル管の場合

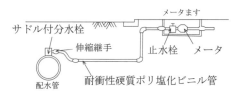

⑤ ポリエチレン二層管の場合

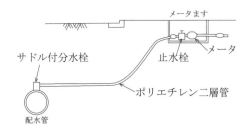

給水管取出し配管例

3-1　分水栓による給水管の取り出し

　分水栓は配水管から給水管を分岐し，取り出すための給水用具であり，配水管より各戸へ給水管を取り出す場合は次によるものとする。

①　適切に作業を行うことができる技能を有する者を配置する。

②　配水管からの給水管の取出しに当たっては，ガス管，工業用水道管等の水道以外の管から**誤分岐接続しないよう，当該配水管であることを確認のうえ**施工しなければならない。

③　配水管からの分岐に当たっては，**他の給水装置の取付口から30cm以上離す。**
　　また，維持管理を考慮して配水管の継手部の端面からも，30cm以上離す。ただし，水道事業者がその距離を指定する場合はその距離による。
　　既設給水管から給水管を取出す場合もこれに準ずる。

④　給水管の取り出しは，配水管の直管部からとする。**異形管及び継手からは，給水管を取り出してはならない。**

⑤　**配水管から給水管を取出す場合**は，配水管の管種及び口径並びに給水管の口径に応じたサドル付分水栓，分水栓，割T字管等を用いる方法か，配水管を切断し，T字管，チーズ等を用いて取出す方法による。
　　分水栓を取付ける場合は，もみ込むねじ山数は，漏水防止等を考慮して**3山以上必要である。**
　　硬質ポリ塩化ビニル管及びポリエチレン二層管に分水栓を取付ける場合は，配水管の折損防止のため**サドル付分水栓を使用**し，水道配水用ポリエチレン管は，分水EFサドル，分水栓付EFサドル，サドル付分水栓のいずれかを使用する。

⑥　**配水管を断水してT字管，チーズ等により給水管を取出す場合**は，断水に伴う需要者への広報等に時間を要するので，十分余裕を持って水道事業者と協議し，断水作業，給水管取出し作業，通水作業等の作業時間，水道事業者と指定給水装置工事事業者の役割分担，雨天時の対応等を確認する。

⑦　**不断水により給水管を取出す場合**，分水栓（サドル付分水栓含む）及び割T字管の配水管への取付けは適切かつ確実に行う。

⑧　不断水分岐作業の場合は，分岐作業終了後，水質確認を行う。

(1) サドル付分水栓

サドル付分水栓は，配水管に取り付けるサドル機構と止水機構を一体化した構造である。

穿孔作業が容易で，穿孔断面が小さく管体保護上好ましい。

分岐口径は13〜50mmである。

ダクタイル鋳鉄管からの分岐穿孔

(1) 配水管の清掃

(2) サドル付分水栓の取付け

(3) 穿孔作業

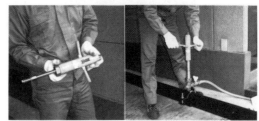

(4) コアの取付け

サドル付分水栓（ダクタイル鋳鉄管の場合）の取付け作業工程

---

1) 配水管の清掃

① サドル付分水栓の取付け位置を確認し，配水管を清掃する。

② ポリエチレンスリーブが施されている場合は，取付け位置（分岐の前後20cm程度）のスリーブをゴムバンドで固定してから切り開き，ゴムバンドの位置まで折り返し，配水管の管肌をあらわす。

2) サドル付分水栓の取付け

① 取付け前に，**弁体が全開状態**になっているか，パッキンの位置，塗装面，ネジ等の傷，サドル付き分水栓の異常の有無を確認する。

② 取付け前に，管軸頂部に中心線がくるようにする。正常な給水管の取出し方向，管軸方向からの傾きの有無を確認する。

③　サドル部分のボルトナットの締付けは，均一になるように的確に，片締めにならないよう締め付け，最終の締付け強さを，トルクレンチを用いて確認する。
　　また，異物のかみ込みや無理なねじ込みに注意する。

④　サドル付分水栓の取付け位置を変えるときは，サドル取付ガスケットを保護するため，サドル付分水栓を持ち上げて移動させる。

⑤　サドル付分水栓の取り付けに際し，パッキンの離脱を防止するためサドル付分水栓を配水管に沿って前後に移動させてはならない。

3)　穿孔作業

①　**穿孔機**は，手動式と電動式があり，メーカー，機種により取扱いが異なるので，取扱い説明書を確認して使用する。

②　サドル付分水栓頂部のキャップを外し，ボール弁を開く。

③　分水口径，及び内面ライニングに応じたカッター，ドリルを穿孔機のスピンドルに取付ける。
　　管のライニングのめくれ，剥離が生じやすいので摩耗したドリル，カッターは使用してはならない。

④　サドル付分水栓の頂部へパッキンを置き，穿孔機を載せ，袋ナットを締付けてサドル付分水栓と一体になるように固定する。

⑤　サドル付分水栓の吐水部へ排水ホースを連結し，バケツ等で受け下水溝等に直接排水しない。

⑥　配水管に穿孔する場合は，配水管に施されている**内面ライニング材，内面塗膜等が剥離しないように注意**し，刃先を管面に接するまでハンドルを静かに回転し，穿孔を開始する。穿孔する面が円弧であるため，穿孔ドリルを強く押し下げるとドリル芯がずれ正常な状態の穿孔ができず，この後の防食コアの装着に支障が出るおそれがあるため，最初はドリルの芯がずれないようにゆっくりとドリルを下げる。
　　電動穿孔機は，使用中に火花を発するので，ガソリン，シンナー等引火性の危険物が存在する環境の場所では絶対使用しない。

⑦　穿孔中はハンドルの回転が重く感じる。穿孔が終了するとハンドルの回転は軽くなるが，最後まで回転させ，完全に穿孔する。穿孔が不十分で孔の周りにばりが残っていると防食コアが挿入できないことがある。

⑧　穿孔が終わると，ハンドルを逆回転して刃先を弁の上部まで確実に戻す。
　　このときスピンドルは最上部まで引き上げ，弁を閉め，穿孔機及び排水用ホースを取外す。

　　鋼管，硬質ポリ塩化ビニル管及びポリエチレン二層管からの分岐穿孔は，ダクタイル鋳鉄管からの分岐穿孔と同様に行う。

4) 防食コアの取り付け

　サドル付分水栓等での**穿孔端面**にはその防食のために，適切な**防食コア**（銅合金等）を装着するなどの**防錆措置を講じる**必要がある。

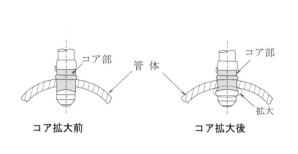

穿孔箇所のコア挿入

① 　ダクタイル鋳鉄管に装着する防食コアは，非密着形，密着形があり，**防食コアの挿入機及び密着形コアは**，製造業者及び機種等により取扱いが異なるので，必ず**取扱説明書をよく読んで器具を使用する。**

② 　**コア挿入機**はコアの変形や傷に注意する。

③ 　ストレッチャー（コア取付部）先端にヘッドを取り付け，ヘッドにコアを差し込み非密着形コアの場合は，固定ナットで軽く止める。

④ 　ロッド（ハンドル付）を最上部へ引き上げたままストレッチャーをサドル付分水栓に装着する。

⑤ 　コア挿入前に，ボール弁が全開になっているか確認し，ロッド（ハンドル付）を手で右回りに回転しながら静かに押し込み，コアをゆっくりと送りこむ。

⑥ 　コアが穿孔穴にセットされたら，プラスチックハンマーでロッド頭部（ハンドル）を垂直にたたきコアを押し込み挿入する。
　　コアのつばが管面に当たり，ロッドが進まなくなると挿入が完了する。

⑦ 　挿入完了後，ハンドルでストレッチャーのヘッドをボール弁上部まで引き戻す。

⑧ 　ボール弁を閉止し，ストレッチャー，アタッチメントを取外し，サドル付分水栓頂部のパッキンを確認後，キャップを取付ける。

⑨ 　不断水分岐作業の場合は，分岐作業終了後，水質確認を行う。

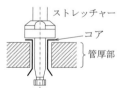

コア取り付け状態

（注）コアの挿入によって濁水が発生したときには，十分に排水する。

水道配水用ポリエチレン管からの分岐穿孔

水道配水用ポリエチレン管に使用するサドル付分水栓は，**サドル付分水栓**（以下「鋳鉄製サドル」という），**分水 EF サドル**及び**分水栓付 EF サドル**の3種類がありその特性により，取付け方法や穿孔方法が異なる。

1) 配水管の清掃

配水管の清掃については，ダクタイル鋳鉄管の場合と同様に十分行う。

2) サドル付分水栓の取付け

① 鋳鉄製サドルの場合の取付けは，ダクタイル鋳鉄管の場合と同様に行う。

② **分水 EF サドル及び分水栓付 EF サドルの場合は以下の要領で行う。**

・管を融着する箇所にサドルの長さより，ひと回り大きい標線を記入し，削り残しや切削むらの確認のため，切削面にマーキングを施す。

・スクレーパを用いて，標線の範囲内の管表面を切削（スクレープ）する

・管の切削面と取付けるサドルの内面全体をエタノールまたはアセトン等を浸みこませたペーパータオルで清掃する。（必ず素手で行う）

・サドルが配水管の管軸頂部にその中心線がくるように，クランプを用いて管に固定し，給水管の取出し方向及びサドル付分水栓が管軸方向から見て傾きがないか確認する。

・EF コントローラを用いて，配水管の EF 接合と同様の方法で融着する。

・融着後，所定時間放置し冷却する。特に融着後すぐに水圧を加える場合には，加える水圧によって冷却時間が異なるので注意する。

・クランプは，サドルに付属として付いているものと別途工具として使用するものがある。工具として使用するものは，所定の冷却時間後サドルから外す。

3) 穿孔作業

① 穿孔機は，手動式で，カッターは押し切りタイプと切削タイプがある。

② 穿孔機は，製造業者及び機種等により取扱いが異なるので，必ず，取扱説明書をよく読んで器具を使用する。（穿孔するサドル付分水栓により高さが異なるので注意する）

③ 鋳鉄製サドル及び分水栓付 EF サドルの場合には，ダクタイル鋳鉄管からの分岐穿孔とほぼ同様の手順で行う。ただし，カッターが押し切りタイプの場合には，排水ホースの取付けは不要である。また、切削後，カッターからの切削片の除去方法が使用する穿孔機やカッターにより異なるので製造業者の取扱説明書に従い行う。

分水 EF サドルの場合には，押し切りタイプのカッターが内蔵されているので，キャップを外し，工具を用いて穿孔を行い，カッターをもとの位置まで戻しキャップを取付ける。

(2) 分水栓

分水栓には，甲形，乙形の2形式があり，甲形はねじ式で，分水栓に直角に取り付けられているソケット又はガイドソケットと給水管を接続し，水平方向に取り出される。
乙形は横に閉止コックが取付けられ，上部のソケット又はガイドソケットと給水管を接続し，60度上方向に取り出される構造になっている。

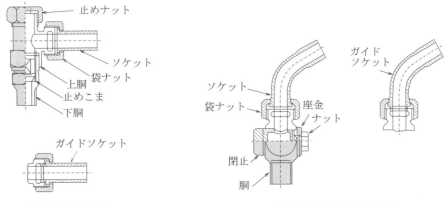

甲形（水平方向取出用）　　　　　　　乙形（60℃上方向取出用）

分水栓の穿孔

1) 配水管の清掃

① 分水栓の取付け位置を確認し，配水管を清掃する。

2) 穿孔機の取付け

① 穿孔機の取付け用チェーンは，前もって配水管の下に通しておく。

② 配水管の上面に鞍パッキン，管口径に応じた鞍の順に置き，穿孔機下胴底部を鞍の上に，はめ込み穿孔機が配水管上面に垂直に設置されているか確認する。

穿孔機の取付作業

③ チェーンにハッカーボルトを引っかけ穿孔機に取付ける。

④ チェーンが弛まないようにハッカーボルトのナットは，均等に締付ける。穿孔機の傾きに注意し，片締めにならないように注意する。締付けは，十分に行わなければならないが，あまり強く締付けるとの穿孔機のコック開閉ができなくなるので注意が必要である。

⑤ 閉止部排水口に排水ホースを取付ける。ホース先端部は配水管に孔が開き始めると水圧により，飛び跳ねるおそれがあるので注意する。

3) 穿孔作業

① 電動機取付け用サポートを取付ける。

② 分水栓立込み用スピンドルにタップを取付け，穿孔機にセットする。この時は，コックを開弁する。

③ スピンドルをセットする前に，管厚部分への取付山数は **3山以上** とすることを考慮してタップのねじ込む部分を測定する。(これは，あまり深くタップ立てすると配水管内部に穿孔の返りが大きくなるため)。測定した寸法をスピンドルにツノ押さえから測った部分に印を入れる。

④ 穿孔機本体上部カバー，ツノ金物をセットする。

⑤ 電動機を取付け，鳥居ハッカーをセットする。

⑥ 電動機を始動させる(右回転)。鳥居ハッカーのハンドルをゆっくり右回転させてスピンドルを送り，ドリルタップが食い込み始めたら，ハンドルを回転させなくても，ねじ切りを行っていくので，所定の位置まで，ねじ切りが終了すれば（スピンドルの印のところまで）穿孔は完了である。

⑦ 電動機を停止させ，少し電動機を逆回転させる。

⑧ 穿孔が修了すれば，鳥居ハッカー，電動機，サポートを取外し，スピンドルに板スパナをセットし左回転させる。ねじ部から外れると，水圧によってスピンドルが急上昇する。

穿孔作業

4) 分水栓の設置

① スピンドルの上昇を確認した後，コックを閉弁し，スピンドルと上部カバーを外す。

② 分水栓下胴立込み用スピンドルに下胴を取付ける。(あらかじめ内部のこまを下胴の最下部に降ろしておく)

③ 下胴を取り付けたスピンドルの上部カバーをかぶせて穿孔機本体に差し込み，穿孔機の閉止コックを開弁する。

④ スピンドルに板スパナを取付け，押し込みながら板スパナを右回転させ，配水管ねじ部に分水栓をねじ込む。板スパナが回らなくなったら，板スパナを取外し，排水ホース，ハッカーボルト，チェーンを取外し，穿孔機本体を持ち上げる。

分水栓の設置

⑤ スピンドルを分水栓下胴から外し，下胴に上胴を取り付ける。(下胴と上胴の合印を合わすように取付ける)

⑥ 分水栓をセットして，取出し方向を調整する。

⑦ 分水栓の取出し方向が決まれば，止めこまを上にあげ通水を確認する。

分水栓の方向調整

(3) 割T字管

鋳鉄製の割T字形の分岐帯に仕切弁又は簡易バルブを組み込み，一体として配水管にボルトを用いて取り付ける構造のもので，配水管の分水に用い，分岐帯には二つ割と三つ割がある。分水栓と同様の機能がある。

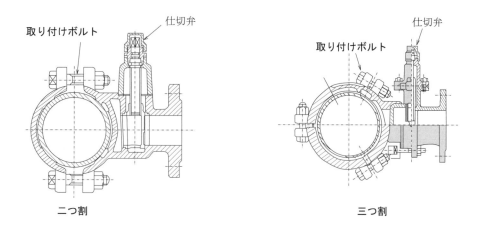

二つ割　　　　　　　　　　三つ割

ダクタイル鋳鉄管からの分岐穿孔

1）配水管の清掃

① 配水管の割T字管取付け位置を確認し，取付け位置の土砂及び錆等をウエス等できれいに除去し，配水管の管肌を清掃する。

② 配水管にポリエチレンスリーブが被覆されている場合は，割T字管取付け位置の中心線より割T字管+100mm程度離れた両位置を固定用ゴムバンド等により固定してから，中心線に沿って切り開き，ゴムバンドの位置まで折り返し，配水管の管肌をあらわす。

2）割T字管の取付け

① 割T字管を取付ける前に，仕切弁の開閉がスムーズか，パッキンが正しく取付けられているか，塗装面等に傷がないか等，割T字管が正常かどうか確認し，パッキンが当たる配水管の管肌に滑材を塗布する。

② 割T字管は，配水管の管軸水平部にその中心線がくるように取付け，給水管の取出し方向及び割T字管が管水平方向から見て傾きがないか確認する。

③ 取付け時には，パッキンが剥離する恐れがあるため割T字管を配水管に沿って前後に移動させてはならない。

④ 割T字管部分のボルトナットの締付けは，割T字管の合わせ目の隙間が均一になるよう的確に行う。

⑤　割T字管取付け後，分岐部に水圧試験用治具を取付けて加圧し，水圧試験を行う。負荷水圧は，常用圧力+0.5 MPa以下とし，最大1.25 MPaとする。

⑥　割T字管の配水管穿孔箇所への防食コアに関しては，水道事業者の指示による。

3)　穿孔作業

①　**穿孔機**は，必ず取扱説明書をよく読んで使用する。

②　**穿孔機**は，ガソリンエンジンにより駆動する。

③　割T字管の仕切弁を全開にする。

④　穿孔機に分岐形状に応じた合フランジを取付ける。

⑤　分岐口径に応じたカッター及びセンタードリルを穿孔機のスピンドルに取付ける。

⑥　仕切弁に穿孔機を取付け，ガソリンエンジンとフレキシブルシャフトで接続する。

⑦　合フランジの吐水部へ排水用ホースを連結し，下水溝等への切粉を直接排水しないようにホースの先端はバケツ等に差し込む

⑧　センタードリルの刃先が管面に接するまでハンドルを静かに回転し，管面に接した後，刃先を少し戻し，ガソリンエンジンを起動して穿孔を開始する。

⑨　穿孔はストローク管理を確実に行う。また，穿孔中はハンドルの回転が重く感じる。センタードリルの穿孔が終了するとハンドルの回転は軽くなるので，このとき排水用ホースを開く。さらにハンドルを回転し，カッターの穿孔を行う。ハンドルが軽くなると一旦，穿孔を終了してガソリンエンジンを停止する。ハンドルを回転して空送りし，切れ残りが無いことを確認後，穿孔終了となる。

4)　防食コアの取り付け

①　**防食コアの挿入機**は，必ず取扱説明書をよく読んで使用する。

②　**防食コア**は，変形や傷つきやすいので取扱いには十分注意する。

③　分岐形状に応じたアダプターをブッシングツールに取付け，先端の拡張ゴムに防食コアを差し込み，拡張ゴムを少し膨らませコアを軽く止める。

④　ハンドルを初期位置まで引き戻し，ブッシングツールを仕切弁に装着する。

⑤　挿入前に，必ず，仕切弁が全開になっているか確認する。

⑥　ハンドルを手で右回りに回転しながら静かに押し込む。

⑦　防食コアが，穿孔した孔にセットされると，拡張ナットをラチェットスパナで締め付け，拡張ナットを緩める。

⑧　ブッシングツールを初期位置まで引き戻し，ブッシングツールを取外す。

水道配水用ポリエチレン管からの分岐穿孔

ダクタイル鋳鉄管からの分岐穿孔と同様に行う。ただし，以下の事項に注意する。

1) 割T字管の取付け

① 割T字管部分のボルトナットの締付けは，ケース及びカバーの取付け方向を確認し，片締めにならないように全体を均等に締付け後，ケースとカバーの合わせ目の隙間がなくなるまで的確に締付ける。

② 管にケース及びカバー取付け後，ずれ防止の為の爪の取付けは，方向を確認し割T字管の端面に取付け，その後，受口と二つ割の押輪を片締めにならないようにボルトナットで均等に締付け後，受口と押輪の隙間がなくなるまで締付ける。

③ 割T字管の取付け後の試験水圧は，0.75MPa以下とする。ただし，割T字管を取付けた管が老朽化している場合は，その管の内圧とする。

2) 穿孔作業

① 穿孔機は，手動式を用いる。

② 穿孔機を取付ける前に，仕切弁が回転しないよう，仕切弁フランジ下部に角材を入れ支持する。

③ 穿孔は，送りハンドルをゆっくり回し，穿孔時の送り量を確認しながら行う。カッターが管外面に当たると重くなり，穿孔が終了すると軽くなる。

④ カッター内に残った切削片を，穿孔機の機種ごとの手順により除去する。

鋼管及び硬質ポリ塩化ビニル管からの分岐穿孔

鋼管及び硬質ポリ塩化ビニル管からの分岐穿孔は，ダクタイル鋳鉄管からの分岐穿孔と同様に行う。 ただし，硬質ポリ塩化ビニル管の場合，以下の事項に注意する。

① 取付けにおいて，割T字管のパッキン及びパッキンあたり面に滑材を塗布する場合，カバー等に回転防止ゴムシートがある場合には，この部分に滑材は塗布しない。

② 穿孔機を割T字管に取付ける前に，回転防止のため必ず仕切弁フランジ等の下に角材等を入れ支持する。

3-2 止水栓

止水栓は，給水の開始，中止及び給水装置の修理その他の目的で給水を制限又は停止するために使用する給水用具である。

(1) 甲形止水栓

止水部が**落しこま**構造になっている。
損失水頭が大きい。

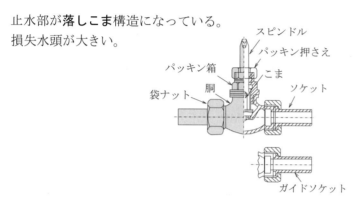

(2) ボール止水栓

弁体が**球体**のため，90度回転で全開，全閉する構造であり，ハンドルの向きで開閉が明示される。構造上，逆流防止機能はないが**損失水頭は極めて小さい**。

なお，逆流を防止する機構をボール止水栓下流側に内蔵しているリフト式逆止弁内蔵ボール止水栓がある。これは，水平に設置する必要がある。その他，バネ式逆止弁内蔵ボール止水栓もある。

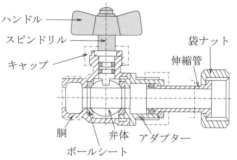

(3) 仕切弁

弁体が垂直に上下し，全開・全閉する構造で，流れの方向に関係なく取り付けられる。**流量調整用には不適切であるが，全開時の損失水頭は極めて小さい。**

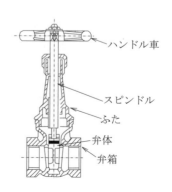

(4) 玉形弁

止水部が**吊りこま構造**であり，弁部の構造から流れがＳ字形となるため，**損失水頭が大きい。**

逆流防止機能はないが，流量調整に適している。

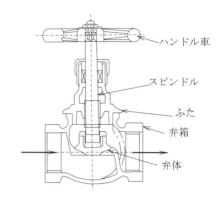

金属弁座（口径65以下）

止水栓の設置

1) 配水管等から分岐して最初に設置する**止水栓の位置は，原則として宅地部分の道路境界線の近く**とすること。

① 止水栓は，給水装置の取替・修繕時等に容易に操作ができることが必要である。

② 宅地内の最初の止水栓は，水道メータと連結してメータの上流に設ける。

③ 止水栓（仕切弁）は，外力による損傷の防止，開閉操作の容易性，宅地部分の水道メータ上流給水管の損傷防止等を考慮し，宅地部分の道路境界線近くに設置することを原則とする。

④ 地形等の理由により宅地部分に設置することができない場合は，道路管理者の許可を得て，道路部分の道路境界線近くに設置する。この場合，止水操作が容易に行えること。

2) 次の箇所にも止水栓を設ける。

① 連帯装置（同一給水管から2戸以上への引込み）の各分岐点
② 既設の装置から分岐する場合の分岐点
③ 階上又は地下室への配管の手前
④ 枝管の多い給水装置
⑤ 湯沸器その他特殊な給水用具の手前
⑥ 噴水・泉池・滝など修景用の給水管

3) 止水栓は，維持管理上支障がないよう，**メータます**又は**専用のきょう内に収納**すること。

・止水栓きょう等の設置に当たっては，破損・沈下・埋没などが生じないよう十分締め固めを行う等堅固な状態にすること

3-3 水道メータ

　水道メータは，給水装置に取り付け（給水装置の一部），需要者が使用する水量を積算計量する計量器（取引メータ）である。その使用に際しては，各種メータの特性を考慮するほか，計量法に定める計量器の検定検査に合格したものでなければならない。
　計量法にいう水道メータは口径350mm以下のもので，**検定有効期限は8年**である。

(1) 水道メータの種類

　わが国で使用されている水道メータはほとんどが**流速式（推測式）**であり，そのうち戸建て住宅で使用している水道メータは，主に**接線流羽根車式**である。羽根車式は羽根車の**回転数と通過水量が比例する**ことに着目して水量を計量するメータである。

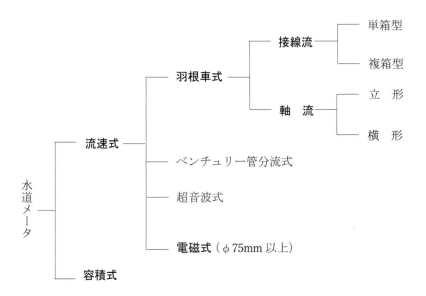

水道メータの分類

1) 接線流羽根車式水道メータ

　計量室内に設置された羽根車にノズルから接線方向に噴射水流を当て，羽根車を回転させて通過水量を積算表示する構造のものである。
　口径は13・20・25mmが主流で，一般家庭用に使われている。

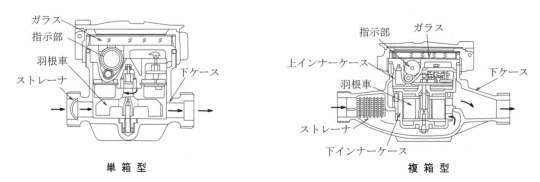

単箱型　　　　　　　　　　　　　複箱型

2) 軸流羽根車式水道メータ

一般的に管状の器内に設置された流れに平行な軸をもつ螺旋状の羽根車を回転させて，積算計量するもので，1）に比べ大量の計量ができるが感度は劣る。

立形と横形があり，横形は常時大量の計量に適し，立形は広範囲の計量ができる。

口径は一般に30・40mmのものに用いられる。

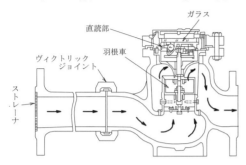

小流量から大流量まで広範囲の計量が可能であるが，水の流れがメータ一内で迂流するため圧力損失がやや大きい

たて形軸流羽根車式

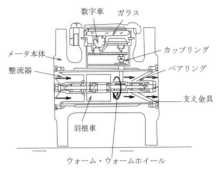

通過容量が大きいため圧力損失は小さいが，羽根車の回転負荷がやや大きいために，微小流量域での性能が若干劣る

よこ形軸流羽根車式

3) 電磁式水道メータ

水の流れの方向に垂直に磁界をかけると，**電磁誘導作用**により，流れと磁界に垂直な方向に**起電力**が誘起される。ここで，磁界の磁束密度を一定にすれば，起電力は流速に比例した信号となり，この信号に管断面積を乗じて単位時間ごとにカウントすることにより，**通過した体積**が得られる。

このメータは，呼び径と同じ直管で機械的可動部がないため耐久性に優れ，微小流から大流量まで広範囲な計測に適する。また，構造が複雑でないことから，これからのメータの主流になるものと思われる。

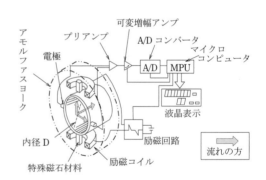

電磁式水道メータの原理図

(2) 構　造
1) 計量部の形態
① 単箱型と複箱式

単箱型：メータケース内に流入した水流を羽根車に直接与える構造のもの。

複箱型：メータケースの中に別の計量室（インナーケース）をもち，複数のノズルから羽根車に噴射水流を与える構造のもの。

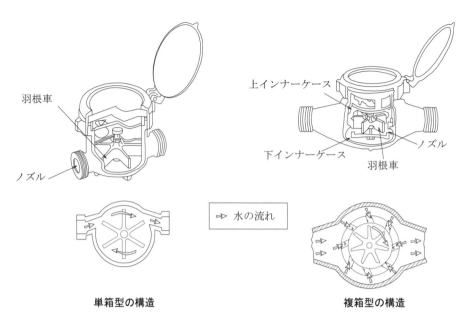

単箱型の構造　　　　　　複箱型の構造

② 正流式と可逆式

　正流式： 正方向に限り計量する計量室をもったメータ

　可逆式： 正方向と逆方向からの通過水量を計量する計量室をもったメータで，正方向は加算，逆方向は減算する。

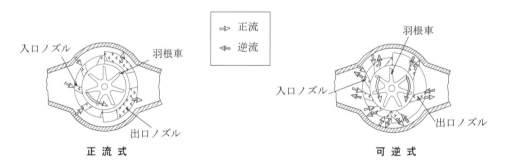

正　流　式　　　　　　　　可　逆　式

2) 指示部の形態

　① 機械式と電子式

　　機械式： 羽根車の回転を歯車装置により減速し指示機構に伝達して，通過水量を積算表示する方式

　　電子式： 羽根車に永久磁石を取り付けて，羽根車の回転を磁気センサーで電気信号として検出し，集積回路により演算処理して通過水量を液晶表示する方式

　② 直読式と円読式

　　直読式： 計量値を数字（**デジタル**）によって積算表示するもの

　　円読式： 計量値を回転指針（**アナログ**）によって目盛板に積算表示するもの

　　　　直　読　式　　　　　　　　　円　読　式

　③　湿式と乾式
　　湿　　式：目盛板など指示機構全体が水に浸っているもの。
　　乾　　式：目盛板及び指示機構が受圧板により流水部と隔離されているもの。

(3) 水道メータの性能

　水道メータは許容流量範囲を超えて使用すると，メータ性能を保持できなくなるおそれがある。このため，水道メータの口径決定に際しては，適正使用流量範囲，瞬時使用の許容流量等に十分留意する必要がある。
　また，水道メータの形式は多数あり，各水道事業者により，使用する形式が異なるため，設計に当たっては，あらかじめ使用するメータを確認する必要がある。

(4) 水道メータの遠隔指示装置

　水道メータの遠隔指示装置は，設置したメータの指示水量をメータから離れた場所で，効率よく検針するために設けるものである。

1) 水道メータの遠隔指示装置は，発信装置（又は記憶装置），信号伝送部（ケーブル），受信器から構成され，次のようなものがある。

　　①　パルス発信方式
　　②　エンコーダ方式
　　③　電子式指示方式

2) 遠隔指示装置を用いた検針方式として，次のようなものがある。

　　①　個別検針方式
　　　避暑地や積雪の多い寒冷地，鉄ぶたの重い大口径メータの検針などに用いる。
　　②　集合検針方式
　　　マンションなどで，一定の検針場所に集合して表示する場合に用いる。
　　③　自動検針方式
　　　電話回線などにより一括検針するシステムとして，今後普及するものと考えられる。

　※ メータの検定
　　水道メータは計量法に定められた計量器の検定検査に合格したもの，または経済産業大臣の認めた指定製造業者の自主検査に合格したものを使用しなければならない。

水道メータの設置

① 水道メータの設置位置は，原則として道路境界線に最も近接した宅地部分で，メータの点検及び**取替作業が容易**であり，かつ，メータの**損傷，凍結等のおそれがない位置**であること。

　a. 水道メータは，需要者の使用水量の計量及び当該メータの下流側における漏水の発生を検知するため，その設置位置は，給水管分岐部に最も近接した宅地部分とし，**検針及び取替作業等が容易な場所**で，かつ汚水や**雨水が流入**したり，**障害物**の置かれやすい場所を**避けて選定**する必要がある。

　b. 水道メータは，一般的に地中に設置するが，場合によっては地上に設置することもある。この場合は，損傷，凍結等に対して十分配慮する必要がある。

　c. 寒冷地においては，水道メータが凍結破損することがあるので，防寒措置や，取り付け深さを凍結深度より深くするなどの配慮が必要である。

② 建物内に水道メータを設置する場合は，凍結防止，取替作業スペースの確保，取付け高さ等について考慮する。

　水道メータを集合住宅の配管スペース内など，外気の影響を受けやすい場所へ設置する場合は，凍結するおそれがあるので水道メータに発泡ポリスチレンなどでカバーを施す等の防寒対策が必要である。

　また，他の配管設備と隣接している場合は，点検及び取替作業の支障にならないよう必要なスペースを確保する。

③ 直結増圧式給水などで給水圧が高くなる階層のメータは，メータの前に減圧弁を設置する等の処置をとる必要がある。

④ 水道メータの遠隔指示装置を設置する場合は，正確かつ効率的に検針でき，かつ維持管理が容易なものとすること。

　水道メータの遠隔指示装置は，効率よく検針を行うとともに使用水量を正確に伝送するためのものであるため，定められた仕様に基づき検針や維持管理が容易にできることが必要である。

⑤ 水道メータの口径13～40mmを設置する場合は，鋳鉄製・プラスチック製・コンクリート製等のメータますとし，口径50mm以上は，コンクリートブロック，現場打ちコンクリート，鋳鉄製等で上部に鉄蓋を設置した構造が一般的である。なお，メータ用止水栓等が収納できることが望ましい。

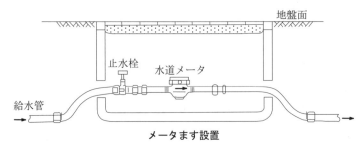

メータます設置

　a. 水道メータを地中に設置する場合は，**メータます**，又は**メータ室**の中に入れ，**埋没や外部からの衝撃から防護し**，その位置を明らかにしておく。

  b. メータます及びメータ室は，水道メータの検針が容易にできる構造とし，かつ，水道メータ取替作業が容易にできる大きさとする。
   また，メータ取り外し時の戻り水による汚染防止について考慮すること。

⑥　水道メータの設置に当たっては，原則として使用水量に適した口径のものを**給水栓より低位に設置**する。
　これはメータすべての内部に空気を残留させないためである。

⑦　水道メータはメータに表示されている流水方向の矢印を確認した上で水平に取り付ける。逆方向に取り付けると，正規の計量指針を表示しないので，絶対に避けなければならない。また，傾斜して取り付けると，水道メータ性能，計量精度や耐久性を低下させる原因となるので，**水平に取り付けなければならない。**

⑧　水道メータの器種によっては，適正な計量を確保するため，**水道メータ前後に所定の直管部を確保する。**

⑨　集合住宅等の複数戸に直結増圧式等で給水する場合，水道メータ取り替え時に断水による影響を回避するため，**メータバイパスユニット**を設置する。

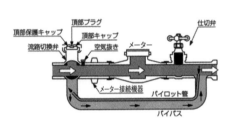
通常の使用時

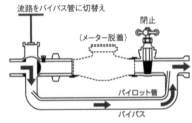
水道メータ取替え時

⑩　集合住宅等の各戸メータの接続には，メータユニットを使用する建物が多くなっている。**メータユニット**は，止水栓，逆止弁，メータ脱着機能等で構成されている。メータ接続部に伸縮機能を持たせ，手回し等で容易にメータの着脱ができる。

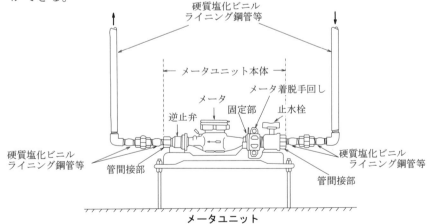
メータユニット

⑪　メータの両側に被せている保護キャップは，メータ取付け直前に取り外す。これは，メータ内に異物が混入したり，メータ内の通風により羽根車が空転し，指示量が変化することを防止するためである。

§3 給水装置の概要と給水装置工事法

給水装置工事法

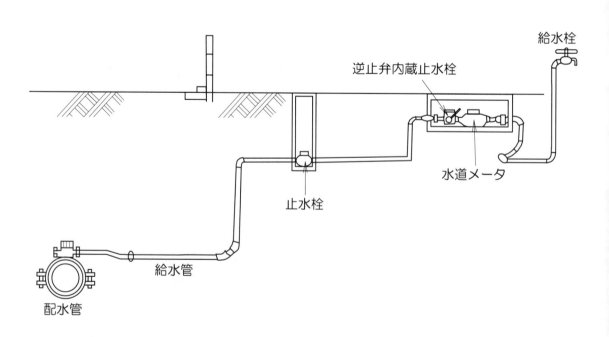

| 第3条 | 用語の定義 | 水道法 |

> 11　**給水装置工事**とは，給水装置の**設置又は変更**の工事をいう。

給水装置の**新設，改造，修繕及び撤去の工事全て**を給水装置工事という。
また，工事とは**調査，計画，施工及び検査**までの一連の過程の全部又は一部をいう。

給水装置工事は，水道施設を損傷しないこと，設置された給水装置に起因して需要者への給水に支障を生じないこと，水道水質の確保に支障を生じないこと等の観点から，**給水装置の構造及び材質の基準に適合した適正な施行**が必要である。

製造された給水管や給水用具を用いて現場で行う工事が給水装置工事にあたる。したがって，生産工場内で湯沸器やユニットバスを組み立てる工程のような製造工程は給水装置工事ではない。

1）新設工事

新たに給水装置を設置する工事。

2）改造工事

給水管の増径・管種変更・給水栓の増設など，給水装置の原形を変える工事。
なお，これらの改造工事には，水道事業者が事業運営上必要として施工する，配水管の新設，布設替え及び移設等に伴い，給水管の付替え及び布設替え等を行う工事のほか，**メータ位置変更工事**等がある。
このほか増設工事や廃止工事があるが，増設工事も廃止工事も改造工事の一形態である。
ただし，撤去工事を伴う廃止工事の場合は，改造工事と撤去工事の組合せである。

3）撤去工事

給水装置が不要になった場合，既設給水装置を配水管，又は他の給水管の分岐部から全部を取り外す工事。

4）修繕工事

給水装置の部分的な破損箇所を修理する工事をいい，法第16条の2で定める給水装置の軽微な変更を除くもので，原則として給水装置の原形を変えないで，給水管・給水栓等の部分的な破損箇所を修理する工事。
修繕工事は既設給水装置の原形を変えるものではないが，損傷の程度によっては給水管の布設替えや給水用具の取替えを伴う工事となる。

§3 給水装置の概要と給水装置工事法

法第16条の2　　　　　　　　　　　　**給水装置工事**　　　　　　　　　　　*水 道 法*

> 　水道事業者は, 当該水道によって水の供給を受ける者の給水装置の構造及び材質が法**16条**の規定に基づく政令（令5条）で定める**基準に適合することを確保するため**, 当該水道事業者の給水区域において給水装置工事を適正に施行することができると認められる者の**指定**をすることができる。
>
> 2　水道事業者は, 前項の指定をしたときは, 供給規程の定めるところにより, 当該水道によって水の供給を受ける者の給水装置が当該水道事業者又は当該指定を受けた者（以下「**指定給水装置工事事業者**」という）の施行した給水装置工事に係るものであることを供給条件とすることができる。
>
> 3　前項の場合において, 水道事業者は, 当該水道によって水の供給を受ける者の給水装置が**当該水道事業者**又は**指定給水装置工事事業者**の施行した給水装置工事に係るものでないときは, 供給規程の定めるところにより, その者の**給水契約の申込みを拒み**, 又はその者に対する**給水を停止**することができる。ただし, 厚生労働省令（則13条）で定める**給水装置の軽微な変更**であるとき, 又は当該給水装置の構造及び材質が前条の規定に基づく政令（令5条）で定める基準に適合していることが確認されたときは, この限りでない。

給水装置工事を行う際は, 水道事業者への届け出が必要である。

施則第13条　　　　　　　　　　　**給水装置の軽微な変更**　　　　　　　　　*施 行 規 則*

> 　給水装置の軽微な変更は, **単独水栓の取替え及び補修並びにこま**, **パッキン**等給水装置の末端に設置される給水用具の部品の取替え（配管を伴わないものに限る）とする。

給水装置の軽微な変更は給水装置工事でないため誰でもできる。

費用の負担

　給水装置の設置又は変更（修繕を含む）の給水装置工事の費用の負担区分は, 法第14条の規定に基づき, 水道事業者が供給規程（**給水条例**）に定めることとなっている。この供給規程では, 給水装置工事費は原則として当該給水装置を新設, 改造又は撤去する需要者の負担としている。

　このことから, 給水装置は個人財産であり, 日常の管理責任は需要者にある。

給水装置工事法

① 工事の受注　施主から給水装置工事の依頼を受け，給水装置工事の施行契約を締結する
　　　⬇
② 調　　査　・現地調査
　　　　　　・水道事業者との協議
　　　　　　・関係官公署等との調整
　　　⬇
③ 計　　画　・給水装置の計画
　　　　　　・工事材料の選定
　　　　　　・給水装置工事設計図の作成
　　　　　　・給水装置の構造・材質基準に適合していることの確認
　　　　　　・工事方法の決定・工事材料の手配
　　　　　　・機械器具の手配
　　　⬇
④ 水道事業者　・工事施行承認申込書・給水装置工事設計図等の提出・承認
　へ申請手続
　　　⬇
⑤ 水道事業者　・設計審査
　　の　審　査　・工事材料の確認
　　　　　　　・工法・工期の承認（指示：水道メータ迄）
　　　⬇
⑥ 施工の承認
　　　⬇
⑦ 工事の施工　・配水管からの給水管分岐工事
　　　　　　　・道路上工事に係る交通管理者，道路管理者及び水道事業者との連絡調整
　　　　　　　・関係建築業者等との連絡調整
　　　　　　　・給水装置の構造・材質基準に適合していることの確認
　　　　　　　・着工から竣工までの工程管理・品質管理・安全管理の徹底
　　　　　　　・給水装置工事竣工図の作成・耐圧試験の実施
　　　　　　　・工事事業者の竣工検査
　　　⬇
⑧ 竣 工 検 査　・水道事業者による竣工検査
　　　⬇
⑨ 通　　水　・水道事業者による通水
　　　　　　　各末端給水用具の作動により水道メーターを通過しているとの確認
　　　⬇

⑩ 引 き 渡 し　・施主への引き渡し

給水装置工事のフロー

107

配管工事

　配水管は，一般に**ダクタイル鋳鉄管・鋼管・硬質ポリ塩化ビニル管・ポリエチレン管**が使用されている。鋼管としては，樹脂被覆鋼管とステンレス鋼管が使用されている。

　ダクタイル鋳鉄管及び鋼管は，共に高い耐力を有しており，一般配管部では，ダクタイル鋳鉄管が，管路の剛性の確保が必要とされる部分や複雑な形状の配管部分では，鋼管が使われていることが多い。また，施工性が良いこと，比較的安価であることなどから外的荷重の影響が少ない箇所では，硬質ポリ塩化ビニル管やポリエチレン管が使用されている。

　給水管は，ビルやマンションでは，**硬質塩化ビニルライニング鋼管**が最も多く使用され，ポリ粉体ライニング鋼管も使用されている。**一般住宅用としては，ステンレス鋼管，銅管，ポリエチレン二層管，硬質ポリ塩化ビニル管**等が使用される。また，口径は，13mm～25mmの小口径のものが最も多く，高層建築物や工場等には75mm～200mm位の口径が使用されている。

　直管を曲げて配管できる材料としては，銅管・ステンレス鋼管・ポリエチレン二層管等がある。

基省第1条　　　　　　　　　**耐圧に関する基準**　　　　　　　　　*基準省令*

> 3　家屋の**主配管**は，配管の経路について構造物の下の通過を避けること等により漏水時の修理を容易に行うことができるようにすること。

① 家屋の**主配管**とは，給水栓等に給水するために設けられた枝管が取り付けられる口径や流量が最大の給水管を指し，一般的には，**1階部分に布設された水道メータと同口径の部分の配管**がこれに該当する。

② **主配管**は，家屋の基礎の外回りに布設することを原則とする。

施第5条　　　　　　　　　**給水装置の構造及び材質の基準**　　　　　　　　　*施行令*

> 三　配水管の水圧に影響を及ぼすおそれのあるポンプに直接連結されていないこと。
> 四　**水圧，土圧その他の荷重に対して充分な耐力を有し**，かつ，水が汚染され，又は漏れるおそれがないものであること。
> 五　凍結，破壊，侵食等を防止するための適当な措置が講ぜられていること。
> 六　当該給水装置以外の水管その**他の設備に直接連結されていないこと**。
> 七　水槽，プール，流しその他水を入れ，又は受ける器具，施設等に給水する給水装置にあっては，水の逆流を防止するための適当な措置が講ぜられていること。

① 設置場所の荷重条件に応じ，土圧，輪荷重その他の荷重に対し，十分な耐力を有する構造及び材質の給水装置を選定すること。

　a．給水管は，露出配管する場合は**水圧**を，地中埋設する場合は水圧及び土圧，輪荷重・その他の外圧に対し十分な強度を有していることが必要で，そのためには適切な管厚のものを選定する必要がある。

b. 一定の埋設深さが確保され，適切な施工方法が採られていれば，認証されたものであれば，上記の確認は特に要しない。

② 水道以外の管との**誤接続**(クロスコネクション)を行わないよう十分な調査を行うこと。
配水管又は既設給水管（以下「配水管等」という。）からの給水管の取り出しに当たっては，ガス管・工業用水道管等の水道以外の管と誤接続が行われないように，明示テープ有無の確認，消火栓・仕切弁等の位置の確認及び音聴，試験掘削等により，当該配水管等であることを確認の上，施工しなければならない。

施第5条　　　　　　　**給水装置の構造及び材質の基準**　　　　　　　施行令

一　配水管への取付口の位置は，他の給水装置の取付口から**30cm以上離れていること。**

---

① 分岐位置の間隔は，**給水管の取り出し穿孔による管体強度の減少を防止すること，給水装置相互間の流量への影響により他の需要者の水利用に支障が生じることを防止すること等の理由**から，他の給水装置の分岐位置から30cm以上離す。

また，維持管理を考慮して配水管等の継手端面からも，30cm以上離す必要がある。

② 既設給水管からの分岐に当たっては，他の給水管の分岐位置から30cm以上離す。

> **参考**
> 他の埋設物との間隔をできるだけ**30cm以上確保すること。**
> 給水管を他の埋設物に近接して布設すると，接触点付近の集中荷重や給水管の漏水による**サンドブラスト現象等**によって，他の管に損傷を与えるおそれがある。
>
> ※　サンドブラスト現象
> 　　水道管の腐食等による穿孔部からの漏水が土砂を混入した噴射水となり近くの埋設管に穴をあける現象をいう。

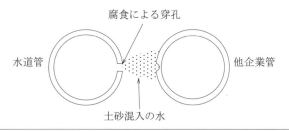

施第5条　　　　　　　**給水装置の構造及び材質の基準**　　　　　　　施行令

二　配水管への取付口における給水管の**口径**は，当該給水装置による水の使用量に比し，著しく過大でないこと。

---

① 分岐口径は，給水管の取り出し穿孔による管体強度の減少を防止すること，給水装置相互間の流量への影響により他の需要者の水利用に支障が生じることを防止すること等の理由及び給水管内の水の停滞による水質の悪化を防止する理由から，**原則として配水管の口径よりも小さいものとする。**

② 既設給水管からの分岐についても，その口径より小さい口径とする。

4-1　配管の留意事項

（1）給水配管工事

① 給水管及び給水用具は，配管場所の施工条件や設置環境，将来の維持管理等を考慮して選定する。

② 給水管は，露出配管する場合は管内水圧に対し，地中埋設する場合は管内水圧及び土圧，輪荷重，その他の外圧に対し十分な強度を有していることが必要である。

③ 分岐管や埋設深度の変化する部分，及び，建物内の配管との接続部などには，**伸縮可とう性**のある管や継手を使用することが望ましい。

④ **宅地内の配管**は，できるだけ**直線に配管**することが望ましい。

⑤ 建物の**地階あるいは2階以上**に配管する場合は，原則として**各階ごとに止水栓**を取り付ける。

⑥ 水圧・水撃作用等により**給水管が離脱するおそれのある場所**にあっては，適切な離脱防止のための措置を講じる。
　　水圧，水撃作用等により給水管の**接合部が離脱するおそれのある継手**は，硬質ポリ塩化ビニル管のRR継手，K形及びT形ダクタイル鋳鉄管の接合部がある。

⑦ 給水装置（特に樹脂管）は，ボイラー，煙道等高温となる場所，冷凍庫の冷凍配管等に近接し凍結のおそれのある場所を避けて設置する。

⑧ **高水圧・水撃作用が生じるおそれのある場所**は，減圧弁を設置する。
　　配水管の位置に対して**著しく低い箇所にある給水装置**，又は**直結増圧式給水における低層階部や貯湯湯沸器**には，**減圧弁・安全弁（逃し弁）・及び逆止弁等**を設置する。

⑨ 合成樹脂管を使用する場合は，防腐剤のクレオソートが塗布されている土台や根太に管が接触しないよう管に外装被覆するなどの措置を講じる。

⑩ 給水装置工事の中断時又は**一日の工事終了後**には，管端から汚水やゴミが入り水質汚染の原因とならないように**管端にプラグ等で管栓**をし，これらの侵入を防止する措置を講じる。

⑪ **異形管及び継手から給水管の分岐を行わない。**
　　分岐は配水管等の直管部からとする。異形管及び継手からの分岐は，その構造上の的確な給水用具の取り付けが困難で，また，材料使用上からも給水管を分岐してはならない。

⑫ 不断水による分岐工事に際しては，水道事業者が認めている配水管口径に応じた分岐口径を超える口径の分岐等，配水管の強度を低下させるような分岐工法は避ける。

⑬ 設置場所の**土圧**，**輪荷重**その他の荷重に対し，十分な耐力を有する構造及び材質の給水管及び給水用具を選定するほか，**地震時の変位に対応できるよう伸縮可とう性に富んだ継手**，又は給水管とする。

⑭ **端末部が行き止まりの給水装置**は，停滞水が生じ，水質が悪化するおそれがあるので極力避ける必要がある。構造上やむを得ない場合は，給水管の末端から分岐し止水用具，逆止弁，排水ますを設置し，ます内に吐水口空間を設けて排水出来るようにする。
　また，**行き止まり配管の先端部，水路の上越し部，鳥居配管**となっている箇所等，**空気溜まりを生じるおそれがある場所には空気弁を設置する**。

(2) 給水管の防護

① **地盤沈下，振動**等により破壊が生じるおそれがある場所にあっては，伸縮性又は可とう性を有する給水装置を設置する。

② 壁等に配管された給水管の露出部分は，適切な方法で給水管の**損傷防止**を施す。

a. 建物の柱や壁等に添わせて配管する場合には，管をクリップなどの**つかみ金具**を使用し，1～2mの間隔で建物に固定する。給水栓取付け部分は，特に損傷しやすいので，堅固に取り付ける。

b. 給水管が構造物の基礎及び壁等を貫通する場合は，貫通部に配管スリーブ等を設け，**スリーブとの隙間を弾性体で充填し，管の損傷を防止する**。

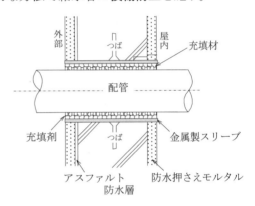

③ 給水管は他の埋設物（埋設物，構造物の基礎等）より**30cm以上の間隔を確保する**のが望ましいが，やむを得ず間隔がとれず近接して配管する場合には給水管に**発泡スチロール，ポリエチレンフォーム**等を施し，損傷防止を図る。

④ **水路等を横断**する場所は，**原則として水路等の下に給水装置を設置すること**。やむを得ず水路等の上に設置する場合には，高水位以上の高さに設置し，かつ，**さや管等による防護措置**を講じる。

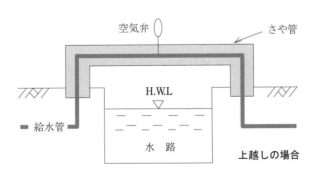

4-2　さや管ヘッダ方式

スペース等の問題でやむを得ず構造物の下を通過させる場合は，さや管ヘッダ式等とし給水管の交換を容易にする。点検・修理口を設ける等，漏水の修理を容易にするために十分配慮する必要がある。

さや管ヘッダ方式は，ヘッダ（配管分岐器具）からたこ足状に分岐し，それぞれの給水用具まで途中で分岐せず直接接続する方法で，樹脂製の波状さや管をあらかじめ布設しておき，その中に給水管を配管するものである。

この方式の特徴は，従来の配管方式に比べ接続部が少ないため，漏水の危険性が少ないこと，さや管内に配管することにより更新の施工が容易になる等である。

さや管ヘッダ方式はヘッダ（配管分岐器具）の点検ができるよう床等に点検口を設けるとともに，給水用具との接続部についても目視点検が容易にできるようにしておく。

1) 使用材料

① 架橋ポリエチレン管（JIS規格品）

② ポリブテン管（JIS規格品）

③ ヘッダ：製造会社の自己認証品又は第三者認証品を使用する。

2) 設計上の注意事項

① 使用温度により許容圧力が異なるので注意する。

② 配管の曲げ半径及び支持箇所数に注意する。

③ 極端に曲げると座屈が生じるので最小曲率半径に注意する。

④ ヘッダから給水用具までの損失水頭に十分注意する。

⑤ 管種及び継手等の選定については，各材料の性能及び特徴等を十分に検討し，選定及び設計をする。

3) 施工上の注意事項

① さや管は横揺れや，浮き上がりが生じないように支持固定する。

② さや管布設後は過大な荷重が加わってさや管が潰れないようにする。

③ 柔軟な樹脂のため，水圧試験に際しては管が膨張し圧力が降下するので，漏れを目視で確認する。

④ トーチランプの火や溶接の火花などに注意する。

⑤ 有機溶剤には侵されるので注意する。

⑥ 管種及び継手等の性能及び特徴等を十分に理解し施工する。

4-3　給水管の地震対策（耐震配管）

1） 給水管は，伸縮可とう性に富み，継手の少ない管種とする。剛性の高い材質の場合は，**伸縮可とう継手**を用い地震時の変位に対応できるようにする。

　特に，埋立地，地質や地形の急変する場所，構造物と管路との連結部など地震時の変位が大きいと判断される地域や学校・病院等の重要施設については，耐震性の高いものを使用する。

2） 配水管からの分岐部や宅地内の埋設深度が変化する箇所，屋内の配管との接続部及び建物の貫通部の配管に当たっては，**伸縮可とう継手やフレキシブル継手等**により，できるだけ撓み性を持たせるほか，給水管の材質及び継手に応じて，変位を吸収する配管方法を考慮する。

　建物内の配管においても，継手箇所のできるだけ少ない可とう性のある管及び工法を採用するとともに，管を支持又は固定する場合は，つり金物や防振ゴムを用い変動及び衝撃の緩和のため，有効な処置を講じる必要がある。

3） 道路部分の使用材料は，水道事業者が指定したものを設置条件に応じ使用する。

　これは，震災時の資材の調達及び施工の迅速化をはかり，震災時の復旧支援の対応を容易にする。

4） 分岐工事に際しては，配水管の強度を低下させるような分岐工法は避ける。

　これは，分岐部と給水管の接続部の損傷，サドル付分水栓の移動等の被害例も多いので，配水管，給水管の口径及び管種により適切な分岐の工法を定めるほか，分岐部以降，給水管の取り出し部分の耐震性について十分考慮する必要がある。

なお，直接分水栓を取り付ける場合で，耐震防食形分水栓を使用しているところもある。

5） 給水管の布設については，耐震性を十分考慮し入念に施工する。

　管の布設は，盛土部や埋め立て地，軟弱地盤等はできるだけ避け，やむを得ない場合は，必要以上に耐震性の高い管路とする。

給水管が他の埋設物と交差又は近接する場合は，地震による影響が互いの埋設物に及ばないよう**30cm以上の離隔を設ける。**

管の接合は，使用する管種に合った継手により入念に行い，また埋戻し施工は，しめ固めを十分に行う必要がある。

6） 地震，災害時等における給水の早期復旧を図ることから，配水管等から分岐して最初に設置する止水栓は，原則として，宅地内の道路境界付近とする。

7） 受水槽については，転倒や破壊防止を施すとともにその周辺配管についても，受水槽との接続部分等には伸縮可とう性のある管や継手を使用する。

　受水槽，高置水槽は，給水装置の分野からはずれる範囲となるが，震災の復旧に際し，応急給水の拠点施設として位置付けされる場合もあるので，転倒や破壊等に対する防止措置を講じる必要がある。

配管設備と建築基準法

受水槽以下設備の構造や材質等については、建築物と一体であることから基本的には建築基準法（国土交通大臣の認可）によって規定されている。

建築物に設ける給水配管設備の材質や構造に関すること、受水槽の構造や設置場所に関すること等は、建築行政の担当官庁の所管であり、これらは建築確認申請の際に審査を受ける。

第1条 <div align="center">目 的</div> *建築基準法*

　この法律は、建築物の敷地、構造、設備及び用途に関する最低の基準を定めて、国民の生命、健康及び財産の保護を図り、もって**公共の福祉の増進**に資することを目的とする。

第129条の2の5 　給水，排水その他の配管設備の設置及び構造　　*建築基準施行令*

　建築物に設ける給水，排水その他の配管設備の設置及び構造は，次の各号に定めるところによらなければならない。

　一　コンクリートへの埋設等により**腐食**するおそれのある部分には，その材質に応じ有効な**腐食防止**のための措置を講ずること。

　二　**構造耐力上主要な部分を貫通して配管する場合**においては，建築物の構造耐力上支障を生じないようにすること。

　三　エレベーターの昇降路内に給水，排水その他の配管設備は設けないこと。ただし**エレベーターに必要な配管設備の設置及び構造**は，この限りではない。

　四　**圧力タンク及び給湯設備**には，有効な安全装置を設けること。

　五　水質，温度その他の特性に応じて**安全上，防火上及び衛生上支障のない構造**とすること。

　六　給水管，その他の管が，準耐火構造の防火区画，防火壁，界壁，間仕切壁又は隔壁（以下「防火区画等」という。）を貫通する場合においては，これらの管の構造は，次のいずれかに適合するものとすること。
　　ただし，準耐火構造の床若しくは壁又は特定防火設備で建築物の他の部分と区画されたパイプシャフト，パイプダクトその他これらに類するものの中にある部分については，この限りでない。

　　ア．給水管，その他の管の貫通する部分及び当該貫通する部分からそれぞれ両側に**1m**以内の距離にある部分を不燃材料で造る。

イ．給水管，その他の管の外径が，当該管の用途，材質その他の事項に応じて国土交通大臣が定める数値未満であるものとする。

ウ．防火区画等を貫通する管に通常の火災による火熱が加えられた場合に，加熱開始後20分間，（準耐火構造の床若しくは壁又は防火壁にあっては1時間，界壁，間仕切壁又は隔壁にあっては45分間）防火区画等の加熱側の反対側に火炎を出す原因となるき裂その他の損傷を生じないものとして，国土交通大臣の認定を受けたものとする。

2　建築物に設ける飲料水の配管設備（水道法第3条第9項に規定する給水装置に該当する配管設備を除く。）の設置及び構造は，前項の規定によるほか，次の各号に定めるところによらなければならない。

一　飲料水の配管設備とその他の配管設備とは，直接連結させないこと。

二　水槽，流しその他水を入れ，又は受ける設備に給水する飲料水の配管設備の水栓の開口部にあっては，これらの設備のあふれ面と水栓の開口部との垂直距離を適当に保つ等有効な水の逆流防止のための措置を講ずること。

三　飲料水の配管設備の材質は，不浸透質の耐水材料で水が汚染されるおそれのないものとすること。

イ．当該配管設備から漏水しないものであること。

ロ．当該配管設備から溶出する物質によって汚染されないものであること。

四　給水管の凍結による破壊のおそれのある部分には，有効な防凍のための措置を講ずること。

五　給水タンク及び貯水タンクは，ほこりその他衛生上有害なものが入らない構造とし，金属性のものにあっては，衛生上支障のないように有効なさび止めのための措置を講ずること。

六　上記一〜五に定めるもののほか，安全上及び衛生上，支障のないものとして，国土交通大臣が定めた構造方法を用いるものとする。

第2条 　　　　　　　　　　　　飲料水の配管設備

一　給水管

イ　ウォーターハンマが生ずるおそれがある場合においては，**エアチャンバを設ける**等有効な**ウォーターハンマ防止のための措置**を講ずること。

ロ　給水立て主管からの各階への分岐管等主要な分岐管には，**分岐点**に近接した部分で，かつ，操作を容易に行うことができる部分に**止水弁**を設けること。

二　給水タンク及び貯水タンク

建築物の内部，屋上又は最下階の床下に設ける場合においては，次に定める。

①　外部から給水タンク又は貯水タンク（以下「給水タンク等」という。）の天井，底又は周壁の保守点検を容易かつ安全に行うことができるように設けること。

②　給水タンク等の天井，底又は周壁は，建築物の他の部分と兼用しないこと。

③　内部には，飲料水の配管設備以外の配管設備を設けないこと。

④　内部の**保守点検**を容易かつ安全に行うことができる位置に，ほこりその他衛生上有害なものが入らないように有効に立ち上げた**マンホール**（**直径60cm以上の**円が内接することができるものに限る。）を設けること。

⑤　④のほか，**水抜管を設ける**等内部の**保守点検**を容易に行うことができる構造とすること。

⑥　ほこりその他衛生上有害なものが入らない構造の**オーバーフロー管**を有効に設けること。

⑦　最下階の床下その他浸水によりオーバーフロー管から水が逆流するおそれのある場所に給水タンク等を設置する場合にあっては，浸水を検知し警報する装置の設置などの措置を講じる。

⑧　圧力タンクを除き，ほこりその他衛生上有害なものが入らない構造の**通気のための装置**を有効に設けること。ただし，有効容量が2m³未満の給水タンク等については，この限りでない。

⑨　給水タンク等の上にポンプ，ボイラー，空気調和機等の機器を設ける場合においては，飲料水を汚染することのないように衛生上必要な措置を講ずること。

4-4 クロスコネクション

| 施第5条 | 給水装置の構造及び材質の基準 | 施行令 |

　六　当該給水装置以外の水管，その他の設備に直接連結されていないこと。

(1) 一つの給水装置において，これを他の管，設備又は施設に誤って接合することを**クロスコネクション**（誤接続）という。

　① 安全な水の確保のため，給水装置と当該給水装置以外の水管，その他の設備とを直接連結することは絶対に避けなければならない。
　　たとえ，**双方の管に逆止弁，制水弁を設けたとしても完全な縁切りにはならず，絶対に行ってはならない。**

　② 近年，多目的に水が使用されることに伴い，用途の異なる管が給水管と近接配管され，外見上判別しがたい場合もある。
　　このため，事前対策としては，完成図で位置を確認するとともに，管外面の用途別表示(明示テープ等)で確認する。不明確な場合は，水質検査で確認してから施工する。

(2) クロスコネクションによる被害は，給水管内の圧力低下時，逆止弁等の故障，仕切弁やポンプ運転の誤操作などの条件が重なった場合に発生し，また事故が発生するまで気がつかないことが多い。
　　クロスコネクションの状況としては，給水管と受水槽以下の管が接続されている例が多く，自家用井戸の配管との接続も比較的多い。

　① **給水装置と誤接続されやすい配管の例**

- 井水・工業用水・再生利用水の配管
- 受水槽以下の配管
- プール，浴場等の循環用の配管
- 水道水以外の給湯配管
- 水道水以外のスプリンクラ配管
- ポンプの呼び水配管
- 雨水管
- 冷却水配管
- その他排水管等

　② **給水装置と誤接続されやすい機械，設備等の例**

- 洗米器
- ボイラー（貯湯湯沸器を除く），クーラ
- ドライクリーニング機
- 純水器，軟水器
- 清浄器，洗浄器
- 瓶洗器
- 自動マット洗機，洗車機
- 風呂釜清掃器
- 簡易シャワー，残り湯汲出装置
- 洗髪機
- ディスポーザ

(3) クロスコネクションの事故例

① 給水栓の水が通常と異なる味がする場合は，工場排水・下水・薬品等の混入が考えられる。塩辛い味・苦い味・渋い味・酸味・甘味等が感じられる場合は，クロスコネクションのおそれがある。

② 水栓にホース類が付けられ，ホースが汚水内に漬かっている場合

③ 浴槽等への給水で十分な吐水口空間が確保されていない場合

④ 給水栓に取り付けて使用する風呂釜清掃器，水圧を利用したエジェクタ構造の簡易シャワー，残り湯汲出装置等，サイホン作用によって水等が吸引するような間接連絡についても避けなければならない。

⑤ 散水栓が汚水の中に水没している場合

(4) クロスコネクションが判明した時の対応

水道事業者は，事故発生時は直ちに現地に行き，当該箇所及び周辺で採水を行うとともに，配管状況の調査を実施する。**異常が認められた場合は，直ちに需要者に飲用の中止**を広報するとともに付近の給水を停止し，また採水の検査等を実施し事故原因の調査を行う。

現地では，誤接続箇所又は不適正配管箇所を把握し，その部分を切り離し，適正配管に修復する。さらには，影響部分の排水・洗浄等で清浄な状態への回復を行う。

5 土工事

5-1 給水管の埋設

(1) 給水管の埋設深さ及び占用位置

第12条　　　　水管，下水道管又はガス管の占用場所　　　　*道路法施行令*

> 水管，下水道管又はガス管の占用については，次の各号に掲げるところによらなければならない。
>
> 一　道路の敷地外に，当該場所に代る適当な場所がなく，公益上やむ得ないと認められる場所であること
>
> 二　**水管，下水道管又はガス管を埋設**する場合（道路を横断して埋設する場合を除く）においては，**歩道の地下に埋設**すること
>
> 三　水管又はガス管の本線を埋設する場合においては，その**頂部と路面との距離**は，**1.2 m**（工事実施上やむ得ない場合にあっては，**0.6 m**）以下としないこと
>
> 五　水管，下水道管又はガス管を橋に取り付ける場合においては，けたの両側又は床版の下とすること

① 通常の場合は，管路の頂部と路面の距離は1.2m以下にしないこと。

② 工事実施上やむを得ない場合にあっては，0.6m以下にしないこと。

③ 水管橋取付部の堤防横断箇所や他の埋設物との交差の関係等で，土被りを標準又は規定値までとれない場合は，**河川管理者又は道路管理者**と協議することとし，必要に応じて防護措置を施す。

浅層埋設

国土交通省（平成11年）により通達がなされ，浅層埋設が許可された。
この通達による浅層埋設の「埋設の深さ」及び「適用対象となる管種と口径」は次のとおりである。

国土交通省通達

> 1　給水管の埋設の深さは，道路部分にあっては**道路管理者の許可**（通常の場合は1.2m以下としないこと）によるものとし，**宅地内にあっては0.3m以上を標準とする。**
>
> 2　浅層埋設の適用対象となる管種と口径の使用にあっては，埋設の深さ等について道路管理者に確認のうえ，埋設の深さを可能な限り浅くする。
>
> 3　道路部分に配管する場合は，その占用位置を誤らないようにする。

1) 埋設の深さ

・車道： **舗装の厚さに0.3m**を加えた値（当該値が0.6mに満たない場合は0.6m）以下としない。

・歩道： 管路の頂部と路面の距離は**0.5m以下としない。**（切り下げ部で0.5m以下となるときは、十分な強度の管種等を使用するか、所要の防護措置を講じる。）

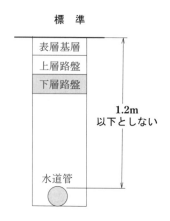
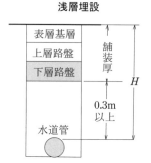

埋設深さ

2) 適用対象となる管種と口径

・鋼管（JIS G 3443）　　　　　　　　300mm以下のもの
・ダクタイル鋳鉄管（JIS G 5526）　　　300mm以下のもの
・硬質ポリ塩化ビニル管（JIS K 6742）　300mm以下のもの
・水道配水用ポリエチレン管（引張降伏強度204kgf/cm^2以上）
　　　　　　　　　　　　　　200mm以下で　外径／厚さ＝11のもの

　なお、ここで掲げられているものと同等以上の強度を有するものについては、ここでの管径を超えない範囲内において、対象とすることができる。

　※　浅層化の対応は、それぞれの地域の実情にあわせ一定の基準をもうけて実施しているので、占用の許可を受けるにあたっては、**工事路線の道路管理者への確認が必要である。**

3) **道路部分**に配管する場合は、道路管理者が定めた占用位置に埋設することになり、その占用位置を誤らないようにする。

4) 道路を縦断して給水管を配管する場合は、ガス管・電話ケーブル・電気ケーブル・下水管等、他の埋設物に十分注意し、**道路管理者が定めた占用位置に配管する。**

(2) 給水管の明示

1) 道路部分に布設する**口径75mm以上の給水管**には，明示テープ，明示シート等により管を**明示**する。

① 道路に埋設する管には企業者ごとに判別できるよう，**明示テープ**により，管を明示する。明示に使用する材料及び方法は，道路法施行令，同法施行規則等により，給水管に沿いおおむね2m以下の間隔で胴巻きを行う。**地色は青で文字は白となっている。**

② **明示シート**は明示テープとは別に，埋戻時に給水管の上部の位置に連続して敷設しておき，再掘削時に，その位置が判断されるようにする。

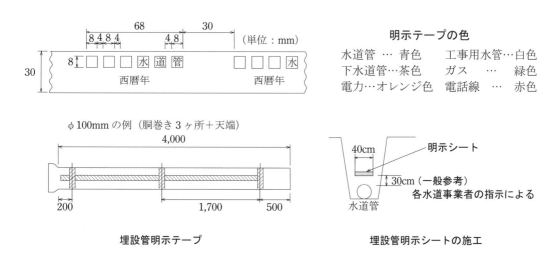

| 埋設管明示テープ | 埋設管明示シートの施工 |

2) 敷地部分に布設する給水管の位置について，維持管理上**明示する必要がある場合**は，明示杭，表示鋲等によりその位置を明示する。

これは，将来布設位置が不明となるおそれがある場合や給水管損傷事故を未然に防止するためのもので，**明示杭**（見出杭）又は**明示鋲**等を設置し給水管の引き込み位置を明示する。**さらに**，管路や止水栓は**オフセット**を測定し位置の記録を残しておくことが望ましい。

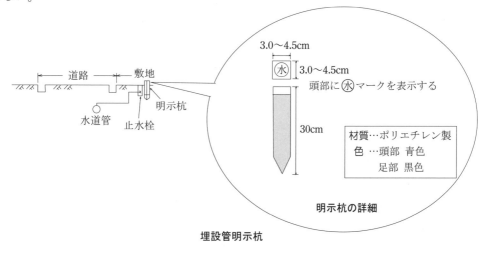

埋設管明示杭

5-2 道路工事等

第77条　　　　　　　　　**道路の使用許可**　　　　　　　　　*道 路 交 通 法*

　　　次の各号のいずれかに該当する者は，それぞれ当該各号に掲げる行為について当該
　　行為に係る場所を管轄する警察署長（以下「**所轄警察署長**」という。）の許可（当該
　　行為に係る場所が同一の公安委員会の管理に属する二以上の警察署長の管轄にわたる
　　ときは，そのいずれかの所轄警察署長の許可。）**を受けなければならない。**

　　　一　道路において工事若しくは作業をしようとする者又は当該工事若しくは作業の
　　　　請負人

　　2　前項の許可の申請があった場合において，当該申請に係る行為が次の各号のいずれ
　　　かに該当するときは，所轄警察署長は，許可をしなければならない。

　　3　第1項の規定による許可をする場合において，必要があると認めるときは，所轄警
　　　察署長は，当該許可に道路における危険を防止し，その他交通の安全と円滑を図る
　　　ため必要な条件を付することができる

- 道路等の掘削を伴う工事は，その工事箇所の施工手続きを当該道路管理者及び所轄警察署
　長等に行い，その許可条件を遵守して適正に施工し，かつ，事故防止に努めなければならな
　い。

- 道路を工事のため一時使用する場合は，工事着手前に**所轄警察署長**の**道路使用許可**を受け
　なければならない。

第32条　　　　　　　　　**道路の占用許可**　　　　　　　　　*道 路 法*

　　　道路に工作物，物件又は施設を設け，継続して道路を使用しようとする場合におい
　　ては，**道路管理者の許可（道路占用許可・堀削許可）**を受けなければならない。
　　　二　水管，下水道管又はガス管その他これらに類する物件
　　2　前項の許可を受けようとする者は，次の各号に掲げる事項を記載した申請書を道路
　　　管理者に提出しなければならない。
　　　一　道路の占用（道路に前項に掲げる工作物，物件又は施設を設け，継続して道路
　　　　を使用することをいう）の目的
　　　二　道路の占用の期間
　　　三　道路の占用の場所
　　　四　工作物，物件又は施設の構造
　　　五　工事実施の方法
　　　六　工事の時期
　　　七　道路の復旧方法

第15条	工事実施の方法	*道路法施行令*

実施方法は，次の各号に掲げるところによらなければならない。

一　占用物件の保持に支障を及ぼさないために必要な措置を講ずること

掘削に先立ち事前の調査を行い，現場状況を把握するとともに，安全かつ確実な施工ができる掘削断面とする。

第33	保安上の事前措置	*建設工事公衆災害防止対策要綱*

　起業者は，土木工事の設計に当たっては，工事現場，工事用の通路及び工事現場に近接した地域にある埋設物について，**埋設物の管理者**の協力を得て，位置，規格，構造及び埋設年次を調査し，その結果に基づき埋設物の管理者及び関係機関と協議確認の上，**設計図書にその埋設物の保安に必要な措置を記載して施工者に明示**しなければならない。

河川敷・下水道・民有道路等の**他人の所有地を掘削占用**する場合は，その所有者又は管理者の占用許可又は**承諾を得る**必要がある。

既設埋設物に近接して掘削する場合は，あらかじめガス管・下水道管等の**埋設物管理者と協議**し，また必要に応じ**試験掘**を行い**埋設物の位置を確認**する必要がある。

第34	立　会　い	*建設工事公衆災害防止対策要綱*

　起業者は，埋設物の周辺で土木工事を施工する場合において，第33に規定する調査を行うに当たっては，原則として**各種埋設物の管理者**に対し埋設物の種類，位置（平面，深さ）等の確認のため，第36の規定による**立会い**を求めなければならない。ただし，各種埋設物の状況があらかじめ明らかである場合はこの限りではない。

第35	保安上の措置	*建設工事公衆災害防止対策要綱*

　起業者又は起業者から埋設物の保安に必要な措置を行うよう明示を受けた施工者は，埋設物に近接して土木工事を施工する場合には，あらかじめその埋設物の管理者及び関係機関と協議し，関係法令等に従い，工事施工の各段階における保安上の必要な措置，埋設物の防護方法，立会の有無，緊急時の連絡先及びその方法，保安上の措置の実施区分等を決定するものとする。

2　起業者が前項の規定により決定し，施工者に通知したときは，施工者は決定事項を厳守しなければならない。

§3 給水装置の概要と給水装置工事法

第36 　　　　　　　　　　埋設物の確認 　　　　　　　建設工事公衆災害防止対策要綱

　　起業者又は施工者は，埋設物が予想される場所で土木工事を施工しようとするときは，施工に先立ち，埋設物管理者等が保管する台帳に基づいて試掘等を行い，その埋設物の種類，位置（平面・深さ），規格，構造等を原則として目視により確認しなければならない。

　　なお，起業者又は施工者は，試掘によって埋設物を確認した場合においては，その位置等を道路管理者及び埋設物の管理者に報告しなければならない。

　　この場合，深さについては，原則として標高によって表示しておくものとする。

　2　施工者は，工事施工中において，管理者の不明な埋設物を発見した場合，埋設物に関する調査を再度行い，当該管理者の立会を求め，安全を確認した後に処置しなければならない。

　埋設物の近くを掘削する場合は，必要により埋設物の管理者の立会いを求めること。

　特に，工業用水道管・ガス管が平行している場合や，同ルートに同口径のガス管が埋設されている場合は**埋設物管理者の立会い**を求める。

5-3　掘　削

　掘削方法の選定に当たっては，現場状況等を総合的に検討した上で決定する。

　機械掘削と人力掘削の選定に当たっては，次の事項に留意する。

　　①　下水道・ガス・電気・電話等地下埋設物の輻輳状態，作業環境等及び周辺の建築物の状況。

　　②　地形（道路の屈曲及び傾斜等）及び地質（岩・転石・軟弱地盤等）による作業性。

　　③　**道路管理者**及び**所轄警察署長**による工事許可条件。

　　④　工事現場への機械輸送の可否。

　　⑤　機械掘削と人力掘削の経済比較。

●　**掘削は，周辺の環境，交通，他の埋設物等に与える影響を十分配慮し，入念に行うこと。**

　①　舗装道路の掘削は，隣接する既設舗装部分への影響がないようカッター等を使用し，周りは方形に，切り口は垂直になるように丁寧に切断した後，埋設物に注意し所定の深さ等に掘削する。

　②　道路を掘削する場合の1日の作業範囲は，その日のうち（許可条件の作業時間内）に掘削・管布設・埋戻し・道路復旧が完了し得る範囲とすること。なお，**土砂の掘り置きはしない。**

124

掘削深さによる掘削切断面

掘削深さ	掘削断面図	備　考
1.5 m 以下		・自立性に乏しい地山の場合は，適切な勾配を定めて断面を決定するか，又は土留工をする。
1.5 m 超える	土留	・適切な掘削勾配をつけるか又は土留工する。（土止め支保工作業主任者が必要） ・当該作業に従事する労働者が安全に昇降するための設備を設けなければならない。ただし，設けることが著しく困難なときはこの限りでない。 ・昇降のための移動はしごは，幅30cm以上とする。
2 m 以上		**・地山の掘削作業主任者を選任しなければならない**

※　強靭な岩盤地盤の掘削深さ5m未満は，切断面は90度でもよい。

第38　　　　　　　　　　　　**露出した埋設物の保安維持等**　　　*建設工事公衆災害防止対策要綱*

　　施工者は，工事中埋設物が露出した場合においては，第35（保安上の措置）の規定に基づく協議により定められた方法によって，これらの埋設物を維持し，工事中の損傷及びこれによる公衆災害を防止するために万全を期するとともに，協議によって定められた保安上の措置の実施区分に従って，常に点検等を行わなければならない。

　なお，露出した埋設物には，物件の名称，保安上の必要事項，管理者の連絡先等を記載した表示板を取り付ける等により，工事関係者に対し注意を喚起しなければならない。

2　**露出した埋設物がすでに破損していた場合においては，施工者は，直ちに起業者及びその埋設物の管理者に連絡し，修理等の措置を求めなければならない。**

3　施工者は，露出した埋設物が埋戻した後において破損するおそれのある場合には，起業者及び埋設物の管理者と協議の上，適切な措置を行うことを求め，工事終了後の事故防止について十分注意しなければならない。

4　施工者は，第1項の規定に基づく点検等の措置を行う場合において，埋設物の位置が掘削床付け面より高い等通常の作業位置からの点検等が困難な場合には，あらかじめ起業者及びその埋設物管理者と協議の上，点検等のための道路を設置しなければならない。ただし，作業のための通路が点検のための通路として十分利用可能な場合にはこの限りではない。

第39　　　　　　　　　　　　　　　**近接位置の掘削**　　　*建設工事公衆災害防止対策要綱*

　　施工者は，埋設物に近接して掘削を行う場合には，周囲の地盤のゆるみ，沈下等に十分注意するとともに，必要に応じて埋設物の補強，移設等について，起業者及びその埋設物の管理者とあらかじめ協議し，埋設物の保安に必要な措置を講じなければならない。

| 第40 | 火　気 | 建設工事公衆災害防止対策要綱 |

　　施工者は，可燃性物質の輸送管等の埋設物の付近において，溶接機，切断機等火気を伴う機械器具を使用してはならない。ただし，やむを得ない場合において，その埋設物の管理者と協議のうえ，周囲に可燃性ガス等の存在しないことを検知器等によって確認し，熱遮へい装置など埋設物の保安上必要な措置を講じたときにはこの限りではない。

| 第73 | 湧水及び漏水 | 建設工事公衆災害防止対策要綱 |

　　起業者及び施工者は，堀削箇所内に多量の湧水又は漏水，土砂の流出，地盤のゆるみ等により，周辺への影響が生ずるおそれのある場合には，その箇所に薬液注入工法等を採用し，安全の確保に努めなければならない。

| 第74 | 排水の処理 | 建設工事公衆災害防止対策要綱 |

　　施工者は，堀削工事を行うに当たっては，必要に応じて堀削箇所内に排水溝を設けなければならない。特に河川あるいは下水道等に排水する際には，水質の調査を行った後，排水するものとし，事前に河川法，下水道法等の規定に基づき，当該管理者に届出を提出し，あるいは許可を受けなければならない。なお，土粒子を含む水のくみ上げに当っては，少なくとも，沈砂・ろ過施設等を経て排水しなければならない。

5-4 埋戻し

第17条 　　　　　　　　　道路の復旧の方法　　　　　　　　　*道路法施行令*

　　占用のため道路を掘削した場合における道路の復旧方法は，次の各号に掲げるところによらなければならない。

一　掘削土砂を埋めもどす場合においては，層ごとに行うとともに，確実にしめ固めること

二　掘削土砂をそのまま埋めもどすことが不適当である場合においては，土砂の補充又は入換を行った後埋めもどすこと

三　砂利道の表面仕上を行う場合においては，路面の砂利及び衣土をもって掘削前の路面形にしめ固めること

第79 　　　　　　　　　一般部の埋戻し方法　　　　　　　　*建設工事公衆災害防止対策要綱*

　　施工者は，**道路敷**における埋戻しに当たっては，道路管理者の承諾を受け，又はその指示に従い，指定された土砂を用いて，原則として，**厚さ30cm**を超えない**層ごとに十分締め固め**，将来，陥没，沈下等を起こさないようにし，**道路敷以外**における埋戻に当たっては，当該土地の**管理者の承諾を得て**，良質の土砂を用い，原則として，**厚さ30cm以下の層ごとに十分締固め**を行わなければならない。

　　ただし，施工上やむを得ない場合は，道路管理者又は当該土地の管理者の承諾をうけ，他の締固め方法を用いることができる。

締固めは，タンパー・振動ローラ等の転圧機によることを原則とする。

第81 　　　　　　　　埋設物周りの埋戻し方法　　　　　　*建設工事公衆災害防止対策要綱*

　　施工者は，埋設物周りの埋戻しに当たっては，関係管理者の承諾を受け，又はその指示に従い，**良質な砂等を用いて，十分締め固め**なければならない。また，埋設物や偏圧や損傷等を与えないように施工しなければならない。

　　また，埋設物が輻輳する等により，締固めが十分できない場合には，施工者は，起業者及び関係管理者と協議を行い，エアモルタル充填等の措置を講じなければならない。

　　道路内の埋戻しに当たっては**良質な土砂や改良土を用い**(掘削土のうち良質なものは使用してもよい)，施工後に**陥没，沈下**等が発生しないよう十分締め固めるとともに，埋設した給水管及び他の埋設物にも十分注意する。

5-5 道路復旧

(1) 舗装道路の**本復旧**は，**道路管理者**の**指示**に従い，埋戻し完了後速やかに行うこと。

　① 本復旧は，**在来舗装と同等以上の強度及び機能**を確保するものとし，舗装構造は，道路管理者が定める仕様書によるほか，関係法令等に基づき施工しなければならない。

　② 工事完了後，速やかに既設の区画線及び道路標示を溶着式により施工し，**標識類**についても**原形復旧**する。

(2) 速やかに本復旧工事を行うことが困難なときは，道路管理者の承諾を得た上で**仮復旧工事**を行うこと。

　① 仮復旧は埋め戻し後，直ちに施工しなければならない。

　② 仮復旧は地盤沈下が予測されるような施工を行ってはならない。

　③ 仮復旧の表層材は，常温又は加熱アスファルト合材を用いる。

　④ 仮復旧跡の路面には，白線等道路標示のほか，必要により道路管理者の指示による表示をペイント等により行う。

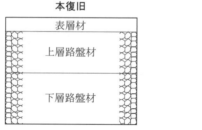

本復旧及び仮復旧の舗装構成

(3) 非舗装道路の復旧については，道路管理者の指定する方法による路盤築造等を行い，在来路面となじみよく仕上げること。

5-6 現場管理

(1) 工事の施工に当たっては，**道路法・道路交通法・労働安全衛生法・建設工事公衆災害防止対策要綱**などの関係法令及び工事に関する諸規定を**遵守**し，常に交通及び工事の安全に十分留意して現場管理を行うとともに，工事に伴う騒音・振動等をできる限り防止し，生活環境の保全に努める。

　① 掘削時の土留工法等の安全について労働安全衛生法を遵守する。

　② 市街地における施行では，公衆の安全を確保するため，建設工事公衆災害防止対策要綱の定めに従って，歩行者用道路の確保，夜間工事用照明設備の設置，工事区間の安全さくの設置などを行う。

(2) 道路上の工事に当たっては，交通の安全等について道路管理者，及び所轄警察署長と事前に相談しておくこと。

(3) 道路上の工事に当たっては，工事場所の交通の安全等を確保するために**保安設備**を設置し，必要に応じて**保安要員**（交通整理員・交通誘導員等）を配置すること。また，その工事の作業員の安全についても十分留意する。

    ① 公衆が工事現場に立ち入ることのないよう固定柵等を設置しなければならない。

    ② 工事現場には，保安要員を配置し，道路標識，保安灯，矢印板を設置するなど，交通の流れを阻害しないよう努めなければならない。

    ③ 道路の一部を通行規制する場合は，歩行者が安全に通行できるよう，**歩行者用として別に幅0.75m以上**の通路を確保しなければならない。特に歩行者の多い箇所においては幅1.5m以上の通路を確保しなければならない。

(4) 工事の施工によって生じた建設発生土，建設廃棄物等の不要物は，「廃棄物の処理及び清掃に関する法律（**廃棄物処理法**）」「建設工事に係る資材の再資源化等に関する法律（**建設リサイクル法**）」その他の規定に基づき，工事施行者が責任をもって適正かつ速やかに処理すること。

  ※ **廃棄物処理法**

    廃棄物を適正に処理し，及び生活環境を清潔にすることにより，生活環境の保全及び公衆衛生の向上を図ることを目的としたもので，産業廃棄物には「工作物の除去に伴って生じたコンクリートの破片その他これに類する不要物」が含まれる。
    埋め戻しの余った土は，次回の埋め戻し等に使用出来るため産業廃棄物ではない。

  ※ **建設リサイクル法**

    一定の建設工事（対象建設工事）について，受注者に分別解体等及び再資源化等の義務づけを行うことにより，建設廃棄物のリサイクルを推進することが制度の中心となっている。

(5) 工事中，万一不測の**事故**等が発生した場合は，直ちに**所轄警察署長・道路管理者**に**通報する**とともに，**水道事業者に連絡**しなければならない。
    工事に際しては，予めこれらの連絡先を確認し，工事関係者に周知徹底をさせておく。

(6) 他の埋設物を損傷した場合は，直ちにその**埋設物管理者**に通報し，その指示に従わなければならない。

(7) 工事中に湧き出た水は，沈砂池を設け，その上水（うわみず）を下水道に放流し，工事用泥の清掃などに留意する。

(8) 工事施行者は，本復旧工事施工まで常に仮復旧箇所を巡回し，路盤沈下，その他不良箇所が生じた場合，又は道路管理者等から指示を受けたときは，ただちに修復をしなければならない。

給水装置工事による異常・水質の汚染防止

給水用具に起因する水質汚染

① 逆流防止装置の作動不良や経年変化
② 給水装置における不適正な材料や施工
③ 給水用具の漏水，他の水管との連結
④ 吐水口空間不足
⑤ 給水管の水圧低下や真空作用
⑥ ポンプ加圧等による給水用具内の水圧上昇
⑦ エジェクタ作用

　異常現象は，配管状態によるもの（水撃・異常音等）と水質によるもの（濁り・色・臭味等）とに大別される。

（1）水質の異常

　水道水の**濁り・着色・臭味**（*§1を参照*）・**異物の流出**などが発生した場合には，水道事業者に連絡し水質検査を依頼する等，直ちに原因を究明するとともに，適切な対策を講じなければならない。

　例としては，次のようなものがある。

① 給水装置の材質や塗料の溶出
② 工事に伴う流速，流向等の変化による管内付着物の剥離，流出
③ 断水工事などによって負圧になった管内への汚水や異物の流入
④ 給水装置と他の水管・設備とのクロスコネクションによる水道水以外の水の混入
⑤ 給水用具の経年変化に伴う故障や機能低下による水の逆流

（2）異物の流出

　給水装置の配管工事の施工不備，配管工事終了後の洗浄不足，給水用具に使用されているパッキン類の経年変化などが原因となり，給水栓から異物が流出することもある。また，貯水槽水道の構造や管理不備，クロスコネクション等によっても異物が流出することがある。

砂・鉄粉等の混入

　配水管及び給水装置等の工事の際，混入したものが多く給水用具を損傷するおそれもあるので水道メータを取り外して，管内から除去しなければならない。

黒色の微細片の混入

　給水栓に使われているパッキンのゴム等が劣化し，栓の開閉操作時に細かく砕けて出てくるのが原因と考えられる。

(3) 色

赤褐色又は黒褐色

鋳鉄管，鋼管の錆が流速の変化等により流出したもの。

亜鉛，アルミニウム，鉄，銅，マンガンなどの物質は土壌中から水道原水に混入するものと工場排水などに由来するものがある。また，水道に用いられた薬品や資機材に由来する。

青色

銅管等から出る銅イオンが脂肪酸と結びついて出来る不溶性の銅石鹸が付着している状況で起こる。

白色

亜鉛メッキ銅管の亜鉛が溶解しているときは，一定時間管内の水を排水して使用する。また，空気の混入又は水温上昇による溶存空気の放出によって，小さな気泡が白く見えることがある。

(4) 異常音

給水装置が異常音を発する場合は，水撃に起因することが多いが，その原因を調査し発生源を排除する。

① 水栓のこまパッキンが磨耗して，こまが振動して異常音を発する場合は，こまパッキンを取り替える。

② 水栓を開閉する際，立上り管等が振動して異常音を発する場合は，立上り管等を固定させて管の振動を防止する。

(5) 出水不良

① 周囲のほとんどが水の出が悪くなった場合は，**配水管の水圧低下**が考えられる。

　　　　　⇨ 配水管網の整備が必要である。

② 一つの給水管から当初の使用予定を上回って，数多く分岐されると，既設給水管の**必要水量に比し給水管の口径が小さくなり**出水不良をきたす。

　　　　　⇨ 適正な口径に改造する必要がある。

③ 既設給水管で亜鉛メッキ鋼管等を使用していると内部に**スケール（赤さび）**が発生しやすく給水管の口径が小さくなり出水不良をきたす。

　　　　　⇨ 管の布設替えが必要である。

④ 配水管の工事等や水圧の変化によりスケール等が水道メータのストレーナに付着し出水不良となることがある。 ⇨ ストレーナを清掃する。

⑤ 給水管が途中でつぶれたり，地下漏水をしている場合や各種給水用具の故障等による出水不良もある。 ⇨ 現場調査を綿密に行ってその原因を除去する。

(6) 埋設管の汚水吸引（エジェクタ作用等）

埋設管が外力によってつぶれ，小さな穴があいている場合，給水時にこの部分の流速が大きくなりエジェクタのような作用をして外部から汚水を吸い上げたり，微生物を吸引することがある。

また，給水管が下水溝の中で折損している場合等に断水すると，その箇所から汚水が流入する。断水がなくても管内流速が極めて大きいときには，下水を吸引する可能性がある。また，寒冷地で使用する内部貯留式不凍給水栓の貯留管に腐食等によって，小穴があいている場合にも同様に汚染の可能性がある。

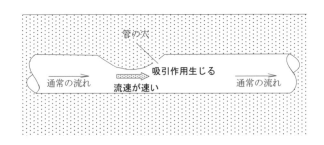

(7) 給水管の鉛管対策

鉛管問題の根本的な解決は，「すべて取り替える」という認識に立つことが重要であり，可能な限り早期に解消を図る必要がある。

7 検査

第17条　　　　　　　給水装置の検査　　　　　　　　　　　水道法

> 水道事業者は，日出後日没前に限り，その職員をして，当該水道によって水の供給を受ける者の土地又は建物に立ち入り，**給水装置を検査させることができる**。ただし，人の看守し，若しくは住居に使用する建物又は閉鎖された門内に立入るときは，その**看守者，居住者又はこれらに代わるべき者の同意を得なければならない**。
>
> 2　前項の規定により給水装置の検査に従事する職員は，その身分を示す証明書を携帯し，関係者の請求があったときは，これを提示しなければならない。

● 水道事業者は，給水装置工事が行われた給水装置についての**竣工検査**，使用中の給水装置について現場**立ち入り検査**を行うことができる。
　これは，給水装置の構造，材質が令第5条に定める基準に適合するか否かを検査するため，水道事業者が需要者の土地，建物に立入り，給水装置を検査することを認め，給水装置による水道水の汚染防止を期そうとするものである。

● 水道事業者が給水装置の**検査のため立ち入ることのできる時間は，日出後日没前の間に限られる**こと，立入りできる土地，建物は，水の供給をうける者の土地又は建物であること。
　給水装置の検査のための立ち入りについて，正当な理由のない不同意に対しては，**供給規定の定めるところにより給水の停止ができる**。

● 適正に設置された給水装置においても，その後の需要者による管理不備や不適正改造などによって，給水装置に起因する水質事故などが発生するおそれもある。
　このため，法第17条第1項で水道事業者には給水装置の立入検査権が認められている。
　特に，毒物・劇物・薬品等を扱う工場や事業場などの給水装置に関しては，水質事故発生の際の影響が大きいことから，適正な維持管理の指導，監督のため水道事業者は定期的に立入検査を行うなどの措置を講じる必要がある。

立入検査は，給水装置以外の他の水管や設備との直接接続（クロスコネクション）などによる**水道水の汚染を未然に防止するため計画的に行う立入検査と，水質事故の原因を究明するため行う立入検査**がある。
　水質事故は，直接人体へ影響を及ぼすおそれがあり，万一事故が発生した場合には，当該給水装置を使用する需要者のみならず，水が逆流した場合，広範囲な水質事故に発展するおそれがある。
　このことから，需要者は，給水装置の適正な管理と安全の確保に対する正しい認識を持ち，日常から水質汚染防止対策に努めるとともに，水道事業者による立入検査の必要性を理解し協力しなければならない。

§3 給水装置の概要と給水装置工事法

| 第18条 | 検査の請求 | 水道法 |

> 　水道事業によって水の供給を受ける者は，当該水道事業者に対して，給水装置の検査及び供給を受ける水の水質検査を請求することができる。
>
> 2　水道事業者は，前項の規定による請求を受けたときは，すみやかに検査を行い，その結果を請求者に通知しなければならない。

　水道事業者は，**水道の需要者**から水質検査の請求があれば，その給水装置や供給する水の水質の検査を行い，その結果を請求者に通知しなければならない。

水道事業者	給水申し込みの際，給水装置が構造・材質基準に適合しているか否かを審査（第17条）
	↓
	基準に不適合であれば給水停止・給水拒否可能（第16条）
	↑
	水道事業者は給水装置について立ち入り検査可能（第17条）

需要者	需要者は水道事業者に対し，給水装置の検査及び供給を受ける水の水質検査を請求可能
	↓
	水道事業者は速やかに検査し結果を通知（18条第1項）

給水装置についての水道事業者の検査

(1) **給水装置工事主任技術者**は，竣工図等の**書類検査**又は**現地検査**により，給水装置が構造・材質基準に適合していることを確認する。また，主任技術者は自ら，又はその責任のもと信頼できる**工事従事者に指示すること**により，適正な**竣工検査**を確実に**実施**しなければならない。

　① 　給水管及び給水用具は，性能基準適合品が使用されていること。

　② 　構造・材質基準に適合した適切な施工方法がとられ給水システムが確保されていること。

　③ 　竣工検査は，新設・改造・修繕・撤去等の工事を行った後の給水装置が構造・材質基準に適合しているものになっていることを確認するための最終的な工事品質確認である。

　④ 　適正な竣工検査の実施は発注者の信頼を確保するためにも重要な工程である。

(2) 給水装置の使用開始前に管内を洗浄するとともに，通水（機能）試験，耐圧試験及び水質試験を行う。

項　目	確　認　方　法	判　定　基　準
残留塩素（遊離）	DPD法による測定	0.1mg/ℓ 以上
臭　気	観　察	異常でないこと
味		異常でないこと
色		異常でないこと
濁　り		異常でないこと

耐圧試験（水道メータから下流側）

a. メータ接続用ソケット又はフランジにテストポンプを連結する。

b. 給水栓等を閉めて，テストポンプの水槽内に水を入れ，給水装置内に20±15℃の水の充水を開始する。

c. 充水しながら，給水栓等をわずかに開いて給水装置内の**空気を抜き**，給水栓等を閉める。

d. 加圧を行い水圧が1.75MPaに達したら，テストポンプのバルブを閉めて1分間以上その状態を保持し，水圧の低下の有無を確認する。

e. 水漏れ，変形，破損その他異常を確認する。

f. 試験終了後は，適宜，給水栓を開いて圧力を下げてからテストポンプを取り外す。

g. 止水栓より上流側についても，同様な手順で耐圧試験を行う。

第25条の9　　　　　**給水装置工事主任技術者の立会い**　　　　*水道法*

> **水道事業者**は，第17条第1項の規定による**給水装置の検査**を行うときは，当該給水装置に係る給水装置工事を施行した指定給水装置工事事業者に対し，当該給水装置工事を施行した事業所に係る**給水装置工事主任技術者を検査に立ち会わせる**ことを求めることができる。

主任技術者は，この立会いの際，施工した給水装置工事の内容について水道事業者に説明し，給水装置が構造・材質基準に適合していることについて水道事業者の納得を得なければならない。

書 類 検 査

検査項目	検 査 の 内 容
位置図	・ 工事箇所が確認できるよう，道路及び主要な建物等が記入されているか。 ・ 工事箇所が明記されているか。
平面図及び立体図	・ 方位が記入されているか。 ・ 建物の位置，構造がわかりやすく記入されているか。 ・ 道路種別等付近の状況がわかりやすいか。 ・ 隣接家屋の水栓番号及び境界が記入されているか。 ・ 分岐部のオフセットが記入されているか。 ・ 平面図と立体図が整合しているか。 ・ 隠ぺいされた配管部分が明記されているか。 ・ 各部の材料，口径及び延長が記入されており， 　① 給水管及び給水用具は，性能基準適合品が使用されているか。 　② 構造・材質基準に適合した適切な施工方法がとられているか。

現 地 検 査

検 査 項 目		検 査 の 内 容
屋外の検査	1. 分岐部オフセット	・ 正確に測定されているか。
	2. 水道メータ， 　　メータ用止水栓	・ 水道メータは，逆付け・傾きがなく水平に取付けられて 　いるか。 ・ 検針，取替に支障がないか。 ・ 止水栓の操作に支障がないか。 ・ 止水栓は，逆付け及び傾きがないか。
	3. 埋設の深さ	・ 所定の深さが確保されているか。
	4. 管延長	・ 竣工図面と整合しているか。
	5. 筺・ます類	・ 傾きがないか。
	6. 止水栓	・ スピンドルの位置がボックスの中心にあるか。
配　　管	1. 配　　管	・ 延長，給水用具等の位置が竣工図面と整合しているか。 ・ 配水管の水圧に影響を及ぼすおそれのあるポンプが直接 　直結されていないか。 ・ 配管の口径・経路・構造等が適切であるか。 ・ 水の汚染・破壊・侵食・凍結等を防止するための適切な 　措置がなされているか。 ・ 逆流防止のための給水用具の設置，適切な吐水口空間の 　確保等がされているか。 ・ クロスコネクションがないか。
	2. 接　　合	・ 適切な接合が行われているか。
	3. 管　　種	・ 性能基準適合品が使用されているか。
給水用具	1. 給水用具	・ 性能基準適合品が使用されているか
	2. 接　　続	・ 適切な接合が行われているか。
受 水 槽	1. 吐水口空間の測定	・ 吐水口と越流面等との位置関係は適正か。
機 能 検 査		・ 各給水用具はメータを経由しているか。 ・ 給水用具の吐水量・動作状態は適切か。
耐 圧 試 験		・ 一定の水圧による耐圧検査で，漏水及び抜け，その他の 　異常などがないか。
水 質 の 確 認		・ 残留塩素が測定されているか。

維持管理

　適正に施工された給水装置であっても，その後の維持管理の適否は安全な水の安定的な供給に大きな影響を与えるため，給水装置工事主任技術者は給水装置の維持管理について需要者に対して適切な情報提供を行う。

(1) 配水管からの分岐以降水道メータまでの維持管理

　配水管からの分岐以降水道メータまでの間の漏水修繕等の維持管理は，水道事業者が無料修繕を行う範囲が水道事業者ごとに定められている。また，給水装置が不要になり道路内の給水装置を撤去する場合の取扱いも同様であるので注意する。

(2) 水道メータから末端給水用具までの維持管理

　水道メータから末端の給水用具までの維持管理は，すべて需要者の責任となる。給水装置工事主任技術者は，需要者から給水装置の異常を告げられた時，需要者から依頼があった場合は，これらを調査し，原因究明とその改善を実施する。なお，**水質の異常に関しては**，水道事業者が末端給水用具から供給される水道水の水質までを責任の範疇としているので，**直ちに水道事業者に報告する**。

(3) 漏水の対策

　① 給水用具は年月の経過に伴う経年変化により機能低下や漏水が発生する。したがって，給水管からの漏水，給水用具の故障の有無について随時又は定期的に点検を行う。

漏水の対策

点検箇所	漏水の見つけ方	漏水の予防方法
水道メータ	全て給水栓を閉め，使用していないのに，回転指標（パイロット）が回転している。	定期的に水道メータを見る習慣をつける。
水　栓	給水栓からの漏水は，ポタポタから始まる。	給水栓が締まりにくいときは，無理に締めずにすぐ修理する。
水洗トイレ	使用していないのに，水が流れている。	使用前に水が流れていないか調べる習慣をつける。
受水槽	使用していないのに，ポンプのモーターがたびたび動く。	高置水槽にひび割れ，亀裂がないかときどき点検する。ボールタップの点検。
	受水槽の水があふれている。	警報器を取り付ける。
壁（配管部分）	配管してある壁や羽目板がぬれている。	家の外側をときどき見回る。
地　表（配管部分）	配管してある付近の地面がぬれている。	給水管の布設されているところには物を置かない。
下水のマンホール	いつも，きれいな水が流れている。	マンホールの蓋をときどきあけて調べる。

② 給水用具は，構造の単純なものから，湯沸器や温水洗浄便座のように電子機器が組み込まれていて専門知識・工具・部品をもっていないと修理ができないものまで広範囲のものがある。給水装置工事主任技術者は，給水用具の故障の問合せがあった場合は現地調査を行い，需要者が修繕できるもの，指定給水装置工事事業者ができるもの，製造業者でないとできないものを見極め，需要者に情報提供を行う。

③ 給水装置図面は，水質異常や漏水事故等の際の原因調査や対策を講じる上での基礎的な資料となるほか，配水管の布設替に伴う給水管の取付替え作業の設計，施工や計画的な漏水防止作業による漏水箇所の特定を行うための資料として有効である。また，他企業の掘削工事などの際に，給水管埋設位置の指示などに役立てることができる。
　給水装置図面の管理にあたっては，個々の給水装置の新設・改造・撤去等の経過が分かりやすくファイリングされていることが必要である。

§4

給水装置の構造及び性能

性 能 基 準
システム基準

第16条 　　　　　　　　　　　給水装置の構造及び材質 　　　　　　　　　　水 道 法

> 　水道事業者は，当該水道によって水の供給を受ける者の給水装置の構造及び材質が，政令で定める基準に適合していないときは，供給規程の定めるところにより，その者の給水契約の申込を拒み，又はその者が給水装置をその基準に適合させるまでの間その者に対する給水を停止することができる。

　給水装置は，水道事業者の配水管と直結して設けられるものであり，その中の水は水道事業者が配水した水と一体のものである。したがって，仮に給水装置の構造・材質が基準を満たさない不適切なものであったり，給水装置工事の技術力が不十分であれば，水道の利用者は安全で良質な水道水の供給を受けられなくなるし，公衆衛生上の大きな被害が生ずるおそれがある。

　そのため，水道事業者には，給水装置が水道法施行令第5条に適合していないときには，法第15条の給水義務に係わらず，その給水装置による水道の給水申込みを行う需要者についての給水拒否や，既に給水を行っている需要者についての給水停止を行う権限がある。

● 　給水装置は基本的には個人の財産であり，管理責任も個人にあるが，材質や構造の不備によって他人に迷惑のかかるものであってはならない。

　このため，給水装置と給水装置工事の質を確保するための規制を全国一律に統一している。

● 　給水装置に関する規制は次の3つの方法によっている。

　① 「人」による規制
　　　給水装置工事主任技術者制度とこれを配置した指定給水装置工事事業者制度

　② 「物」に対する規制
　　　給水装置の構造及び材質基準

　③ 「行為」に対する規制
　　　・基準適合品の使用義務
　　　・基準適合性の確認義務
　　　・給水装置工事主任技術者の職務
　　　・指定給水装置工事事業者の事業運営の基準

第5条　　　　　　　　　　給水装置の構造及び材質の基準　　　　　　　　　水道法施行令

　法第16条の規定による給水装置の構造及び材質は，次のとおりとする。
一　配水管への取付口の位置は，**他の給水装置の取付口から30cm以上離れていること。**
二　配水管への取付口における給水管の口径は，当該給水装置による水の使用量に比し，著しく過大でないこと。
三　配水管の水圧に影響を及ぼすおそれのあるポンプに直接連結されていないこと。
四　水圧，土圧その他の荷重に対して充分な耐力を有し，かつ，水が汚染され，又は漏れるおそれがないものであること。
五　**凍結，破壊，侵食等**を防止するための適当な措置が講ぜられていること。
六　**当該給水装置以外**の水管その他の設備に**直接連結されていないこと。**
七　水槽，プール，流しその他水を入れ，又は受ける器具，施設等に給水する給水装置にあっては，水の逆流を防止するための適当な措置が講ぜられていること。
2　前項各号に規定する基準を適用するについて必要な**技術的細目**は，厚生労働省令で定める。

● 給水装置の**構造及び材質の基準**は，水道によって供給された水が給水装置によって汚染されることを防止する等のため定められている基準である。

● この基準は，水道法第16条をうけて政令（水道法施行令第5条）で定められている。

● 構造及び材質の基準は，給水装置の設計及び施工の際，厳守されなければならないものである。

技術的細目　　　　　　　　　　　　　　　　　厚生労働省令

ア　水道事業者の配水管を損傷しないこと

イ　他の水道利用者への給水に支障を生じたり，危害を与えないこと

ウ　水道水質の確保に支障を生じないこと

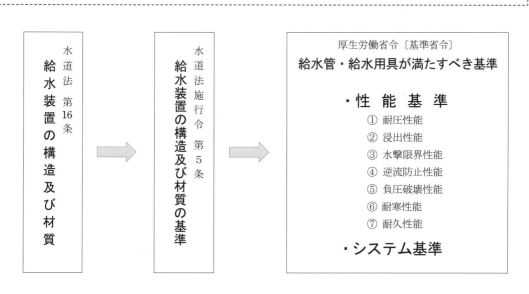

141

基準省令

● **基準省令**の内容は次の性能基準とシステム基準からなっている。

    ① 給水装置に用いようとする個々の**給水管及び給水用具の性能確保のための性能基準**

    ② 給水装置工事の**施工の適正を確保するために必要なシステム基準**

● **性能基準**は，給水装置に用いようとする個々の**給水管及び給水用具の性能確保**のためのもので，個々の給水管及び給水用具が満たすべき必要最小限の性能である

    「耐圧性能」
    「浸出性能」
    「水撃限界性能」
    「逆流防止性能」
    「負圧破壊性能」
    「耐寒性能」
    「耐久性能」

の**7項目**について定められている。

    個々の使用材料は，必要な項目について性能基準を満しておればよく，**7項目すべての性能基準を満している必要はない。**

● **システム基準**は，給水装置工事の施行の適正を確保するために必要な具体的なもので，性能基準に適合している製品であれば，給水装置として使用することができるが，それらを使ってさえいれば，自動的に給水装置が構造・材質基準に適合することになるというものではない。

    すなわち，個々の給水用具などが性能基準適合品であることは「必要条件」であって「十分条件」ではないことから，**給水装置システム全体として満たすべき技術的な基準を定めたものがシステム基準である。**

    例えば，**給水管**の場合は，耐圧性能と浸出性能が必要であり，**給水栓**（飲用）の場合は，耐圧性能，浸出性能及び水撃限界性能が必要となる。

    ユニット製品の場合には，使用状況，設置条件等から総合的に判断して，給水装置システムの基準及び性能基準を適用する必要がある。

    システム基準は，水道水の安全性等を確保するために，水道事業者が法に基づき給水契約の申込みの拒否，又は給水停止をするか否かの判断を行う必要最小限の項目と内容を明確化したものである。したがって，給水拒否等の要件とならない快適性や利便性に関する項目については定めていない。

耐圧に関する基準（基準省令第1条）

1-1　耐圧性能基準

第1条　　　　　　　　　　耐圧に関する基準　　　　　　　　　　　　　基準省令

　給水装置（最終の止水機構の流出側に設置されている給水用具を除く。以下この条件において同じ。）は，次に掲げる耐圧のための性能を有するものでなければならない。

一　給水装置（次号に規定する加圧装置及び当該加圧装置の下流側に設置されている給水用具並びに第3号に規定する熱交換器内における浴槽内の水等の加熱用の水路を除く。）は，「耐圧性能試験」により**1.75MPaの静水圧を1分間**加えたとき，水漏れ，変形，破損その他の異常を生じないこと。

二　加圧装置及び当該加圧装置の下流側に設置されている給水用具（次に掲げる要件を満たす給水用具に設置されているものに限る。）は，耐圧性能試験により**当該加圧装置の最大吐出圧力の静水圧を1分間**加えたとき，水漏れ，変形，破損その他の異常を生じないこと。
　　イ　当該加圧装置を内蔵するものであること。
　　ロ　減圧弁が設置されているものであること。
　　ハ　ロの減圧弁の下流側に当該加圧装置が設置されているものであること。
　　ニ　当該加圧装置の下流側に設置されている給水用具についてロの減圧弁を通さない水との接続がない構造のものであること。

三　熱交換器内における浴槽内の水等の加熱用の水路（次に掲げる要件を満たすものに限る。）については，接合箇所（溶接によるものを除く。）を有せず，耐圧性能試験により**1.75MPaの静水圧を1分間**加えたとき，水漏れ，変形，破損その他の異常を生じないこと。
　　イ　当該熱交換器が給湯及び浴槽内の水等の加熱に兼用する構造のものであること。
　　ロ　当該熱交換器の構造として給湯用の水路と浴槽内の水等の加熱用の水路が接触するものであること。

四　パッキンを水圧で圧縮することにより水密性を確保する構造の給水用具は，第一号にに掲げる性能を有するとともに，耐圧性能試験により**20kPaの静水圧を1分間**加えたとき，水漏れ，変形，破損その他の異常を生じないこと。

　本基準は，水道の水圧により給水装置に水漏れ，破壊等が生じることを防止するためのものである。

§4　給水装置の構造及び性能・システム基準

● 解説

① 1.75MPaという試験水圧は，通常の使用状態における水圧，ウォーターハンマによる水撃圧等を考慮し，現在の日本の水道の使用圧力において給水装置に加わり得る最大水圧として設定されている。

② 試験水圧を加える時間については，1分間で変形，破損が認められなければ，それ以上試験を行っても結果はほぼ変わらず，また，水漏れが起こっている場合には，1分以内に確認できるという経験則に基づき1分間が採用されている。

③ 判定基準にいう「変形」は，あくまでも異常な形状の変化を指すものであり，例えばフレキシブル継手などに水圧を加えたときに，その仕様の範囲内において形状が変化しても，ここでいう「変形」には該当しない。

④ 分水栓，止水栓等止水機能のある給水用具の止水性能を確認するため，**止水機能のある栓の弁はすべて「開」状態で耐圧試験を実施する。**

● 適用対象

耐圧性能基準の適用対象は，原則として**すべての給水管及び給水用具**である。

ただし，**大気圧式バキュームブレーカ**，**シャワーヘッド**等のように**最終の止水機構**の流出側に設置される給水用具については，最終の止水機構を閉止することにより漏水等を防止できること，高水圧が加わらないことから**適用対象から除外**されている。

また，止水機構を有する器具であって，通常の使用状態において器具の流出側が大気に開口されているものの二次側の部分（例えば水栓のカランの分部）についても，同様の考え方で耐圧性能は求めないこととしている。

1-2　耐圧のシステム基準

| 第1条 | 耐圧に関する基準 | 基準省令 |

2. **給水装置の接合箇所**は，水圧に対する十分な耐力を確保するために，その構造及び材質に応じた**適切な接合**が行われているものでなければならない。

3. **家屋の主配管**は，配管の経路について構造物の下の通過を避けること等により漏水時の修理を容易に行うことができるようにしなければならない。

やむ得ず配管させる場合は，さや管ヘッダ方式等で配管することにより，給水管の交換・漏水修理等が容易にできるための配慮が必要である。

※ **家屋の主配管**とは一般的に1階部分に布設された水道メータと同口径の部分の配管が該当する。　※ **さや管ヘッダ方式**（p.112参照）

2 浸出に関する基準（基準省令第2条）

2-1 浸出性能基準

第2条　　　　　　　　　　浸出に関する基準　　　　　　　　　　　基準省令

　飲用に供する水を供給する給水装置は，「浸出性能試験」により供試品（浸出性能試験に供される器具，その部分，又はその材料（金属以外のものに限る。）をいう。）について浸出させたとき，その浸出液は，次の表の左欄に掲げる事項につき，水栓その他給水装置の末端に設置されている給水用具にあっては中欄に掲げる基準に適合し，それ以外の給水装置にあっては右欄に掲げる基準に適合しなければならない。

事　項	水栓その他給水装置の末端に設置されている給水用具の浸出液に係る基準	給水装置の末端以外に設置されている給水用具の浸出液，又は給水管の浸出液に係る基準
カドミウム	0.0003mg／ℓ 以下であること	0.003mg／ℓ 以下であること
水　　銀	0.00005mg／ℓ 以下であること	0.0005mg／ℓ 以下であること
セ レ ン	0.001mg／ℓ 以下であること	0.01mg／ℓ 以下であること
鉛	0.001mg／ℓ 以下であること	0.01mg／ℓ 以下であること

（全項目については関係法令を参照）

　本基準は，給水装置から金属等が浸出し，飲用に供される水が汚染されることを防止するためのものである。
　また，本浸出性能基準は，国内外の浸出性能基準・規格のうち，最も合理的かつ体系的と考えられるNSF（米国衛生財団）の規格に準拠しつつ，我が国の水道水質，給水装置の使用実態，試験の簡便性等を考慮して必要な修正を加えたものである。

(1) 適用対象

①　浸出性能試験としては，最終製品で行う器具試験のほか，部品試験や材料試験も選択できる。ただし，**金属材料については材料試験を行うことはできない**。これは，金属の場合，最終製品と同じ材質の材料を用いていても，表面加工方法，冷却方法等が異なると金属等の浸出量が大きく異なるとされているためである。

② **適用対象**は，通常の使用状態において飲用に供する水が接触する可能性のある給水管及び給水用具に限定される。具体的には，**給水管，末端給水用具以外の給水用具**（継手，バルブ類等），**飲用に供する水を供給する末端給水用具**が対象となる。

③ 内部に吐水口空間を有する給水用具については，吐水口以降の部分も含めた給水用具全体を一体として評価を行うことを原則とするが，自動販売機や製氷機については，水道水として飲用されることはなく，通常，吐水口以降については食品衛生法に基づく規制も行われていること等から，給水管との接続口から水受け部への吐水口までの間の部分について評価を行えばよい。

　又，逃し弁，水抜栓等の内部のうち給水装置外に排水される水のみが接触する部分については，浸出性能の評価から除外しても差し支えない。

(2) 試験条件

浸出用液は，人工的に調製した水を用いる。

浸出用液の水質は，わが国の水道水質の中央値に準じ，pH7±0.1，硬度45mg/ℓ アルカリ度35mg/ℓ，残留塩素0.3mg/ℓ となるように調節する。特に，pH条件は金属の浸出に大きく影響することから，許容範囲を±0.1と小さくしている。

(3) 判定基準

1) 判定基準項目

① 判定基準項目は，水道水質基準の設定されている項目及び，日本水道協会（JWWA）規格で設定されている項目のうちから選定されている。

　これらのうち，病原性微生物・消毒副生成物・農薬については，給水装置から浸出するとは考えられないことから基準項目に定められていない。

　また，pH及び硬度については，これらを調整した浸出用液を用いること等から，残留塩素量については，器具を長時間密封し，精度よく試験を行うことが困難であることから基準項目として採用されていない。

② 判定基準項目のうち分析を行う必要があるのは，すべての器具に共通する項目である**味・臭気・色度**及び**濁度**の他は，水と接触する部分に使用されている材料の成分及びその材料の原料の成分のうち，浸出する可能性のあるものを対象としている。

　材料の原料の成分を分析対象とする理由は，合成樹脂やゴムで重合が不完全な場合などには，原料の成分が材料中に残存しているおそれがあるためである。

2) 判定基準

① 判定基準は，末端給水用具については，給水装置からの有害物質の浸出は極力少なくすべきこと，水道の原水，浄水処理用薬剤，水道施設及び給水装置の材料等の他の浸出源からの寄与が大きな割合を占める可能性があることから，NSF（米国衛生財団）規格の考え方に準拠し，十分な安全性を考慮して，滞留状態での補正値が水道水質基準値の10%を超えないこととしている。

（4）給水用具

1）適用対象の器具例

① 給水管

② 末端給水用具以外の給水用具

　　イ．継手類　　　　　　　　　　　　ロ．バルブ類
　　ハ．受水槽用ボールタップ　　　　　ニ．先止め式瞬間湯沸器及び貯湯湯沸器

③ 末端給水用具

　　イ．台所用・洗面所用等の水栓　　　ロ．元止め式瞬間湯沸器及び貯蔵湯沸器
　　ハ．浄水器，自動販売機，冷水機

2）適用対象外の器具例（人の飲料水とならない給水用具）

末端給水用具

　　イ．風呂用・洗髪用・食器洗浄用等の水栓　　ロ．洗浄弁，洗浄装置付き便座，散水栓
　　ハ．水洗便所のロータンク用ボールタップ　　ニ．ふろ給湯専用の給湯栓及びふろがま
　　ホ．自動食器洗い器

2-2　浸出のシステム基準

第2条	浸出に関する基準	基準省令

2．給水装置は，末端部が**行き止まり**となっていること等により水が**停滞**する構造であってはならない。ただし，当該末端部に排水機構が設置されているものにあっては，この限りでない。

- 　配管規模の大きい給水装置等で配管末端に給水栓等の給水用具が設置されない行き止まり管は，配管の構造や使用状況によって停滞水が生じ，水質が悪化するおそれがあるので極力避ける必要がある。

- 　給水管の末端から分岐して**排水機構**を設ける場合は，止水用具，逆止弁，排水ますを設置し，排水口空間を設け，間接排水とする。

- 　住宅用スプリンクラの設置は，停滞水が生じないよう，末端給水栓までの配管途中に設置する。(p. 83参照)

- 　学校等のように一時的に使用されない給水装置は，給水管内に長期間水の停滞を生ずるおそれがあるので，停滞した水を容易に排除できるように排水機構を設ける。

- 　既設の給水管等に鉛製給水管が使用されている場合，水道水中の鉛濃度が基準値を超えないようにするため，抜本的には**鉛**の浸出を伴わない**他の管種への布設替え**が望ましい。

§4 給水装置の構造及び性能・システム基準

第2条　　　　　　　　　　　浸出に関する基準　　　　　　　　　　基準省令

3. 給水装置は，シアン・六価クロムその他水を汚染するおそれのある物を貯留し，又は取り扱う施設に近接して設置されていてはならない。

　給水管路の途中に有毒薬品置場，有害物の取扱場，汚水槽等の汚染源がある場合は，給水管等が破損した際に有毒物や汚物が水道水に混入するおそれがあるので，その影響のないところまで離して配管する。

第2条　　　　　　　　　　　浸出に関する基準　　　　　　　　　　基準省令

4. 鉱油類，有機溶剤その他の油類が浸透するおそれのある場所に設置されている給水装置は，当該油類が浸透するおそれのない材質のもの又は**さや管等により適切な防護のための措置が講じられているもの**でなければならない。

● 　硬質塩化ビニル管，ポリエチレン二層管等の合成樹脂管は，有機溶剤等に侵されやすいので，鉱油類（ガソリン等），有機溶剤（塗料，シンナー等）等油類が浸透するおそれがある箇所（ガソリンスタンド，自動車整備工場，有機溶剤取扱い事業所（倉庫）等）には使用せず，金属管（鋼管，ステンレス鋼鋼管等）を使用することが望ましい。

● 　合成樹脂管を使用する場合は，さや管等で適切な防護措置を施す。

接合用シール材又は接着剤は水道用途に適したものを使用すること。

　接合作業において接着材，切削油，シール材等の使用が不適当な場合，これらの物質の流出や油臭，薬品臭等が発生するおそれがあるので必要最小限の材料を使用する。

148

3 水撃限界に関する基準（基準省令第3条）

3-1 水撃限界性能基準

第3条　　　　　　　　　　　水撃限界に関する基準　　　　　　　　　　基準省令

> 水栓その他水撃作用（止水機構を急に閉止した際に管路内に生じる圧力の急激な変動作用をいう。）を生じるおそれのある給水用具は，「水撃限界に関する試験」により**当該給水用具内の流速を2m/秒又は当該給水用具内の動水圧0.15MPaとする条件において給水用具の止水機構の急閉止**（閉止する動作が自動的に行われる給水用具にあっては，自動閉止）**をしたとき，その水撃作用により上昇する圧力が1.5MPa以下である性能**を有するものでなければならない。

本基準は，給水用具の止水機構が急閉止する際に生じる**水撃作用**（ウォータハンマ）により，給水装置に**破壊**等が生じることを**防止**するためのものである。

(1) 適用対象

① 水撃限界性能基準の適用対象は，水撃作用を生じるおそれのある給水用具で，**水栓・ボールタップ・電磁弁・元止め式瞬間湯沸器等**が該当する。

② 本基準は**水撃発生防止仕様**の給水用具か否かの**判断基準**であり，水撃作用を生じるおそれのある給水用具がすべてこの**基準を満たしていなければならないわけではない。**
　なお，水撃作用を生じるおそれがあり，この基準を満たしていない給水用具を設置する場合は，別途，**水撃防止器具**を設置するなどの措置を講じなければならない。
　湯水混合水栓等において，同一の仕様の止水機構が水側と湯側に付いているような場合は，いずれか一方の止水機構について試験を行えばよい。

(2) 試験条件

　水撃圧の発生は流速と密接に関係することから，通常の使用状態における流速として2m/秒を試験条件として採用している。ただし，試験装置の関係上，流速を2m/秒に設定することが困難な場合もあることから，試験条件として動水圧0.15MPaを採用してもよい。
　なお，湯水混合水栓等において，同一の仕様の止水機構が水側と湯側に付いているような場合は，いずれか一方の止水機構について試験を行えばよい。

§4 給水装置の構造及び性能・システム基準

（3）止水機構の閉止動作が自動で行われる給水用具の場合の試験操作

① 供試用具の止水機構を開き，室温の水を通水して，供試用具及び配管内の空気を除去する。

② 止水機構を全開し，水平管内において流速2m/秒又は動水圧0.15MPaの条件の下で，室温の水を通水し，供試用具の止水機構を自動閉止して，発生した水撃により上昇した圧力（通水時の動水圧を含まない。）を測定する。

（4）判定基準

水撃作用により上昇する圧力を1.5MPa以下としたのは，上昇する圧力がこれ以下であれば，通常の使用状態において，加わる水圧は耐圧性能試験における試験圧力（1.75MPa）の範囲内におさまり，水撃防止器具を設置するなど別途の措置を講じなくても支障がないことによるものである。

なお，上昇する圧力とは，水撃圧の最大値と通水時の動水圧の差をいう。

また，構造・材質基準は給水装置に係る必要最小限の基準として設定するものであることから，自動閉止の場合も，手動閉止の場合も判定基準は同一としている。

（5）給水用具

1）水撃作用（ウォータハンマ）が発生しやすい給水用具としては，機構的に閉止時間の短かい器具である。

① ボールタップ
② 洗浄弁
③ 電磁弁
④ シングルレバー式（ワンタッチ）給水栓
⑤ 元止め式瞬間湯沸器

2）水撃作用が発生しにくい給水用具としては機構的に開閉時間の比較的長い器具である。

① 仕切弁
② ダイヤフラム式逆止弁
③ 甲形止水栓
④ 複式ボールタップ
⑤ 定流量弁

3-2　水撃限界のシステム基準

第3条　　　　　　　　　　　　水撃限界に関する基準　　　　　　　　　　　基準省令

> 水栓その他水撃作用を生じるおそれがある給水用具は，水撃限界性能を有するもので
> なければならない。ただし，当該給水用具の**上流側に近接して**エアチャンバその他の水
> 撃防止器具を設置すること等により適切な水撃防止のための措置が講じられているもの
> にあっては，この限りでない。

(1)　　管路の水の流れを弁で急に閉めて止めれば，水の運動エネルギーが圧力エネルギーに
　　変わり，急激に圧力上昇が起こる。逆に弁を急にあければ圧力降下が起こる。このような
　　ことにより，水撃作用が発生し，配管に振動や異常音が起こり，頻繁に発生すると管の破
　　壊や継手の緩みを生じ，漏水の原因ともなる。

(2)　水撃作用を生じるおそれのある給水装置

①　　水撃圧は流速に比例するので，給水管における水撃作用を防止するには基本的には
　　管内流速を遅くする必要がある。（一般的には1.5～2.0m/秒）しかし，実際の給水装
　　置においては安定した使用状況の確保は困難で流速はたえず変化しているので，水撃
　　作用が生じるおそれがある。

②　　開閉時間が短い給水栓等は過大な水撃作用を生じるおそれがある。

③　　次のような場所においても，注意が必要である。

　a.　**管内の常用圧力が著しく高い所**，例えば，配水管の位置に対し著しく低い箇所にあ
　　　る給水装置，中・高層建物における直結増圧式給水や受水槽式給水の場合低層階部。

　b.　**空気溜りを生じるおそれがある場所。**
　　　例えば，水路の上越し部，行き止まり配管の先端部，鳥居配管形状となっている
　　　箇所。

　c.　曲折が多い配管部分

　d.　水温が高いところ

(3)　水撃作用を生じるおそれのある場所は，発生防止や吸収措置を施すこと。

①　　給水圧が高水圧となる場合は，**減圧弁・定流量弁等**を設置し給水圧又は流速を下げ
　　ること。なお，減圧弁，定流量弁は，設置後に点検・取替えが必要となるので，設置
　　位置について十分留意する必要がある。

②　　水撃作用発生のおそれのある箇所には，その手前（上流側）に近接して**水撃防止器
　　具**（エアチャンバ）を設けて水撃圧を吸収すること。

　※　**水撃防止器具**：空気，窒素ガス，ダイヤフラム及びバネ等の弾力性を利用して，給水装置の
　　　　　　　　　　　管路途中や末端の器具などから発生する水撃を緩衝する装置をいう。

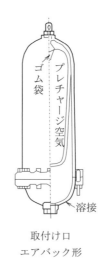

水撃防止器の例

③ ボールタップの使用にあたっては，比較的水撃作用の少ない**複式，親子2球式**及び**定水位弁**等から，その給水用途に適したものを選定すること。
　ウォータハンマの発生原因は，受水槽のボールタップに係わるものが多く，影響は当該装置ばかりではなく，近接する建物へも及ぶことがある。

④ 受水槽等にボールタップで給水する場合は，必要に応じて**波立ち防止板**等を設置し，水面の動揺を防止するか，弁の開閉が緩やかな**副弁付定水位弁**に取り替え波立ち防止をすること。

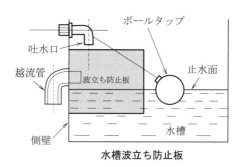

水槽波立ち防止板

⑤ 水撃作用の増幅を防ぐため，空気の停滞が生じるおそれのある**鳥居配管**等は**避ける**ことが望ましい。

⑥ 水路の上越し等でやむを得ず空気の停滞が生じるおそれのある配管となる場合は，これを排除するため，**空気弁**，又は**吸排気装置**を設置すること。

⑦ シングルレバー式の水栓は，急閉止に伴うウォーターハンマによる配管の振動，騒音が発生する場合がある。対策としては，水撃防止器（配管取付型，水栓取付型）の取り付け，あるいは，ウォーターハンマ低減式水栓に取り替える。

4 防食に関する基準 (基準省令第4条) —— システム基準 ——

第4条　　　　　　　　　　防食に関する基準　　　　　　　　　　*基準省令*

> 酸又はアルカリによって侵食されるおそれのある場所に設置されている給水装置は，酸又はアルカリに対する**耐食性**を有する材質のもの又は**防食材**で被覆すること等により適切な侵食の防止のための措置が講じられているものでなければならない。
>
> 2. **漏えい電流**により侵食されるおそれのある場所に設置されている給水装置は，非金属製の材質のもの又は**絶縁材**で被覆すること等により適切な**電気防食**のための措置が講じられているものでなければならない。

侵食の種類

(1) 金属管の侵食分類

1) 電気侵食 (電食)

金属管が鉄道，変電所等に接近して埋設されている場合に，漏えい電流による電気分解作用により侵食を受ける。

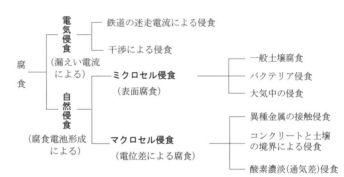

2) 自然侵食：ミクロセル侵食とマクロセル侵食に区分される。

● **ミクロセル侵食**：腐食性の高い土壌，バクテリアによる侵食，大気中の侵食等。

● **マクロセル侵食**：埋設状態にある金属材質，土壌，乾湿，通気性，pH，溶解成分の違い等の異種環境での電池作用による侵食。

① 異種金属接触侵食

埋設された金属管が異なった金属の管や継手，ボルト等と接続されていると，卑の金属（自然電位の低い金属）と貴の金属（自然電位の高い金属）との間に電池が形成され，卑の金属が侵食する。

異なった二つの金属の電位差が大きいほど，又は卑の金属に比べ貴の金属の表面積が非常に大きいほど侵食が促進される。

異種金属接触による侵食

② コンクリートと土壌系侵食

地中に埋設した鋼管が部分的にコンクリートと接触している場合，アルカリ性のコンクリートに接している部分の電位が，そうでない部分より貴となって腐食電池が形成され土壌部分の埋設管（鋼管等）が侵食する。

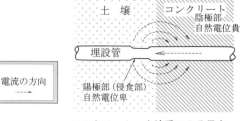

コンクリート・土壌系による侵食

③ 通気差侵食

空気の通りやすい土壌と，通りにくい土壌とにまたがって金属管が配管されている場合，環境の違いによる腐食電池が形成され，電位の低い方が侵食する。通気差侵食には，このほか埋設深さの差，湿潤状態の差，地表の遮断物による通気差に起因するもの等がある。

通気差による侵食

(2) 腐食の形態

1) 全面腐食

全面が一様に表面的に腐食する形で，管の肉厚を全面的に減少させて，その寿命を短縮させる。

2) 局部腐食

腐食が局部に集中するため，漏水等の事故を発生させる。また，管の内面腐食によって発生する鉄錆のこぶは，流水断面を縮小するとともに摩擦抵抗を増大し，給水不良を招く。

(3) 腐食の起こりやすい土壌と埋設管

1) 腐食の起こりやすい土壌

① 酸性又はアルカリ性の工場廃液等が地下浸透している土壌

② 海浜地帯で地下水に多量の塩分を含む土壌

③ 埋立地の土壌（硫黄分を含んだ土壌，泥炭地等）

2) 腐食の防止対策

① 酸・アルカリに対する耐食性を有する非金属管を使用する。

② 金属管を使用する場合は，管外面の防食を，被覆等により適切な電食防止措置を講じる。

(4) 防食工

1) サドル付分水栓等給水用具の外面防食

ポリエチレンシートを使用してサドル付分水栓等全体を覆うようにして包み込み粘着テープ等で確実に密着及び固定し、腐食の防止を図る。

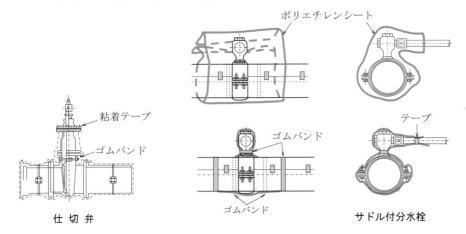

サドル付分水栓等の外面防食

2) 管外面防食工

① ポリエチレンスリーブで被覆し、粘着テープなどで密着及び固定するとき、管継手部の凹凸にスリーブをたるみを持たせて施工する。
② 防食テープを巻く
③ 段差をマスチックで埋めた後、プライマを塗布し、防食塗料を2回塗布する。
④ 外面被覆管の使用

3) 管内面の防食工

① 鋳鉄管及び鋼管からの取出しでサドル付分水栓等により分岐、穿孔した通水口には、防食コアを挿入するなど適切な防錆措置を施す。
② 鋳鉄管の切管については、切口面にダクタイル管補修用塗料を施す。
③ 外面硬質塩化ビニル被覆の硬質塩化ビニルライニング鋼管の使用。
④ 鋼管継手部には、管端防食継手、防食コア等を使用する。

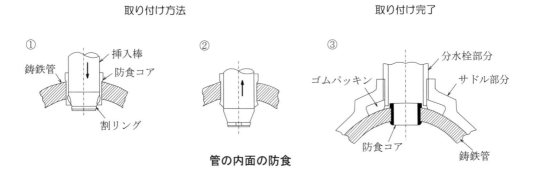

管の内面の防食

4) 電食防止措置

① **電気的絶縁物による管の被覆**
アスファルト系又はコールタール系で被覆。

② **絶縁物による遮へい**
コンクリート板などによる遮断。

③ **絶縁接続法**
電気的絶縁継手で管の抵抗を大きくする。

④ **選択排流法（直接排流法）**
管と軌道の間に選択排流器を入れる。

⑤ **外部電源法**
管より流出する電流を打ち消す流入電流をつくる。

⑥ **低電位金属体の接続埋設法**
管に亜鉛・マグネシウム・アルミニウム等を接続する一種の外部電源法。

5) その他の防食工

① 異種金属管との接続には，異種金属管用**絶縁継手等**（p.52参照）を使用し腐食を防止する。

② 金属管と他の構造物と接触するおそれのある場合（構造物の貫通）はポリエチレンスリーブ，防食テープ等を使用し，管が直接構造物（コンクリート・鉄筋等）に接触しないよう施工する。

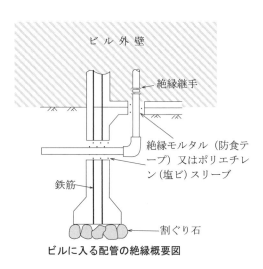

ビルに入る配管の絶縁概要図

※ 酸・アルカリに強い管として，硬質塩化ビニル管や耐衝撃性硬質塩化ビニル管等がある。また，これらの管は電食のおそれがない。

6) 侵食による事故例

① 家庭用灯油の漏油によるポリエチレン管の侵食

② 給水管のピンホールによるサンドブラスト（p.109参照）

逆流防止に関する基準（基準省令第5条）

5-1 逆流防止性能基準

第5条　　　　　逆流防止に関する基準　　　　　　　　　　基準省令

水が逆流するおそれのある場所に設置されている給水装置は，次の各号のいずれかに該当しなければならない。

一　次に掲げる逆流を防止するための性能を有する給水用具が，水の逆流を防止することができる適切な位置に設置されていること。

イ　**減圧式逆流防止器**は，「逆流防止性能試験」により**3kPa及び1.5MPaの静水圧**を1分間加えたとき，水漏れ，変形，破損その他の**異常を生じない**とともに，「**負圧破壊性能試験**」により流入側から－**54kPaの圧力**を加えたとき，減圧式逆流防止器に接続した透明管内の水位の上昇が**3mm**を超えないこと。

ロ　**逆止弁**（減圧式逆流防止器を除く。）**及び逆流防止装置を内部に備えた給水用具**（ハにおいて「逆流防止給水用具」という。）は，逆流防止性能試験により**3kPa及び1.5MPaの静水圧**を1分間加えたとき，水漏れ，変形，破損その他の**異常を生じない**こと。

ハ　逆流防止給水用具のうち次の表の左欄に掲げるものに対するロの規定の適用については，同欄に掲げる逆流防止給水用具の区分に応じ，同表の中欄に掲げる字句は，それぞれ同表の右欄に掲げる字句とする。

逆流防止給水用具の区分	読み替えられる字句	読み替える字句
(1) 減圧弁	1.5MPa	当該減圧弁の設定圧力
(2) 当該逆流防止装置の流出側に止水機構が設けられておらず，かつ大気に開口されている逆流防止給水用具（(3)及び(4)に規定するものを除く。）	3kPa及び1.5MPa	3kPa
(3) 浴槽に直結し，かつ，自動給湯する給湯機及び給湯付きふろがま（(4)に規定するものを除く。）	1.5MPa	50kPa
(4) 浴槽に直結し，かつ，自動給湯する給湯機及び給湯付きふろがまであって逆流防止装置の流出側に循環ポンプを有するもの。	1.5MPa	当該循環ポンプの最大吐出圧力又は50kPaのいずれかの高い圧力

本基準は，給水装置からの汚水の逆流により，水道水の汚染や公衆衛生上の問題が生じることを防止するためのものである。

(1) 適用対象

　逆流防止性能基準の適用対象は，**逆止弁・減圧式逆流防止器**及び**逆流防止装置を内部に備えた給水用具**である。逆流防止装置を内部に備えた給水用具には**減圧弁・シャワーヘッド・自動湯張り型自然循環式ふろがま・自動湯張り型強制循環式ふろがま・自動湯張り型高温水供給式給湯機**等がある。

　なお，構造・材質基準においては，水が逆流するおそれのある場所では，本基準若しくは負圧破壊性能基準に適合する給水用具の設置，又は規定の吐水口空間の確保のいずれかひとつを確実に行うことを要求しているものであり，この要求を満たした上で，安全性を向上させるため，本基準を満足しない逆止弁等を付加的に設置することを妨げるものではない（負圧破壊性能基準においても同様）。

(2) 試験条件

　逆止弁等は，1次側と2次側の圧力差がほとんどないときも，2次側から水撃圧等の高水圧が加わったときも，ともに水の逆流を防止できるものでなければならない。
　このため，逆流防止性能基準における低水圧時の試験水圧については，3kPaを採用し，高水圧時の試験水圧については，水撃圧の発生や諸外国の規格との整合に配慮し，最大静水圧（0.75MPa）の2倍の値として，1.5MPaを採用。

(3) 判定基準

　判定基準にいう「水漏れ，変形，破損その他の異常」とは，逆止弁又は逆流防止装置のシート部に係る水漏れ等の異常をいう。

(4) その他特例等に関する事項

　1) 減圧式逆流防止器（p.70参照）

　　減圧式逆流防止器は，信頼性の高い逆流防止器として米国等で一般的に使用されている。この減圧式逆流防止器は，逆流防止機能と負圧破壊機能を併せ持つ装置であることから，両性能を有することを要件としている。

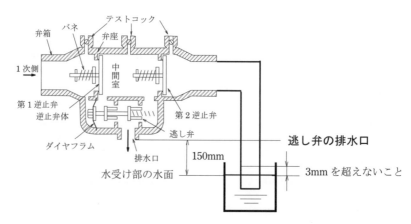

減圧式逆流防止器の負圧破壊性能試験の取り付け例

2) 逆流防止装置を内部に備えた給水用具

逆流防止装置を内部に備えた給水用具についても，基本的には逆止弁と同等の性能が求められるが，このような給水用具のうち，2次側から1.5MPaの高水圧が加わる可能性がないものについては，高水圧時の試験水圧は使用実態に応じた値としている。

内部に備えつけられている逆流防止装置を給水用具から取外して試験を行っても差し支えない。

(5) 給水用具

1) 機構的に逆流防止機能をもっていない給水用具

① ボール止水栓
② 仕切弁
③ 玉形弁

2) 機構的に逆流防止機能をもたせている給水用具

① バネ式逆止弁
② バキュームブレーカ付大便器洗浄弁（負圧破壊機能）
③ 減圧式逆流防止器
④ シャワーヘッド付水栓

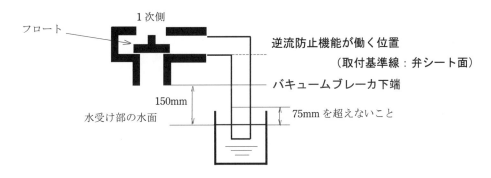

バキュームブレーカの負圧破壊性能試験取り付け例

§4 給水装置の構造及び性能・システム基準

5-2 負圧破壊性能基準

第5条 | 逆流防止に関する基準 | 基準省令

水が逆流するおそれのある場所に設置されている給水装置は，次の各号のいずれかに該当しなければならない。

一 次に掲げる逆流を防止するための性能を有する給水用具が水の逆流を防止することができる適切な位置（ニに掲げるものにあっては，**水受け容器の越流面の上方150mm以上の位置**）に設置されていること。

 ニ バキュームブレーカは，負圧破壊性能試験により流入側から**−54kPaの圧力を加えたとき，バキュームブレーカに接続した透明管内の水位の上昇が75mmを超えないこと。**

 ホ 負圧破壊装置を内部に備えた給水用具は，負圧破壊性能試験により流入側から−54kPaの圧力を加えたとき，当該給水用具に接続した透明管内の水位の上昇が，バキュームブレーカを内部に備えた給水用具にあっては逆流防止機能が働く位置から水受け部の水面までの垂直距離の2分の1，バキュームブレーカ以外の負圧破壊装置を内部に備えた給水用具にあっては吸気口に接続している管と流入管の接続部分の最下端又は吸気口の最下端のうちいずれか低い点から水面までの**垂直距離の2分の1を超えないこと。**

 ヘ 水受け部と吐水口が一体の構造であり，かつ，水受け部の越流面と吐水口の間が分離されていることにより水の逆流を防止する構造の給水用具は，負圧破壊性能試験により流入側から−54kPaの圧力を加えたとき，吐水口から水を引き込まないこと。

本基準は，給水装置からの汚水の逆流により水道水の汚染や公衆衛生上の問題が生じることを防止するためのものである。

(1) 適用対象

負圧破壊性能基準の適用対象は，**バキュームブレーカ**，負圧破壊装置を内部に備えた給水用具及び水受け部と吐水口が一体の構造であり，かつ，水受け部の越流面と吐水口の間が分離されていることにより，水の逆流を防止する構造の給水用具（吐水口一体型給水用具）である。

① バキュームブレーカとは，器具単独で販売され，水受け容器からの取付けの高さが施工時に変更可能なものをいう。

② **負圧破壊装置を内部に備えた給水用具**とは，吐水口水没型のボールタップ，大便器洗浄弁のように，製品の仕様として負圧破壊装置の位置が一定に固定されているものをいう。

③ 水受け部と吐水口が一体の構造であり，かつ，水受け部の越流面と吐水口の間が分離されていることにより水の逆流を防止する構造の給水用具（以下「**吐水口一体型給水用具**」という。）とは，ボールタップ付きロータンク・冷水機・自動販売機・貯蔵湯沸器等のように，製品の内部で縁切りが行われていることにより，水の逆流を防止する構造のものをいう。

160

(2) その他特例等に関する事項

1) 負圧破壊装置を内部に備えた給水用具

バキュームブレーカー以外の負圧破壊装置を内部に備えた給水用具にあっては，吸気口に接続している管と流入管の接続部分の最下端又は吸気口の最下端のうち，**いずれか低い点から水面までの距離の2分の1を超えないことを判断基準とした。**

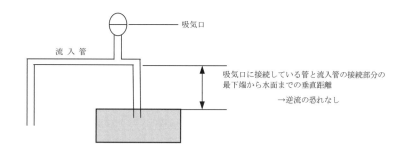

なお，水受け部の越流管等から排水される場合，通常，その排水面は越流面よりも上方となる。この条件においても水が逆流しないようにするため，通常の使用条件である動水圧0.15MPaで吐水し，吐水量と排水量が平衡に達したときの水位において負圧破壊性能試験を行う。（吐水口一体型給水用具の試験水位も同様）

また，給水用具の内部に備えられている負圧破壊装置を給水用具から取りはずして試験を行っても差し支えないが，この場合，給水用具内に備え付けられている場合と同等の条件が再現できるよう，十分注意する必要がある。（吐水口一体型給水用具の場合も同様）

2) 吐水口一体型給水用具

従来から吐水口空間等の距離が規定されているが，性能基準化を図る観点から，負圧破壊性能試験において吐水口から水を引き込まないこととしている。

ただし，従来どおりの吐水口空間が確保されている場合は，給水装置の構造及び材質の基準に関する省令の基準に適合することから負圧破壊性能試験を行う必要はない。

3) ダイヤフラム式のボールタップ等

負圧破壊装置を内部に備えて止水するために1次圧力を利用する給水用具は，止水機構の弁が全開及び全閉の両方の場合において，負圧破壊性能試験を行うこと（P59図参照）

§ 4 給水装置の構造及び性能・システム基準

5-3 逆流防止のシステム基準

　吐水口を有する箇所にあっては，当該吐水口からの汚水の逆流を防止できる位置に逆流防止性能基準若しくは負圧破壊性能基準を満足する給水用具が設置されていること。又は規定の吐水口空間を満たしていること。

第5条 **逆流防止に関する基準** 基準省令

二　吐水口を有する給水装置が，次に掲げる基準に適合すること。

イ　**呼び径が25mm以下のものにあっては**，表の呼び径の区分に応じ，近接壁から吐水口の中心までの水平距離及び越流面から吐水口の中心までの垂直距離が確保されていること。

呼び径の区分	近接壁から吐水口の中心までの水平距離 B_1	越流面から吐水口の中心までの垂直距離 A
13mm以下	25mm以上	25mm以上
13mmを超え20mm以下	40mm以上	40mm以上
20mmを超え25mm以下	50mm以上	50mm以上

注　1) **浴槽に給水する場合**は，越流面から吐水口の中心までの**垂直距離は50mm未満であってはならない**。

　　2) **プール等**水面が特に波立ちやすい水槽並びに，**事業活動に伴い洗剤又は薬品を入れる水槽及び容器**に給水する場合には，越流面から吐水口の中心までの**垂直距離は200mm未満であってはならない**。

　　3) 上記1) 及び2) は，給水用具の内部の吐水口空間には通用しない。

ロ　**呼び径が25mmを超えるものにあっては**，表に掲げる区分に応じ，越流面から吐水口の最下端までの垂直距離が確保されていること。

区　分		壁からの離れ B_2	越流面から吐水口の最下端までの垂直距離
近接壁の影響がない場合			$1.7d'+5mm$以上
近接壁の影響がある場合	近接壁一面の場合	$3d$以下	$3.0d'$以上
		$3d$を超え$5d$以下	$2.0d'+5mm$以上
		$5d$を超えるもの	$1.7d'+5mm$以上
	近接壁二面の場合	$4d$以下	$3.5d'$以上
		$4d$を超え$6d$以下	$3.0d'$以上
		$6d$を超え$7d$以下	$2.0d'+5mm$以上
		$7d$を超えるもの	$1.7d'+5mm$以上

・　d : 吐水口の内径（mm）　　d' : 有効開口の内径（mm）
・　吐水口の断面が長方形の場合は長辺をdとする。
・　越流面より少しでも高い壁がある場合は近接壁とみなす。

上記　注　1) で算定された値が**50mm未満**の時は，**50mm以上**とする。

　　　　2) で算定された値が**200mm未満**の時は，**200mm以上**とする。

(1) 吐水口空間

吐水口空間の確保は，逆流防止のもっとも一般的で確実な手段である。

1) 受水槽・流し・洗面器・浴槽・ロータンク等に給水する場合は，給水栓の吐水口と水受け容器の越流面との間に必要な吐水口空間を設ける。この吐水口空間は，ボールタップ付きロータンクのように給水用具の内部で確保されていてもよい。

① **吐水口空間**とは，給水装置の吐水口の最下端から越流面までの垂直距離 A 及び近接壁から吐水口の中心（**25mmを超えるものは吐水口の最下端**）までの水平距離 B_1 をいう。

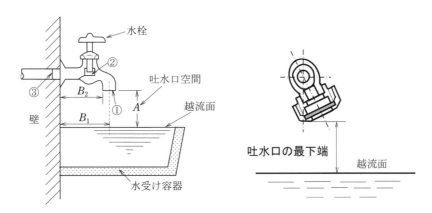

水受け容器と吐水口空間

② **越流面**とは，洗面等の場合は当該水受け容器の上端（あふれ面）をいう。また，水槽等の場合，立取り出し（下図(1)）においては越流管の上端，横取り出し（下図(2)）においては越流管の中心をいう。

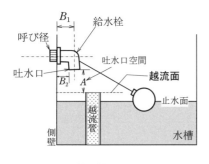

(1) 越流管（立取出し）

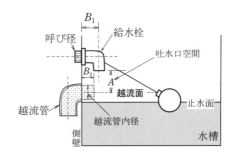

(2) 越流管（横取出し）

注）：B_1 の設定は呼び径が 25mm 以下の場合の設定
　　B_2 の設定は呼び径が 25mm を超える場合の設定

越流面と吐水口空間

2) 確保すべき吐水口空間としては，構造・材質基準に係る事項の規定の吐水口空間によること。

水槽等の吐水口空間

A（吐水口から越流面まで）の設定	
25mm以下の場合	吐水口の中心から越流面までの垂直距離
25mmを超える場合	吐水口の最下端から越流面までの垂直距離
B（壁からの離れ）の設定	
25mm以下の場合（B_1）	近接壁から吐水口の中心
25mmを超える場合（B_2）	近接壁から吐水口の最下端の壁側の外表面

3) ボールタップの吐水口の切り込み部分の断面積（バルブレバーの断面積を除く。）がシート断面積より大きい場合には，切り込み部分の上端を吐水口の位置とする。

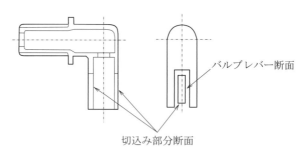

ボールタップの吐水口　切込み部分の断面

近接壁が1面の場合　　　　　　　　　　近接壁が2面の場合

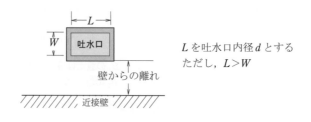

壁からの離れ

(2) 逆流防止対策

第5条　　　　　　逆流防止に関する基準　　　　　　　　基準省令

> 水が逆流するおそれのある場所においては，規定の吐水口空間を確保すること，また，逆流防止性能又は負圧破壊性能を有する給水用具を水の逆流を防止することができる適切な位置（バキュームブレーカにあっては，水受け容器の越流面の上方150mm以上の位置）に設置すること。

設置状態，製品の経年変化，間違った使用方法などの理由で，負圧や重力による水の吸引や逆流が生じる場合がある。

これらによる水の**汚染事故**を防止するため，吐水口ごとに吐水口空間の確保，水の逆流を防止することができる適切な場所に，負圧破壊性能を有する給水用具を設置しなければならない。

1) 吐水口空間の確保が困難な場合（給水栓などにホースを取付ける場合）

断水・漏水等により給水管内に負圧が発生し，吐水口において**逆サイホン作用**が生じた際などに逆流が生じることがあるため，逆流を生じるおそれのある吐水口ごとに，

・　逆流防止性能を有する給水用具（**逆止弁**）を設置
・　負圧破壊性能を有する給水用具（**バキュームブレーカ**）を設置

又は，これらを内部に有する給水用具を設置する。

なお，吐水口を有していても，消火用スプリンクラのように逆流のおそれのない装置は，特段の措置を講じる必要はない。

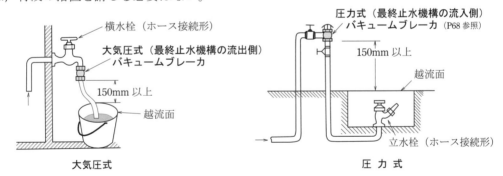

バキュームブレーカの設置

※　バキュームブレーカは，給水管内に負圧が生じたとき，逆流防止のため，負圧部分に自動的に空気を取り入れる機能をもつものである。取付設置位置は，バキュームブレーカに逆圧(背圧)がかからず，水受け容器の越流面から150mm以上確保すること。

※　**逆サイホン作用**（バックフロー）

水受け容器中に吐き出された水，使用された水，又はその他のものが，断水時等の給水管内に生じた負圧により起る吸引作用のため給水管内へ逆流すること。

2) 給湯機及び給湯付きふろがま（自動湯張り形強制循環式ふろがま等）

浴槽に直結する配管構造となっており，浴槽が2階に設置されるような場合は特に注意する必要がある。具体的には逆流防止機能と負圧破壊機能とを併せ持つ**減圧式逆流防止**

器をふろがまの上流側に設置することや，定期的に逆止弁本体の点検を実施する。

逆流のおそれのある場所や状態の例

状　態	逆流のおそれのある場所
吐水口空間が確保されていない場合	・浴槽，洗濯機，食器洗浄機等への給水で十分な吐水口空間が確保されていないもの ・受水槽や各種事業用途で使用される水槽への吐水口と越流面との間隔が不足していたり，跳ね上がった水が吐水口に付着しているもの
有効な逆流防止装置又は負圧破壊装置（大気圧式バキュームブレーカ）が設置されていない場合	・大便器洗浄弁に負圧破壊装置（大気圧式バキュームブレーカ）が設置されていないものは，便器が閉塞し，汚水が便器の洗浄孔以上に溜まり，給水管内に負圧が生じ，便器内の汚水が逆流するおそれがある。 ・外部排水式不凍水栓に逆流防止装置（逆止弁）が設置されていないもの
逆流防止装置や負圧破壊装置（大気圧式バキュームブレーカ）等の給水用具が経年変化等により機能低下している場合	・逆流防止のための給水用具の経年変化による機能低下・故障により逆流が生じた場合は，その時点以降当該製品は，逆流防止性能基準を満足しない製品として取り扱う。
給水用具の先端が水等に水没している場合	・散水栓の水没 ・底部から水を噴出させる噴水や神社仏閣の手洗い石槽 ・下部から給水し上部からオーバーフローさせる構造の洗浄槽等
ホース類の使用が不適切な場合	・給水栓にホースが取り付けられホース先端が水に浸っている状態 ・給水栓に取付けて使用する風呂釜，清掃器，残り湯汲み出し装置 ・ビデ・ホースを接続して使用するカップリング付水栓・散水栓等 ・給水栓をホースに接続して使う洗車，池・プールへの給水などは，使用済みの水・洗剤等が逆流するおそれがある。
給水用具がその機能を備えていない場合	・負圧破壊装置（大気圧式バキュームブレーカ）の空気の取入れ能力と，給水管の呼び径のバランスが不適切なもの

| 第5条 | 逆流防止に関する基準 | 基準省令 |

> 2. 事業活動に伴い，水を汚染するおそれのある場所に給水する給水装置は，前項第2号に規定する垂直距離及び水平距離を確保し，当該場所の水管その他の設備と当該給水装置を分離すること等により，適切な逆流の防止のための措置が講じられているものでなければならない。

有害物質等を取扱う場所に給水するにあっては，受水槽式とする

① 化学薬品工場・クリーニング店・写真現像所・めっき工場等水を汚染するおそれのある有害物等を取扱う場所に給水する給水装置にあっては，一般家庭等よりも厳しい逆流防止を講じる必要がある。

② 最も確実な逆流防止措置として**受水槽式**とすることを原則とする。なお，確実な逆流防止機能を有する**減圧式逆流防止器**を設置することも考えられるが，この場合，ごみ等により機能が損なわれないように維持管理を確実に行う必要がある。

逆流防止の措置

① **水の逆流を防止するための適当な措置**

「水槽，プール，流しその他水を入れ，又は受ける器具，施設等」のうち，病原微生物等を含む恐れのある液体の逆流防止の措置は，基準省令第5条に定める吐水口空間の確保が基本。

ただし，国民の生活利便性の確保を考慮する観点から，**タンクレス洗浄便器**，ディスポーザ等については，第5条に定める負圧破壊装置が適切な位置に内蔵されていれば給水用具として認められるもの。また，同様の観点から自動湯張り型循環式ふろがまについては，第5条1項ハに定める逆流防止措置に負圧破壊装置を付加する等のさらなる安全策を講じることが望ましい。

② **既に設置されている給水装置に対する対応**

逆流防止の措置として，逆止弁等のみの対応である給水装置が現に設置されている場合などにおいては，当該製品の製造メーカー等が，逆止弁等の維持管理等による安全確保に努める。

③ 逆流防止の措置は，逆流防止性能基準に適合している給水用具等又は，逆止弁等の設置が考えられる。

具体的には吐水口空間が確保できないハンドルシャワーの付いた混合水栓，ホース接続形水栓及び水が撹拌する自動食器洗い器等は，逆止弁を付けることが必要である。

また，湯・水の混合状態で停滞水が逆流するのを防ぐために，一時止水構造の2ハンドル湯水混合水栓，サーモスタット湯水混合栓及びミキシング湯水混合水栓は，**湯側・水側に逆流防止装置を付けなければならない。**

耐寒に関する基準 （基準省令第6条）

6-1　耐寒性能基準

第6条　　　　　　　　耐寒に関する基準　　　　　　　　基準省令

> 屋外で気温が著しく低下しやすい場所その他凍結のおそれのある場所に設置されている給水装置のうち**減圧弁・安全弁（逃し弁）・逆止弁・空気弁**及び**電磁弁**（給水用具の内部に備え付けられているものを除く。以下「弁類」という。）にあっては，「耐久性能試験」により**10万回の開閉操作**を繰り返し，かつ，耐寒性能試験により－20℃±2℃の温度で**1時間保持**した後通水したとき，それ以外の給水装置にあっては，耐寒性能試験により－20℃±2℃の温度で1時間保持した後通水したとき，当該給水装置に係る**耐圧性能，水撃限界性能，逆流防止性能及び負圧破壊性能を有する**ものでなければならない。

　本基準は，給水用具内の水が凍結し，給水用具に破壊等が生じることを防止するためのものである。

(1) 適用対象

① 耐寒性能基準は寒冷地仕様の給水用具か否かの判断基準であり，凍結のおそれがある場所において設置される給水用具がすべてこの基準を満たしていなければならないわけではない。

② 凍結のおそれがある場所においてこの基準を満たしていない給水用具を設置する場合は，別途，断熱材で被覆するなどの凍結防止措置を講じなければならない。
　　従来は，凍結防止方法を最も確実な機械的な水抜きに限定してきた。しかしながら，構造が複雑で水抜きが必ずしも容易でない給水用具等においては，例えば，通水時にヒータで加熱する等種々の凍結防止方法の選択肢が考えられることから，耐寒性能基準においては，凍結防止の方法は水抜きに限定しない。

③ 弁類は一般に耐久性能試験の後に耐寒性能試験を行うが，試験の順番は定めておらず，どちらを先に行ってもよい。

(2) 判定基準

　低温に暴露した後確認すべき性能基準項目から浸出性能を除いたのは，低温暴露により材質等が変化することは考えられず，浸出性能に変化が生じることはないと考えられることによる。
　また，耐久性能と耐寒性能が同時に求められる給水用具においては，10万回の開閉操作及び低温暴露を行った後，耐圧性能・水撃限界性能・逆流防止性能・負圧破壊性能のうち当該給水用具に求められる性能を有すればよい。
　なお，10万回の開閉操作と低温暴露の順序は問わない。

(3) 耐寒性能と耐久性能が同時に求められる給水用具

① 給水用具のうち，**減圧弁・安全弁（逃し弁）・逆止弁・空気弁・電磁弁**（給水用具に内蔵のものは除く）は耐寒性能に合わせ耐久性能を満たすものでなければならない。

② 耐寒性能基準において，低温を暴露した後，確認すべき性能基準項目から浸出性能を除いたのは，低温暴露により材質等が変化するとは考えられず，浸出性能に変化が生じることはないと考えられる。また，低温に暴露された後も製品に求められる性能が損なわれないことに着目し，ヒーター，蒸気，温水等により加熱（直火は避ける）して解凍してもよいこととし，吐水までの時間も制限していない。

6-2 耐寒のシステム基準

第6条　　　　　　　　　　　　　　　耐寒に関する基準　　　　　　　　　　　　*基準省令*

> 屋外で気温が著しく低下しやすい場所その他凍結のおそれのある場所に設置される給水装置は**耐寒性能**を有するものでなければならない
>
> ただし，**断熱材で被覆**すること等により適切な凍結の防止のための措置が講じられているものにあっては，この限りでない。

(1) 凍結のおそれのある場所

① 家屋の**北西面**に位置する**立上り露出管**

② 屋外給水栓等外部露出管（受水槽廻り・湯沸器廻りを含む）

③ 水路等を横断する上越し管

④ 凍結深度より浅く埋設している管

　凍結のおそれのある場所では，耐寒性能を有する給水用具を設置するか，又は給水装置を発泡プラスチック保温材（発泡スチロール・ポリスチレンフォーム・ポリエチレンフォーム等）の断熱材や保温材で被覆する，配管内の水抜きを行うことができる位置に水抜き用の給水用具（水抜栓，水抜きバルブ）を設ける。

(2) 凍結のおそれがある場所の屋外配管は，原則として，**土中に凍結深度より深く埋設する。**

また，擁壁・水路等からの距離を十分にとる。

① 下水管等があり，やむを得ず**凍結深度**より浅く布設する場合，又は擁壁・側溝・水路等の側壁からの離隔が充分にとれない場合は，保温材（発泡スチロール等）で適切な防寒措置を講じる。

　※ 凍結深度

　　地中温度が0℃になるまでの地表からの深さとして定義され，気象条件のほか，土質や含水率によって支配される。

② 屋外給水栓等の外部露出管は，保温材で適切な防寒措置を講じるか，又は水抜き用の給水用具を設置する。

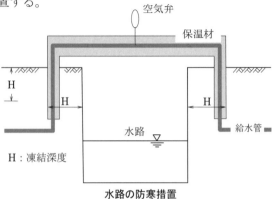

水路の防寒措置

(3) 凍結のおそれがある場所の屋外配管に設ける水抜き用の給水用具は，必要に応じ管内の水を容易に排出できる位置に設置すること。

(4) 屋内配管にあっては，管内の水を容易に排出できる位置に水抜き用の給水用具を設置するか，又は保温材で適切な防寒措置を講じる。

※ 管の被覆

　管の被覆は，管内の温度が外気温度より低い場合は防露を目的とし，高い場合は熱損失を防ぐ保温を目的としている。

　したがって，防露被覆には耐湿性，保温被覆には耐熱性が必要となり，この目的別に材料にも区別がある。

(5) 水道メータが凍結するおそれがある場合は，耐寒性のメータますを使用するか又はメータます内外に保温材等を設置する等凍結防止の処置を施す。

(6) **加温式凍結防止器**の使用給水管の露出部分の凍結防止のため，加温式凍結防止器を使用する方法もある。

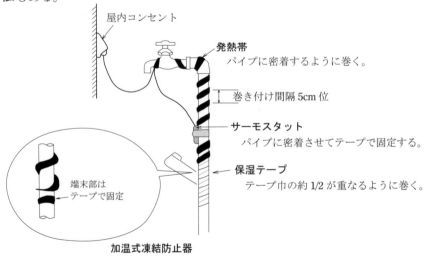

加温式凍結防止器

(7) 結露のおそれがある給水装置には，適切な防露措置を講じること。

解氷方法

① **熱湯による解氷**

凍結した管の外側を布等で覆い熱湯をかける方法で，簡単な立上りで露出配管の場合，一般家庭でもできる。ただ，**この方法では急激に熱湯をかけると給水用具類を破壊させるので注意しなければならない。**

② **温水による解氷**

温水を給水管内に耐熱ホースで噴射しながら送りこんで解氷する方法で，貯湯水槽・小型バッテリー・電動ポンプ等を組み合わせた小型の解氷器である。

③ **蒸気による解氷**

トーチランプ又は電気ヒータ等を熱源とし，携帯用の小型ボイラに水又は湯を入れて加熱し，発生した蒸気を耐熱ホースで凍結管に注入し解氷するもので，硬質ポリ塩化ビニル管，ポリエチレン二層管の合成樹脂管に対する凍結解氷に有効である。

※ トーチランプの直火による解氷は火災の危険があるので絶対にさけなければならない。

④ **電気による解氷**

凍結した給水管（金属管に限る）に直接電気を通し，発生する熱によって解氷するものである。

ただし，電気解氷は発熱による火災等の危険を伴い，また，合成樹脂管等が使用されている場合，異種の配管材料が混在しているユニット化装置，ステンレス鋼管，ステンレス製フレキシブル継手等においては，局部的に異常な過熱部が生じることもあり，使用方法を誤ると漏電や火災の事故を起こすおそれがあるため，**電気による解氷は避けることが好ましい。**

配管状態からやむを得ず電気による解氷を行うときは，事前に，管種・配管状況について，火災等に対して安全であることを確認した上で行う必要がある。

耐久に関する基準 (基準省令第7条)

7-1 耐久性能基準

第7条　　　　　　　　耐久に関する基準　　　　　　　　　*基準省令*

> 弁類（耐寒性能が求められるものを除く。）は，耐久性能試験により**10万回の開閉操作**を繰り返した後，当該給水装置に係る**耐圧性能**，**水撃限界性能**，**逆流防止性能**及び**負圧破壊性能**を有するものでなければならない。

本基準は，頻繁な作動を繰り返すうちに弁類が故障し，その結果，給水装置の耐圧性，逆流防止等に支障が生じることを防止するためのものである。

(1) 適用対象

1） 耐久性能基準は，制御弁類のうち機械的・自動的に頻繁に作動し，かつ通常消費者が自らの意志で選択し，又は設置・交換しないような弁類（減圧弁・安全弁（逃し弁）・逆止弁・空気弁・電磁弁等）に適用することとし，開閉回数は10万回（弁の開及び閉の動作をもって1回と数える）とする。制御弁類の開閉頻度は使用条件により大きく異なるが，10万回の開閉回数は最低でも**おおむね2～3年**程度に相当するといわれている。

2） 適用対象とされる弁類は，弁類単体として製造・販売され，施工時に取り付けられるものに限ることとされている。これは，弁類が給水用具の部品として備え付けられている場合，製品全体としての耐久性とバランスをとって必要な耐久性を持たせるのが普通であり，弁類だけの耐久性を一律に規定することは合理的でないと考えられるためである。

なお，**水栓やボールタップ**については，通常故障が発見しやすい箇所に設置されており，耐久の度合いは消費者の選択に委ねることができることから，本基準の**適用対象**にしない。

(2) 試験操作

① 圧力源の圧力条件を，供試用具の弁を閉じたときの静水圧が当該供試用具の最高使用圧力の2分の1（安全弁（逃し弁）にあっては，当該供試用具の最高使用圧力の1.5倍）となるように設定する。

② この時の圧力源の圧力条件を維持しながら供試用具に室温の水を通水し，当該供試用具の弁を毎分4回から30回までの開閉頻度で10万回開閉させる。この場合において，弁の開及び閉の動作をもって1回の開閉とする。

(3) 判定基準

　10万回の開閉操作後確認すべき性能基準項目から浸出性能を除いたのは，開閉作動により材質等が変化することは考えられず，浸出性能に変化が生じることはないと考えられることによる。

　なお，耐久性能と耐寒性能が同時に求められる弁類（減圧弁・安全弁（逃し弁）・逆止弁・空気弁・電磁弁）については，耐寒性能基準において耐久に関する基準も規定されているため，本基準では重複を排除している。

給水管及び給水用具に求められる性能基準の適用

性能基準 給水管及び 給水用具		耐圧	浸出	水撃限界	逆流防止	負圧破壊	耐寒	耐久
給水管		●	●	−	−	−	−	−
給水栓	飲用	● ①	●	● ②	○ ⑤	○ ⑦	○ ⑨	−
	飲用以外	● ①	−	● ②	○ ⑤	○ ⑦	○ ⑨	−
バルブ		● ①	●	○ ②③	−	−	○ ⑨	○ ⑩
継手		● ①	●	−	−	−	−	−
浄水器		● ①	●	−	○ ⑤	−	−	−
湯沸器	飲用	● ①	●	○ ②④	○ ⑤	○ ⑦	△ ⑨	−
	飲用以外	● ①	−	−	○ ⑤	○ ⑦	△ ⑨	−
逆流防止装置		● ①	●	−	● ⑥	○ ⑧	△ ⑨	●
水撃防止器		● ①	●	●	−	−	△ ⑨	−
流し台ユニット	飲用	● ①	●	○ ②	○ ⑤	○ ⑦	△ ⑨	−
洗面台ユニット 浴槽ユニット 便器ユニット	飲用以外	● ①	−	○ ②	○ ⑤	○ ⑦	△ ⑨	−
自動食器洗い器 冷水機(ウォータークーラー) 洗浄装置付便座等		● ①	○	○ ②	○ ⑤	○ ⑦	○ ⑨	−

凡例： ● 例外なく求められるもの
　　　 ○ 一般に求められるもの(給水用具の種類，設置場所により適用される性能基準)
　　　 △ 求められる場合があるもの

① 最終の止水機構の流出側に設置される給水用具（シャワーヘッド等）については，耐圧性能基準の対象外。
　止水機構を有する器具であって，通常の使用状態において，器具の流出側が大気に開口されているもの（水栓のカランの部分）の2次側の部分は，耐圧性能基準の対象外。
② 水撃性能基準を満たしていない給水用具を使用する場合には，その上流側に近接して水撃防止器具を設置する等の水撃防止措置を講ずること。
③ 電磁弁等が対象。
④ 元止め式瞬間湯沸器等が対象。
⑤ 逆流防止装置を内部に備えた給水用具が対象。
　水が逆流するおそれのある場所で，逆流防止性能基準を満たしていない器具を用いる場合には，逆流防止性能基準もしくは負圧破壊性能基準に適合する給水用具の設置，又は規定の吐水口空間の確保のいずれかを行うこと。
⑥ 逆止弁，減圧式逆流防止器が対象
⑦ 負圧破壊装置を内部に備えた給水用具，水受け部と吐水口が一体構造であり，かつ水受け部の越流面と吐水口の間が分離されることにより水の逆流を防止する構造の給水用具等（ボールタップ付きロータンク，冷水機，自動販売機，貯蔵湯沸器等）が対象。
⑧ 減圧式逆流防止器が対象。
⑨ 凍結のおそれのある場所に設置されている給水用具が適用されるが，この基準を満たしていない場合には，別途凍結防止装置を講ずればよい。
⑩ 弁類(減圧弁,安全弁(逃し弁),逆止弁,空気弁及び電磁弁)が対象。給水用具の内部に備え付けられているものを除く。

給水装置システム基準

	技 術 的 細 目
耐 圧 に 関する基準 （基準省令第1条）	・ 給水装置（最終の止水機構の流出側に設置されている給水用具を除く。次の項においても同じ）に一定の静水圧を加えたとき，水漏れ，変形，破損その他の異常を生じないものでなければならない。 ・ 給水装置の構造及び材質に応じた適切な接続が行われているものでなければならない。 ・ 家屋の主配管は，配管の経路については構造物の下の通過を避けること等により漏水時の修理を容易に行うことができるようにしなければならない。
浸出等に 関する基準 （基準省令第2条）	・ 飲用に供する水を供給する給水装置は，供試品からの金属等の浸出が基準値以下となるものでなければならない。 ・ 給水装置は，末端部に排水機構が設置されているものを除き，水が停滞する構造であってはならない。 ・ シアン・六価クロム等の水を汚染するおそれのある物の貯留・取扱い施設に**近接して給水装置が設置されてはならない。** ・ 油類が浸透するおそれのある場所に設置されている給水装置は，当該油類が浸透するおそれがない材質のもの又は適切な防護措置が講じられているものでなければならない。
水撃限界に 関する基準 （基準省令第3条）	・ 水栓その他水撃作用を生じるおそれのある給水用具は，一定の流速又は動水圧条件において止水機構を急閉止した際に生ずる水撃作用による上昇圧力が一定以下になるものであるか，又は水撃防止器具を設置すること等の水撃防止措置が講じられているものでなければならない。
防 食 に 関する基準 （基準省令第4条）	・ 酸又はアルカリによる侵食のおそれのある場所に設置されている給水装置は，それらに対する耐食性材質のものであるか，又は適切な侵食防止措置が講じられているものでなければならない。 ・ 漏えい電流による侵食のおそれのある場所に設置されている給水装置は，**非金属製**のものであるか，又は適切な**電気防食措置**が講じられているものでなければならない。
逆流防止に 関する基準 （基準省令第5条）	・ 水が逆流するおそれのある場所に設置されている給水装置は，一定の逆流防止性能を有する減圧式逆流防止器，逆止弁等の給水用具が**水の逆流を防止することができる位置に設けられ，**又は一定以上の**吐水口空間**が確保されているものでなければならない。 ・ **事業活動に伴い，水を汚染するおそれのある場所に給水する給水装置は，**一定以上の吐水口空間が確保され，当該場所の水管等と分離すること等により，適切な逆流防止措置が講じられているものでなければならない。
耐 寒 に 関する基準 （基準省令第6条）	・ **減圧弁，安全弁（逃し弁），逆止弁，空気弁及び電磁弁（**給水用具の内部の弁を除く。以下「弁類」という。）は**一定回数の開閉操作後，一定の低温条件下で保持した後通水したとき，基準省令に規定する耐圧性能，水撃限界性能，逆流防止性能及び負圧破壊性能を有するものでなければならない。** ・ 弁類以外の給水装置は，一定の低温条件下で保持した後通水したとき，基準省令に規定する耐圧性能，水撃限界性能，逆流防止性能及び負圧破壊性能を有するものでなければならない。 ・凍結の恐れがある場所において，この基準を満たしていない給水用具を設置する場合は，別途，断熱材で被覆するなどの凍結防止措置を講じること。
耐 久 に 関する基準 （基準省令第7条）	・ 弁類は一定回数の開閉操作後，基準省令に規定する耐圧性能，水撃限界性能・逆流防止性能及び負圧破壊性能を有するものでなければならない。ただし，**水栓・ボールタップは除く。**

176

§5

給水装置計画論

1 給水方式

給水方式は，給水高さ，所要水量，使用用途及び維持管理面を考え決定する。

わが国の水道は，配水管の最小動水圧を0.15～0.20MPaを標準としてきたため，直結直圧では，2階建て程度までで，3階以上の給水は受水槽式給水としてきたが，最近では，配水管の水圧が上がることにより，3階以上にも直圧給水ができるようになってきている。

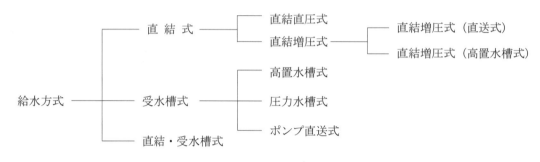

給水方式の分類

直結式給水では，給水栓から出る水の水質は，適正に工事又は管理されている場合に限り水道事業者が責任をもち，受水槽式給水では，受水槽以下の給水設備や水質の管理は設備の設置者又は需要者が行う。

1-1 直結式

直結給水方式は，配水管から需要者の設置した給水装置の末端まで有圧で直接給水する方式で，水質管理がなされた安全な水を需要者に直接供給することができる。

また，給水方式の取扱いは，水道事業者により異なるので，各々確認する必要がある。

〔長所〕

水道事業者の給水を直接受けるため

- 水質の劣化が生じない。 ➡ 水質の保全
- 配水圧を利用できる範囲が広がる。 ➡ 省エネルギー化の効果

受水槽・高置水槽の設置が不要になるため

- 管理の不備による水質の劣化がなくなる。 ➡ 水質面の改善・向上
- 設置スペースが不要又は小さくなり，他の用途に活用できる。
- 清掃や水質の点検が不要である。 ➡ メンテナンス作業及び費用の削減
- 電気設備等のメンテナンスが少なくなる。 ➡ メンテナンス作業及び費用の軽減
- 高置水槽がなくなり，建物及び町並みの美観がよくなる。

〔短所〕
- 配水管の断水や増圧給水設備が故障すると，貯留機能がなく，給水が停止する。
- 震災などの非常時のストックがない。
- 配水管への負荷が増大する。

したがって，直圧式による給水方式は，次の場合には必ずしも有利でないので，建物の用途も踏まえての検討も必要である。

① 災害・事故等による断減水時にも給水の確保が必要な建物。

② 一時に多量の水を使用するものや使用水量の変動が大きい施設・建物等で，配水管の水圧低下をきたすもの。

③ 毒物・劇物及び薬品等の危険な化学物質を取扱い，これを製造・加工又は貯蔵等を行う工場・事業所のほか，仮設給水用として使用するもの。

(1) 直結直圧式

給水サービスの向上を図るため，各水道事業者において，現状における配水管の水圧等の供給能力及び配水管の整備計画と整合させ，逐次その対象範囲の拡大を図っている。

① 配水管のもつ水量，水圧等の供給能力の範囲で，上層階まで給水する方式である。

② この方式は，各水道事業者で定める配水管の水圧及び給水高さの範囲で水理計算上可能なものに適用することになる。

③ 配水管の水圧が高いときは，給水管を流れる流量が過大となって，水道メータの性能，耐久性に支障を与えることがある。したがって，このような場合には，減圧弁，定流量弁等を設置することが望ましい。

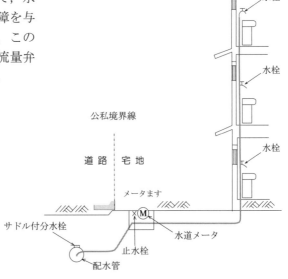

直結直圧式の一般図

(2) 直結増圧式

① この方式は，給水管に直結加圧形ポンプユニットを連結し，配水管の水圧に影響を与えることなく，水圧の不足分を加圧して高位置まで直結給水するものである。
　これにより，直結給水の範囲の拡大を図り，受水槽における衛生上の問題の解消，省エネルギーの推進，設置スペースの有効利用等を目的としている。

② 直結増圧式による給水方法は，給水管に直接，増圧給水設備を連結するため，この設備は給水装置の扱いとなり，これ以降の給水管も給水装置となる。また，増圧給水設備の流入圧力（配水管水圧）が吐出設定圧力値以上になると，ポンプ運転は自動的に停止し，バイパス管より配水管水圧で直接給水する構造になっているため，バイパス管より給水する場合は，直結直圧式と同様となる。したがって，この増圧給水設備による給水方式は，直結式の一つである。

③ 各戸への給水方式として，給水栓まで直接給水する直送式 図(a) と，ポンプにより高所におかれた水槽に給水し，そこから給水栓までを自然流下させる高置水槽式 図(b) がある。
　高置水槽式は直送式がとれない場合，当面の方法として認めているものである。
　理由は高置水槽以下がいわゆる受水槽以下の給水設備となるからである。
　直結増圧給水の拡大には，直送式が望ましいが，既設建物等の給水設備をこれに改造する場合，配管形態等により給水装置として認めることが難しく，また，改造に多額の工事費と工事期間を必要とする建物もある。このため，既設建物については小規模受水槽の衛生問題の解消を優先させる考えから，高置水槽式を認めている。

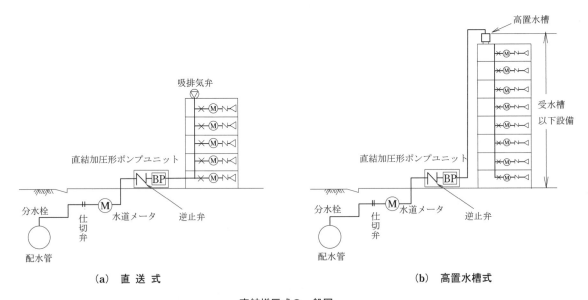

直結増圧式の一般図

④ 直結増圧式は，配水管が断水したときに給水装置からの逆圧が大きいことから直結加圧形ポンプユニットに近接して有効な逆止弁を設置する。

1-2 受水槽式

受水槽式給水は，配水管から一旦受水槽に受け，この受水槽から給水する方式である。配水管の水圧が変動しても，受水槽以下には作用しない。

また，受水槽式は配水管への負担を少なくするが，受水槽の管理が不十分な場合は，衛生上の問題が生じる。

〔長所〕

・ 配水管の水圧が変動しても，給水圧・給水量を一定に保持できる。

・ 一時に多量の水を使用しても配水管の水圧低下を引き起こすおそれがない。

・ 配水管の断水や災害などの非常時にも貯水分(受水槽)の水量が確保できる。

・ 建物内の使用水量の変動を吸収し，配水管への負荷を軽減することができる。

〔短所〕

・ 受水槽・高置水槽の清掃が不十分であると水質が劣化する。

・ 夏期には受水槽や高置水槽で水温が上がり，水がまずくなる。

・ 受水槽等の清掃，ポンプの運転・点検・整備などの維持管理費がかかる。

・ 受水槽・高置水槽のスペースが必要である。

・ 受水槽で一旦配水圧が開放され，水圧エネルギーの損失となる。

(1) 受水槽式とする場合

① 需要者の必要とする水量，水圧が得られない場合

② 病院などで災害時，事故等による水道の断減水時にも，給水の確保が必要な場合

③ 一時に多量の水を使用するとき，又は使用水量の変動が大きいときなどに，配水管の水圧低下を引き起こすおそれがある場合

④ 配水管の水圧変動にかかわらず，常時一定の水量・水圧を必要とする場合

⑤ 有毒薬品を使用する工場など，逆流によって配水管の水を汚染するおそれのある場合(機械装置等の冷却や洗浄用・メッキ処理槽・化学薬品工場・クリーニング店等)

⑥ 階層の多い建物

(2) 受水方式

配水管の口径に比べ単位時間当たりの受水量が大きい場合には，配水管の水圧が低下し，付近の給水に支障を及ぼすことがある。このような場合，定流量弁や減圧弁を設けたり，タイムスイッチ付電動弁を取りつけて水圧が高い時間帯に限って受水することもある。

(3) 配水管の水圧が高いときの配慮事項

配水管の水圧が高いときは，受水槽への流入時に給水管を流れる流量が過大となって，水道メータの性能，耐久性に支障を与えることがある。

したがって，このような場合には，減圧弁・定流量弁等を設置することが必要である。

(4) 受水槽以下の給水方式

1) 高置水槽式

　　受水槽式給水の最も一般的なもので，受水槽を設けて一旦これに受水したのち，ポンプでさらに高置水槽へ汲み上げ，自然流下により給水する方式である。

　　なお，一つの高置水槽から適当な水圧で給水できる高さの範囲は，10階程度なので，高層建物では高置水槽や減圧弁をその高さに応じて多段に設置する必要がある。（多段式高置水槽式）

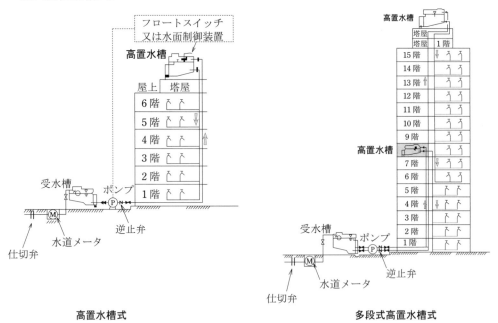

受水槽式（高置水槽式）の一般図

2) 圧力水槽式

　　小規模の中層建物に多く使用されている方式で，受水槽に受水したのち，ポンプで圧力水槽に貯え，その内部圧力によって給水する方式である。

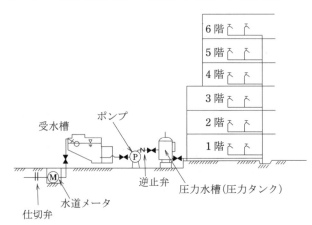

受水槽式（圧力水槽式）の一般図

3）ポンプ直送式

　小規模の中層建物に多く使用されている方式で，受水槽に受水したのち，使用水量に応じてポンプの運転台数の変更や回転数制御によって給水する方式である。

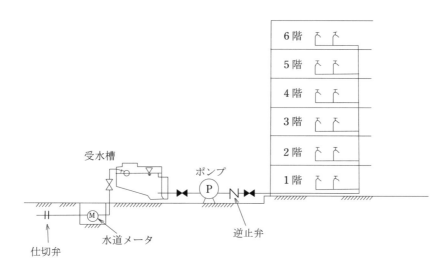

受水槽式（ポンプ直送式）の一般図

1-3　直結・受水槽併用式

　一つの建物内で，直結式及び受水槽式の両方の給水方式を併用するものである。
　この方式は，一つの建物内で2階又は3階までは直結直圧式とし，それ以降の上層階は受水槽式にするといった，直結式と受水槽式の両方の給水方式を併用するものである。
　なお，この給水方式は水質管理上の問題から直結式と受水槽式の配管を直接接続することは禁止されている。

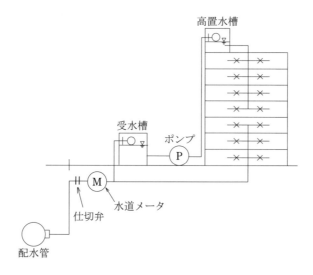

計画使用水量の決定

2-1 用語の定義

(1) 計画使用水量

　　計画使用水量は，**給水装置に給水される水量**をいい，給水装置の計画の基礎となる。計画使用水量は，給水管の口径，**受水槽容量**といった給水装置系統の主要諸元を計画する際の基礎となるものであり，建物の用途及び水の使用用途，使用人数，給水栓の数等を考慮した上で決定する。

(2) 同時使用水量

① 同時使用水量は，**直結直圧式給水における計画使用水量**となるものである。

② 同時使用水量とは，給水装置内に設置されている給水用具のうちから，いくつかの給水用具を同時に使用することによってその給水装置を流れる1分当たりの水量をいう。単位として（ℓ/分）を用いる。

③ 同時使用水量は，給水栓・給湯器等の給水用具が同時に使用された場合の使用水量であり，**瞬時の最大使用水量**（ℓ/分）に相当する。

(3) 計画一日使用水量

① 計画一日使用水量は，**受水槽式給水の場合の受水槽容量の決定等の基礎となる**ものである。

② 計画一日使用水量とは，建物の給水装置に給水される水量であって，一日当たりのものをいう。単位として（ℓ/日）を用いる。

2-2 直結直圧式給水の計画使用水量

(1) 一戸建て等における同時使用水量の算定方法

1. 同時に使用する給水用具を設定して求める方法 （単独装置の場合）

計画使用水量＝同時使用率を考慮した水栓数（表7・1）**の給水用具の使用水量の合計**

同時に使用する末端給水用具数だけを表7・1から求め，任意に同時に使用する末端給水用具を設定し，設定された末端給水用具の吐水量を足し合わせて同時水量を決定する方法である。使用形態に合わせた設定も可能である。

手順としては，
① 戸建における総末端給水用具数を調べる。
② 表7・1より同時に使用する末端給水用具数を選ぶ。給水用具の用途別の設定に当たっては，使用水量の多い（損失水頭が大きい）順に選ぶ。（表7・2）
ただし，使用頻度の高いもの（台所，洗面所等）を含めるとともに，需要者の意見も参考にして，同時に使用する用途別給水用具を決める。
③ 決めた用途別給水用具の使用水量（ℓ/分）を合計する。
この合計が戸建における**計画使用水量**（同時使用水量）となる。

表7・1　同時使用率を考慮した末端給水用具数

総末端給水用具数 （個）	同時に使用する末端給水用具数
1	1
2 ～ 4	2
5 ～ 10	3
11 ～ 15	4
16 ～ 20	5
21 ～ 30	6

出題されるとき，数値等は条件として与えられる。

表7・2　用途別給水用具の使用水量と対応する末端給水用具の口径

用途別末端の給水用具	使用水量 （ℓ/分）	対応する水栓の口径（mm）	備　　考
台　所　流　し	12 ～ 40	13 ～ 20	
洗　濯　流　し	12 ～ 40	13 ～ 20	
洗　面　器	8 ～ 15	13	
浴　槽（和式）	20 ～ 40	13 ～ 20	
〃　（洋式）	30 ～ 60	20 ～ 25	
シ　ャ　ワ　ー	8 ～ 15	13	
小便器（シスターン）	12 ～ 20	13	・1回（4～6秒）の吐水量2～3ℓ
〃　（フラッシュバルブ）	15 ～ 30	13	
大便器（シスターン）	12 ～ 20	13	
〃　（フラッシュバルブ）	70 ～130	25	・1回（8～12秒）の吐水量13.5～16.5ℓ
手　洗　器	5 ～ 10	13	
散　　水	15 ～ 40	13 ～ 20	
洗　　車	35 ～ 65	20 ～ 25	・業務用

出題されるとき，数値等は条件として与えられる。

§5 給水装置計画論

― 例題1 ―――――――――――――――――――――――――――――――――――――――
表Aのような場所で，給水用具を1個ずつ使用する一戸建ての計画使用水量を求めよ。

表　A

給 水 場 所	和式浴槽	洗濯流し	台所流し	大便器	小便器	洗面器
使用水量（ℓ/分）	20	12	15	15	12	10

表　B

末端の給水用具数	1	2〜4	5〜10	11〜15	16〜20	21〜30
同時に使用する末端給水用具数	1	2	3	4	5	6

―――

〔解〕

同時個数を求める。一戸建における給水用具数の合計は6個であるため，上記の表Bより
6個の給水用具数の同時に使用される同時使用給水用具数は3個となる。

3個の内訳は『使用水量の多い給水用具の使用水量』を合計する。

和式浴槽　　　台所流し　　　大便器（　　F T　）フラッシュタンク

20（ℓ/分）　＋　15（ℓ/分）　＋　15（ℓ/分）　＝　50（ℓ/分）

答　50（ℓ/分）

不特定多数の人が集まる学校や駅の手洗所のように同時使用率の極めて高い場合には，
手洗器，小便器，大便器等，その『用途ごと』に表7・1を適用して合算する。（例題2）

― 例題2 ―――――――――――――――――――――――――――――――――――――――
市民文化会館（表A）の計画使用水量（同時水量）を求めよ。
ただし，同時使用給水用具数は表Bとする。

表　A

各給水用具（用途）	使用水量（ℓ/分）	個　　数
大 便 器 （洗 浄 弁）	12	12（男3　女9）
小 便 器 （洗 浄 水 槽）	8	4
洗　　　　面　　　　器	10	10（男3　女7）

表　B

末端の給水用具数	1	2〜4	5〜10	11〜15	16〜20	21〜30
同時に使用する末端給水用具数	1	2	3	4	5	6

―――

〔解〕

不特定多数の人が集まる建物であるために，各給水用具の用途別に同時個数を出して求
める。

大便器12個の同時使用給水用具数は4個　　計画使用水量　4×12＝48

小便器4個の同時使用給水用具数は2個　　計画使用水量　2×8＝16

洗面器10個の同時使用給水用具数は3個　　計画使用水量　3×10＝30

計画使用水量＝48＋16＋30＝94（ℓ/分）

答　94（ℓ/分）

2 計画使用水量の決定

2. 標準化した同時使用水量により求める方法（単独装置の場合）

末端給水用具の数と同時使用水量の関係についての標準値から水量を求める方法である。

$$同時使用水量 = \frac{末端給水用具の全使用水量}{末端給水用具総数} \times 同時使用水量比 \quad （表7・3）$$

表7・3　末端給水用具数と同時使用水量比

水 栓 数	1	2	3	4	5	6	7	8	9	10	15	20	30
同時使用水量比	1	1.4	1.7	2.0	2.2	2.4	2.6	2.8	2.9	3.0	3.5	4.0	5.0

出題されるとき，数値等は条件として与えられる。

例題3

表Aのような場所で，給水用具を1個ずつ使用する一戸建ての計画使用水量（ℓ/分）として，同時使用水量比（表B）を用いて求めよ。

表　A

給水場所	和式浴槽	洗濯流し	台所流し	大便器	小便器	洗面器	散 水	洗 車
使用水量（ℓ／分）	20	12	12	15	12	10	15	35

表　B

末端給水用具総数	1	2	3	4	5	6	7	8	9	10
同時使用水量比	1	1.4	1.7	2.0	2.2	2.4	2.6	2.8	2.9	3.0

〔解〕

出題に同時使用水量比が提示されている場合は，下記の式で算出する。
（表7・1は使用しない）

$$\frac{同時使用水量}{(計画使用水量)} = \frac{末端給水用具の全使用水量}{末端給水用具総数} \times 同時使用水量比$$

$$\frac{(20+12+12+15+12+10+15+35)}{8} \times 2.8 = 45.85 \,（ℓ/分）$$

$$\fallingdotseq 46 \,（ℓ/分）$$

<u>答　46（ℓ/分）</u>

§5 給水装置計画論

（2）集合住宅等における同時使用水量の算定方法

3. 各戸使用水量と給水戸数の同時使用戸数率により求める方法

（連帯装置，集合住宅の場合）

各戸使用水量と給水戸数の同時使用戸数率による方法（表7・4）

1戸の使用水量については，表7・1又は表7・3を使用した方法で求め，全体の同時使用戸数については給水戸数と同時使用戸数率（表7・4）により同時使用戸率を定め同時使用水量を決定する方法である。

同時使用水量＝1戸当たりの同時使用水量×戸数×同時使用戸数率（表7・4）

表7・4　給水戸数と同時使用戸数率

戸　　　数	1～3	4～10	11～20	21～30	31～40	41～60	61～80	81～100
同時使用戸数率	100	90	80	70	65	60	55	50

出題されるとき，数値等は条件として与えられる。

--- 例題4 ---

直結式給水による10戸の集合住宅での同時使用水量を求めよ。

ただし，同時使用水量は，1戸当りの給水用具の個数と使用水量（表A）1戸当りの給水用具数と同時使用給水用具数は（表B）による。

集合住宅の給水戸数と同時使用戸数率の関係は，表7・4のとおりとする。

表 A　1戸当たりの末端給水用具の個数と使用水量

給 水 用 具	個　数	使用水量（ℓ/分）
浴　槽　（　和　　式　）	1	※30
洗　　濯　　流　　し	1	※25
台　　所　　流　　し	1	10
大 便 器 （ 洗 浄 水 槽 ）	1	※20
洗　　　面　　　器	1	15
手　　　　　　　　洗	1	10
計　画　使　用　水　量		75

表 B

1戸当りの末端給水用具数	1	2～4	5～10	11～15	16～20	21～30
同時使用する末端給水用具数	1	2	※3	4	5	6

〔解〕

①　1戸当りの使用水量

1戸当りの総給水用具数は表Aにより6個で，同時使用の給水用具数は表Bにより3個であるため，計画使用水量は使用水量の多い，浴槽・洗濯流し・大便器を加える。

②　1戸当りの計画使用水量　　　　　　　30＋25＋20＝75（ℓ/分・戸）

10戸の集合住宅での同時使用水量

同時使用戸数率は表7・4により90％であり75（ℓ/分・戸）×10戸×0.9＝675（ℓ/分）

<u>答　675（ℓ/分）</u>

4. 同時使用水量比を用いて求める方法（連帯装置，集合住宅の場合）

1戸の計画使用水量は，末端給水用具と同時使用水量の関係についての標準値から求める方法である。

$$同時使用水量＝\frac{1戸当りの末端給水用具の全使用水量}{1戸当りの給水用具総数} × 同時使用水量比 × 戸数 × 同時使用戸数率$$

全体の同時使用戸数については，給水戸数と同時使用戸数率（表7・4）により同時使用戸数率を定め同時使用水量を決定する方法である。

例題5

直結式給水による10戸の集合住宅での同時使用水量を求めよ。

ただし，1戸当りの給水用具の個数と使用水量（表A），各戸の総給水用具数と同時使用水量比（表B），集合住宅の給水戸数と同時使用戸数率の関係は表Cによる。

表 A　1戸当たりの末端給水用具の個数と使用水量

水　用　具	個数	使用水量（ℓ /分）
浴　槽　（　和　式　）	1	30
洗　濯　流　し	1	25
台　所　流　し	1	10
大 便 器 （ 洗 浄 水 槽 ）	1	20
洗　面　器	1	15
手　　　洗	1	10
水　　量		110

表 B

1戸当りの末端給水用具数	1	2	3	4	5	6	7	8	9	10
同時使用水量比	1	1.4	1.7	2.0	2.2	2.4	2.6	2.8	2.9	3.0

表 C

戸　　数	1～3	4～10	11～20	21～30	31～40	41～60	61～80	81～100
同時使用戸数率	100	90	80	70	65	60	55	50

〔解〕

同時使用水量比を用いて算出する問題は，1戸当たりの給水用具の平均使用水量を求めて算出する。

$$\frac{(30＋25＋10＋20＋15＋10)}{6}×2.4×10 （戸）×0.9＝396 （ℓ /分）$$

答　396（ℓ /分）

5. 給水用具給水負荷単位により求める方法（連帯装置，集合住宅の場合）

計画使用水量＝給水用具単位数（表7・5）の合計を基に同時使用水量（図7・1）から求める。

一定規模以上の給水用具を有するアパート・事務所ビル等における水量を求める方法である。

これは，洗面器（個人用）・手洗い器（事業用）の給水負荷単位を1として，各給水用具の単位数を出した表7・5により，建物全体の給水用具総負荷数を算出し，これを基に図7・1より全体の同時使用水量を読み取る。

表7・5 給水用具給水負荷単位

給 水 用 具		給水用具給水負荷単位		備　　　考
		個 人 用	公共用及び事 業 用	
大　便　器	F・V	6	10	
大　便　器	F・T	3	5	
小　便　器	F・V	―	5	
小　便　器	F・T	―	3	
洗　面　器	水　栓	1	2	F・V＝洗浄弁
手　洗　器	〃	0.5	1	
浴　　　槽	〃	2	4	F・T＝洗浄水槽（タンク）
シャワー	混合弁	2	4	
台所流し	水　栓	3	―	
料理場流し	〃	2	4	
食器洗流し	〃	―	5	
掃除用流し	〃	3	4	

出題されるとき，数値等は条件として与えられる。

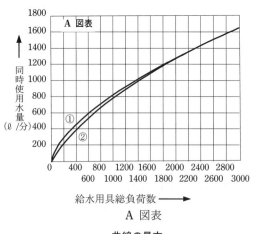
A 図表

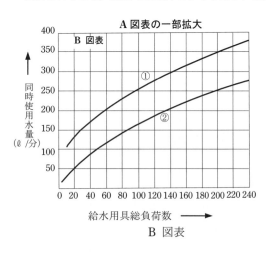
B 図表

曲線の見方
・曲線①は，大便器洗浄弁（FV）の多い場合に使用する。
・曲線②は，大便器洗浄水槽（タンク）（FT）の多い場合に使用する。

図 7・1　給水用具給水負荷単位数による同時使用水量図

※ 給水負荷単位
　給水用具の種類による使用頻度，使用時間及び多数の給水用具の同時使用を考慮した負荷率を見込んで，給水流量を単位化したもの。

例題 6

テナント数10でワンフロアーずつ賃貸する11階建ての事務所ビル（1階は駐車場で考慮しない）があり，ワンフロアーに大便器（洗浄タンク）5個，小便器（洗浄タンク）3個，台所流し（考慮しない）1個，洗面器4個がそれぞれ設備される。この場合の事務所ビル全体の1時間当たりの計画使用水量を求めよ。

ただし，給水用具の給水負荷単位は下表参照。

給水用具	個人用 給水用具給水負荷単位	公共用及び事業用 給水用具の給水負荷単位
大便器（F・T）	3	5
小便器（F・T）	—	3
台所流し（水栓）	3	—
洗面器（水栓）	1	2

同時使用水量図は図7・1を使用する。

〔解〕
　表7・5より，給水用具給水負荷単位（**事業用**）を用いて給水用具総負荷数を求める。

給水用具	給水用具数 (10フロアー)	用具の給水負荷単位	給水用具総負荷数
大便器（F・T）	5×10=50	5	50×5=250
小便器（F・T）	3×10=30	3	30×3=90
台所流し（水栓）	1×10=10	—	10×0=0
洗面器（水栓）	4×10=40	2	40×2=80
計			420

　総用具負荷数が420であるから，図7・1A図を用い，横軸に総負荷数420をとり，曲線②（FT）との交点を左にたどり，縦軸上の400（ℓ/分）を読みとる。

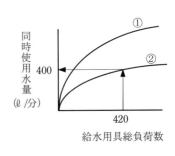

　　事務所ビル全体の計画使用水量＝400（ℓ/分）
　　　　　　　　　　　　　　　　＝400（ℓ/分）×60（分/時）
　　　　　　　　　　　　　　　　＝24,000（ℓ/時）
　　　　　　　　　　　　　　　　＝24（m³/時）

　　　　　　　　　　　　　　　　答　24（m³/時）

§5 給水装置計画論

2-3 受水槽式給水の計画使用水量

　受水槽式給水における受水槽への給水量は，受水槽の容量と使用水量の時間的変化を考慮して定める。

　一般に受水槽への単位時間当たり給水量は，一日当たりの計画使用水量を使用時間で除した水量とする。

　計画一日使用水量は，建物種類別単位給水量・使用時間・人員を参考にするとともに，当該施設の規模と内容，給水区域内における他の使用実態などを十分考慮して設定する。

6. 一人一日当り使用水量に使用人員を乗じて求める方法

計画一日使用水量＝一人一日当り使用水量×　使用人員

受水槽容量の大きさは計画一日使用水量の $\dfrac{4}{10}$ ～ $\dfrac{6}{10}$ が標準

表7・6　建物種類別単位給水量・使用時間・人員

建物種類	単位給水量 （一日当り）	使用 時間 [h／日]	注　記	有効面積当たりの人員等	備　考
戸建て住宅 集合住宅 独身寮	200～400ℓ/人 200～350ℓ/人 400～600ℓ/人	10 15 10	居住者1人当たり 居住者1人当たり 居住者1人当たり	0.16 人/㎡ 0.16 人/㎡	
官公庁・事務所	60～100ℓ/人	9	在勤者1人当たり	0.2 人/㎡	男子50ℓ/人。女子100ℓ/人 社員食堂・テナントなどは別途加算
工　場	60～100ℓ/人	操業 時間 ＋1	在勤者1人当たり	座作業0.3人/㎡ 立作業0.1人/㎡	男子50ℓ/人。女子100ℓ/人 社員食堂・テナントなどは別途加算
総合病院	1500～3500ℓ/床 30～60ℓ/㎡	16	延べ面積1㎡当たり		設備内容により詳細に検討する
ホテル全体	500～6000ℓ/床	12			同　上
ホテル客室部	350～450ℓ/床	12			客室部のみ
保養所	500～800ℓ/人	10			
喫茶店	20～35ℓ/客 55～130ℓ/店舗㎡	10	店舗面積にはちゅう房面積を含む		ちゅう房で使用される水量のみ 便所洗浄水等は別途加算
飲食店	55～135ℓ/客 110～530ℓ/店舗㎡	10		同上	同上 定性的には，軽食・そば・ 和食・洋食・中華の順に多い。
社員食堂	25～50ℓ/食 80～140ℓ/食堂㎡	10		同上	同上
給食センター	20～30ℓ/食				同上

出題されるとき，数値等は条件として与えられる。

192

2　計画使用水量の決定

例題7

受水槽を用いて給水する集合住宅（2LDK 40戸，3LDK 50戸）の受水槽有効容量を求めよ。

ただし，2LDK 1戸当たりの居住人員は3人，3LDK 1戸当たりの居住人員は4人とし，使用水量は1人1日当たり250ℓとする。

〔解〕

①　2LDKの1日1戸当り使用水量＝3（人/戸）×250（ℓ/人・日）＝750（ℓ/日・戸）

②　3LDKの1日1戸当り使用水量＝4（人/戸）×250（ℓ/人・日）＝1000（ℓ/日・戸）

③　集合住宅の1日の全使用水量

750（ℓ/日・戸）×40戸＋1,000（ℓ/日・戸）×50戸＝30,000（ℓ/日）＋50,000（ℓ/日）

＝80,000（ℓ/日）　　＝80（m³/日）

④　受水槽有効容量

一日使用水量の $\dfrac{4}{10} \sim \dfrac{6}{10}$ 日分としていることから，

$$80(\text{m}^3/\text{日}) \times \left(\dfrac{4}{10} \sim \dfrac{6}{10}\right) = 32\text{m}^3 \sim 48\text{m}^3$$

<u>答　32 m³〜48 m³</u>

7. 建物の単位床面積当りの使用水量に床面積を乗じて求める方法
（使用人員が把握出来ない場合）

計画一日使用水量＝単位床面積当り使用水量×延べ床面積

表7・7　単位床面積当り使用水量

業　態　別	床面積1m²一日平均使用水量（ℓ）	業　態　別	床面積1m²一日平均使用水量（ℓ）
ホ　テ　ル	40〜50	病　　　院	30〜50
デ　パ　ー　ト	25〜35	会社・事務所	20〜30
劇　　　場	20〜30	官　公　庁	20〜25

出題されるとき，数値等は条件として与えられる。

この方法は使用人員の把握が難しい場合に用いられる。

193

給水管の口径の決定

3-1 給水管の口径

(1) 各水道事業者が定める配水管の水圧で，計画使用水量を供給できる，経済的・合理的な大きさにする。ただし，給水栓の数に対する同時使用個数率等を考慮して計画使用水量を決定する。

(2) 計画使用水量に基づき，配管途中の圧力降下（水道メータ・止水栓・分水栓・給水栓・立ち上り高さ）等の摩擦損失水頭を算出して，余裕水頭を確認する。

給水管の口径の決定にあたっては，給水栓の**立ち上がり高さ**（h'）と計画使用水量に対する**総損失水頭**（Σh）を加えたものが，**配水管の水頭**（計画最少動水圧の水頭 H）以下となるよう計算によって定める。

$H > \Sigma h + h'$ になるように計算し，給水管口径を決定する。

(3) 図は，給水装置の口径の決定を行う上で，水道事業者が定める配水管の水圧において計画使用水量を供給できる合理的な大きさにするため，考慮された**動水勾配線図**である。

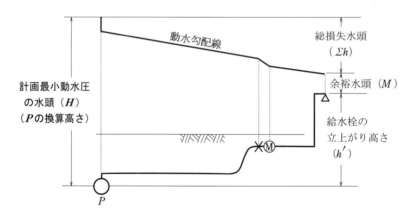

$H \geqq \Sigma h + h'$

動水勾配線図

※ **給水管の口径**は，$\Sigma h \leqq H - h'$ のとき，最も経済的（$\Sigma h = H - h'$）である。したがって経済的口径にするには，Σh が $H - h'$ 越えない程度に近づけるよう計算を繰り返すことが必要である。

(4) 将来の使用水量の増加，配水管の水圧変動等を考慮し，ある程度の余裕水頭（M）を確保しておく必要がある。また，ガス瞬間湯沸器・フラッシュバルブなどのように最低作動水圧を必要とする器具がある場合においては，その水圧を確保できるようにする。

(5) 配水管の最小動水圧は，一般に，2階まで直結直圧給水するのに必要な圧力とし，0.15MPaを標準としている。

最大静水圧はあまりに高いと，給水装置に高い耐圧が要求され，管や給水用具から漏水が生じることになるので0.5 MPa程度とすることが望ましいとされている。

(6) 水道メータの口径は，給水管の口径決定に大きな要素となる。水道メータは口径ごとに適正使用流量範囲，瞬間使用の許容流量があり，また，各水道事業者により使用する型式が異なるため，使用するメータの性能を確認しておく必要がある。

(7) 給水管の口径は，給水管内の流速が過大にならないよう配慮することが必要で，空気調和・衛生工学規格では，一般に管内流速は2.0m/秒以下とする。

3-2　給水管の口径決定

直結直圧式給水における口径決定の手順

① 給水用具の所要水量を設定する。(p.185 表7・2)

② 同時に使用する給水用具を設定する。(p.185 表7・1)

③ 管路の各区内に流れる流量を求める。

④ **口径を仮定し，その口径で給水装置全体の所要水頭が配水管の水圧以下であるかを確かめる。**

⑤ 満たされている場合はそれを求める口径とするが**更にワンサイズ口径を小さいサイズに仮決定して，計算し，その口径で給水装置全体の所要水頭が配水管の水圧水頭以上であれば先程の満たされた口径を選ぶ。**

⑥ 満たされていない場合は④の口径の仮定をし直す。

配水管の水圧・水頭を調べる
↓
① 各給水用具の所要水量の設定
② 同時使用する給水用具の設定
③ 各区間流量の設定
④ 口径の仮定
給水装置末端からの水理計算
各区間の損失水頭
各区間の所要水量
各分岐点の所要水頭
p.194 参考　給水装置全体の所要水頭が，配水管の水圧以下である　NO
$H \geqq \Sigma h + h'$
↓ YES
終了

口径決定の手準

直結増圧式給水における口径決定の手順

直結増圧式給水の計画使用水量は，適切な給水管口径の決定だけでなく，直結加圧形ポンプユニット（増圧給水設備）の適正容量の決定にも深くかかわり，これを誤ると，過大な設備になったり，配水管水圧の利用が不十分になったり，給水不良の原因になることもある。

① 建物内の計画使用水量（同時使用水量）を求める。

② 計画使用水量に応じた吐水側（増圧給水設備の下流側）及び流入側（増圧給水設備の上流側）の給水管の口径を決める。

③ 計画使用水量を給水できる性能を有する増圧給水設備を選定する。

§5 給水装置計画論

3-3　損失水頭の計算

　損失水頭とは，水が給水装置内を流れるとき，いろいろな種類のエネルギー消費が発生する。これらのエネルギー消費量を水の柱の高さに換算したものである。

　損失水頭の主なものは，管の摩擦損失水頭，水道メータ及び給水用具類によるものである。他に，管の流入・流出口における損失水頭，管の曲がり・分岐・断面変化による損失水頭等があるが，計算上省略しても影響はない。

（1）給水管の摩擦損失水頭

　給水管の摩擦損失水頭の計算は，**口径50 mm以下の場合は，ウエストン公式**，口径75 mm以上の場合は，**ヘーゼン・ウィリアムス公式**により求める。

ウエストン公式

（口径50 mm以下の場合）

管の摩擦損失水頭

$$h = \left[0.0126 + \frac{0.0179 - 0.1087D}{\sqrt{V}}\right] \cdot \frac{L}{D} \cdot \frac{V^2}{2g}$$

水理計算の公式

$$Q = \frac{\pi D^2}{4} V$$

$$I = \frac{h}{L} \times 1000$$

$h=$管の摩擦損失水頭（m水頭）

$V=$管の平均流速（m/秒）

$L=$管の延長（m）

$D=$管の口径（m）

$g=$重力の加速度（9.8m/秒^2）

$Q=$流量（m^3/秒）

$I=$動水勾配（‰）

ヘーゼン・ウィリアムス公式

（口径75mm以上の場合）

$$h = 10.666 \cdot C^{-1.85} \cdot D^{-4.87} \cdot Q^{1.85} \cdot L$$

$$V = 0.35464 \cdot C \cdot D^{0.63} \cdot I^{0.54}$$

$$Q = 0.27853 \cdot C \cdot D^{2.63} \cdot I^{0.54}$$

$C：$流速係数

　管路の流速係数の値は，管内面の粗度と管路中の屈曲，分岐部等の数及び通水年数により異なるが，一般に新管を使用する設計においては，屈曲部損失等を含んだ管路全体として110，直線部のみの場合は130が適当である。

196　給水装置計画論

(2) ウエストン公式流量図より口径を求める

　管路において，計画使用水量を流すために必要な口径は，流量公式から計算して求めることもできるが，一般に，流量図を利用して求める方法によっている。

　なお，実務上おおよその口径を見出す方法として，給水管の最長部分の長さと配水管の水圧から給水用具の立ち上がり高さを差し引いた水頭（有効水頭）より動水勾配を求め，この値と同時使用率を考慮した計画使用水量を用いてウエストン公式流量図より求める。

ウエストン流量図の使い方

　　ウエストン線図には**流量（ℓ/秒）・管口径（mm）・動水勾配（‰）・流速（m/秒）**の4要素が表わされている。**2要素**がわかれば，他の要素を読み取ることができる。
　　例えば，流量と管口径から動水勾配を，動水勾配と流量から管口径を求めることができる。

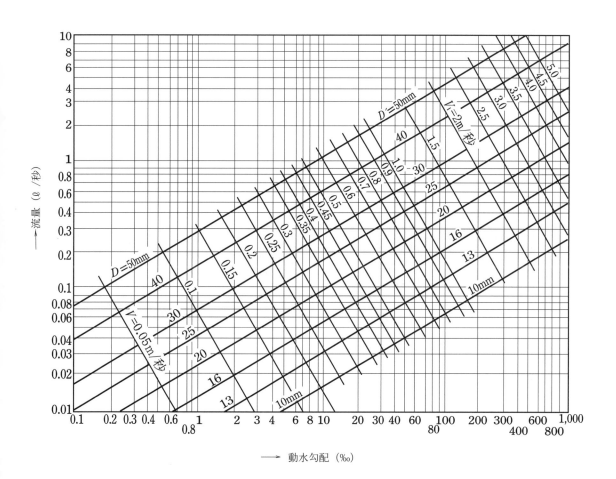

図7・2　ウエストン公式による給水管の流量図

(3) 各種給水用具による損失

水栓類，水道メータによる水量と損失水頭の関係（実験値）は図表化されており，その図表から読みとる。

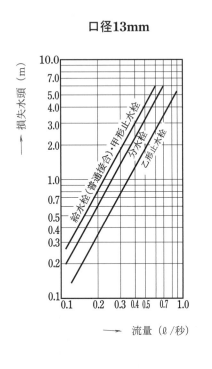
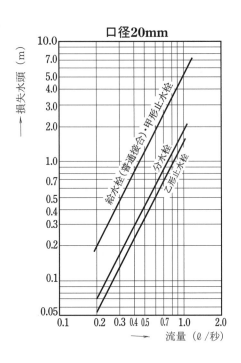
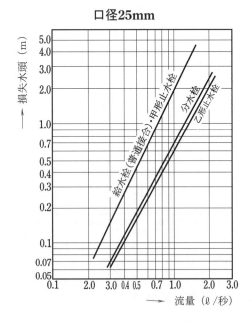
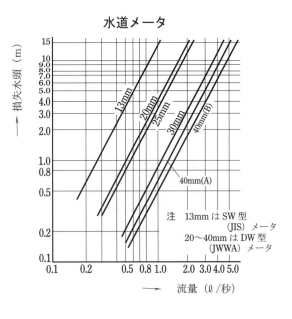

図 7・3 各種給水用具の標準使用水量に対応する損失水頭

（4）各種給水用具等による損失水頭の直管換算長

　直管換算長とは，水栓類，水道メータの損失水頭が，これと同口径の直管の何メートル分の損失水頭に相当するかを直管の長さで表したものをいう。

　各種給水用具の使用水量に対応する直管換算長をあらかじめ計算しておけば，これらの損失水頭は管の摩擦損失水頭を求める式から計算できる。

　直管換算長の求め方は次のとおりである。

① 各種給水用具の標準使用水量に対応する損失水頭 h を図7・3などから求める。

② 図7・2のウエストン公式流量図から標準使用流量に対応する動水勾配 I を求める。

③ 直管換算 L は，$L_{(m)} = \dfrac{摩擦損失水頭_{(m水頭)}}{動水勾配_{(‰)}} \times 1000 = \dfrac{h_{(m水頭)}}{I_{(‰)}} \times 1000$ である。

④ 動水勾配 I は，$I_{(‰)}^{パーミリ} = \dfrac{h_{(m水頭)}}{L_{(m)}} \times 1000$

　計画使用水量（Q）を流すときに，管の摩擦によって失われた水頭（mm水頭）を1,000分率で表わしたもので，動水勾配 I の単位はパーミリ（‰）で表示する。

　すなわち，動水勾配 I（‰）とは，1mの直管内を一定量の水が流れた時に，管の摩擦によって失われる水頭をmm（千分率）で表わしている。

〔例〕動水勾配 $\dfrac{200}{1000}$ を千分率で表すので，$I=200$（‰）

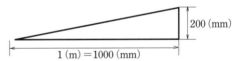

例題8

　ある管に水を流したときの動水勾配は15‰であった。管の長さ300mの**摩擦損失水頭**はいくらになるか。

〔解〕

　動水勾配の15‰は千分率であるため $\dfrac{15}{1000}$

$$I = \dfrac{h}{L} \times 1000 \text{ より } h = \dfrac{IL}{1000}$$

$$h = \dfrac{15 \times 300\,\text{m}}{1000} = 4.5\,(\text{m水頭})$$

答　4.5m水頭

— 例題9 —
給水管口径20mm，延長10.0m，流量0.6 ℓ/秒の場合，ウエストン公式による給水管の流量図を用いて**摩擦損失水頭 h**を求めよ。

〔解〕

① 与えられた口径20mmと流量0.6（ℓ/秒）から，動水勾配を求める。

② ウエストン公式による給水管の流量図（p.197）から0.6（ℓ/秒）線（縦軸の流量の線）を横にたどる。

③ 口径20mmの線（右斜めに記入されている数字の線）との交点を求める。

④ ③の交点より縦軸に平行して動水勾配記入線までおろし，220‰の値を読みとる。

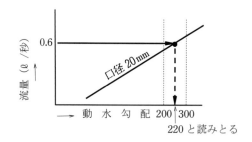

次に管路の長さ10.0 m から

摩擦損失水頭　$h = \dfrac{IL}{1000}$ だから

$$h = \dfrac{220 \times 10}{1000} = 2.2 \text{ m 水頭}$$

答　2.2 m 水頭

― 例題10 ―

下図に示す給水管（25mm）に24ℓ/分の水を流した場合，管路A～B間の摩擦損失水頭と所要水頭を求めよ。

ただし，給水管の流量と動水勾配の関係はp.197の図7・2（ウエストン流量図）を用い，管の曲がりによる損失水頭は考慮しないものとする。

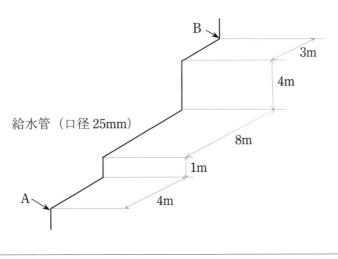

〔解〕

① 動水勾配

　　口径：25mm

　　　流量：24 ℓ/分＝0.4ℓ/秒

　図7・2より，動水勾配 I ＝45‰となる。

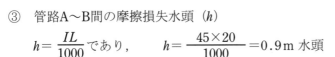

② 管路A～B間の延長（L）

　　4＋1＋8＋4＋3＝20 m

③ 管路A～B間の摩擦損失水頭（h）

　　$h = \dfrac{IL}{1000}$ であり，　$h = \dfrac{45 \times 20}{1000} = 0.9$ m 水頭

④ 管路A～B間の所要水頭

　　立ち上がりの高さ　$h' = 4\text{ m} + 1\text{ m} = 5\text{ m}$ 水頭

　　所要水頭 ＝ 摩擦損失水頭 h (m) ＋ 立ち上がり高さ h' (m)

　　　　　　＝ 0.9＋5＝5.9 m 水頭

<u>答　摩擦損失水頭　0.9 m 水頭
　　所　要　水　頭　5.9 m 水頭</u>

例題 11

下図に示す給水装置におけるC点の流量を求めよ。

なお，計算に用いる数値条件は次のとおりとし，給水管の流量と動水勾配の関係は，p.197の図7・2（ウエストン流量図）を用いて求めるものとする。

1. 給水管の口径　20 mm
2. A～B間の水平距離　21.0 m
3. B～C間の垂直距離　2.0 m
4. 水道メータ，給水用具類による損失水頭の直管換算長　7 m
5. A点における配水管の水圧　水頭として20 m

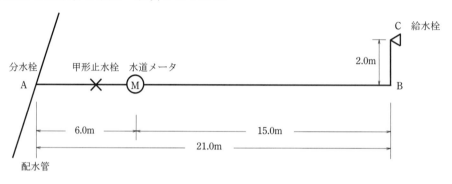

〔解〕

① A点における配管設計に使用出来る摩擦水頭 h は

（配水管の水頭）－（B～C間の立ち上がり高さ）－ 余裕水頭　※余裕水頭の明示がないためゼロと考える。

$20.0 - 2.0 = 18.0$ m 水頭

② 給水管路の全延長 L は

（A～B～C間の延長）＋（給水用具類による損失水頭の直管換算長）

$21.0 + 2.0 + 7.0 = 30.0$ m

③ 動水勾配 I は

$$I = \frac{h}{L} \times 1000 = \frac{水頭 ①}{管路の全延長 ②} \times 1000$$

$\dfrac{18.0}{30.0} \times 1000 = 600$‰

④ C点の流量
　給水管の口径20 mm
　動水勾配 ③＝600 ‰
　図 7・2より，
　流量≒1.0 ℓ/秒≒60 ℓ/分

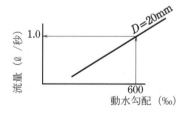

答　60 ℓ/分

例題12

下図に示す給水装置におけるD点の余裕水頭を求めよ。

ただし，計算に当たってA～D間の給水管の摩擦損失水頭，分水栓，甲形止水栓，水道メータ及び給水栓の損失水頭は考慮するが，管の口径変更及び曲がりによる損失水頭は考慮しないものとする。また，損失水頭等は，p.197～p.198の図7・2及び図7・3を使用して求めるものとし，計算に用いる数値条件は次のとおりとする。

1. A点における配水管の水圧は，0.2MPa
2. 給水栓の使用水量は0.6ℓ/秒
3. 給水管の口径は，A～B間は25mm，B～D間は20mm
4. 分水栓，甲形止水栓及び水道メータの口径は25mm，給水栓の口径は20mm
5. A～B間の水平距離（L_1）＝40.0m，B～C間の水平距離（L_2）＝7.0m
6. C～D間の垂直距離（H）＝3.0m

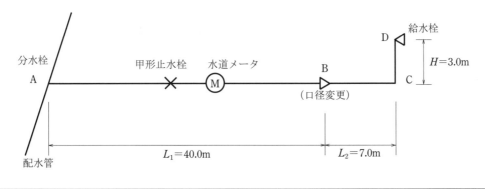

〔解〕

1) 配管図よりD～B間の管口径（20mm）とB～A間の管口径（25mm）が異なるために各区間（D～B間，B～A間）ごとに摩擦損失水頭を求める。

2) 末端の給水栓の区間から算出する。

① D～B間の給水管の摩擦損失水頭

口径＝20mm，
流量＝0.6ℓ/秒
図7・2より動水勾配は220‰
管延長＝7.0＋3.0＝10.0m

$$h = \frac{IL}{1000}$$

$$= \frac{220 \times 10}{1000} = 2.2\,\text{m水頭}$$

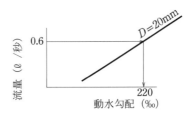

② A〜B間の給水管の摩擦損失水頭

口径＝25mm，流量＝0.6ℓ／秒
図7・2より，動水勾配 I は 85‰

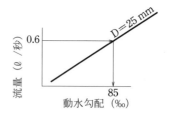

管延長＝40.0m　　　$h = \dfrac{IL}{1000} = \dfrac{85 \times 40}{1000} = 3.4\,\text{m}$ 水頭

③ 各給水用具の損失水頭

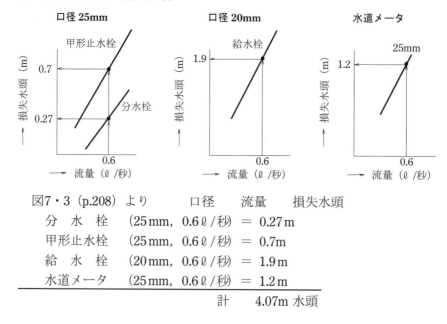

図7・3（p.208）より　　口径　　流量　　損失水頭
　　分　水　栓　（25mm，0.6ℓ／秒）＝ 0.27m
　　甲形止水栓　（25mm，0.6ℓ／秒）＝ 0.7m
　　給　水　栓　（20mm，0.6ℓ／秒）＝ 1.9m
　　水道メータ　（25mm，0.6ℓ／秒）＝ 1.2m
　　　　　　　　　　　　　　　計　　4.07m 水頭

④ 高さによる損失水頭

　C〜D間の垂直距離（H）＝3.0m 水頭

⑤ A〜D間の総損失水頭

　①＋②＋③＋④＝2.2＋3.4＋4.07＋3.0＝12.67m 水頭≒12.7m 水頭

⑥ A点における配水管の水頭
　0.2MPa×102m＝20.4m 水頭
　　※　水圧を水頭に換算するとき，
　　　1MPa＝水柱102m 水頭（覚えておくこと）

⑦ D点の余裕水頭＝A点の配水管の水頭−⑤総損失水頭
　　　　　　　　＝20.4−12.7＝7.7m 水頭

D点の余裕水頭
答　　7.7m 水頭

── 例題13 ──────────────────────────────

下図に示す給水装置において，A～B間の最低限必要な給水管口径を求めよ。

ただし，A～B間の口径は同一で，損失水頭は給水管の損失水頭と総給水用具の損失水頭とし，給水管の流量と動水勾配の関係はp.197の図7・2を用い，管の曲がりによる損失水頭は考慮しないものとする。また，計算に用いる数値条件は次のとおりとする。

1. 配水管水圧は0.15 MPa

2. 使用水量は24ℓ/分

3. 余裕水頭は5.0 m

4. 総給水用具による損失水頭の直管換算長は35m

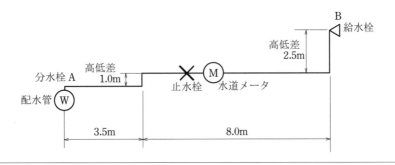

〔解〕

① 直管としての長さ

・給水管の長さ
3.5＋1.0＋8.0＋2.5＝15.0 m

・総給水用具による損失水頭の直管換算長
数値条件4より35.0 m

・全長
15.0＋35.0＝50.0 m

② 口径の仮定

口径を20 mmと仮定する。
この場合の動水勾配を図7・2より求める。
流量（使用水量）は数値条件2の24 ℓ/分より，0.4ℓ/秒であり，動水勾配は120‰となる。

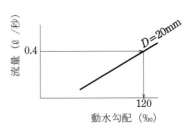

③　全損失水頭

・管の摩擦損失水頭
$$h = \frac{IL}{1000}$$
$$= \frac{120 \times 50}{1000} = 6.0 \text{m 水頭}$$

・高さ水頭
$$1.0 + 2.5 = 3.5 \text{m}$$

・口径20mmの場合の所要水頭
$$6.0 + 3.5 = 9.5 \text{m 水頭}$$

・余裕水頭
数値条件 3 にある余裕水頭5mを加えると，必要な水頭
$$9.5 + 5 = 14.5 \text{m 水頭}$$

④　配水管の水頭

数値条件1より，
$$0.15\text{MPa} \times 102\text{mMPa} = 15.3 \text{m 水頭}$$

⑤　水頭の比較

14.5m＜15.3mで，配管内での必要水頭は14.5m水頭に対して配水管水頭は15.3m水頭であるため，仮口径の20mmで充分流量（0.4ℓ/秒）が流れる。
よって求める口径は仮定した口径の20mmでよい。

⑥　次にワンランク小さくした口径13mmで検証する
この時の動水勾配は，流量0.4ℓ/秒で動水勾配は800‰となる。

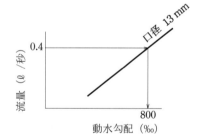

・管の摩擦損失水頭は，$h_{(\text{m 水頭})} = \dfrac{I_{(‰)} L_{(\text{m})}}{1000}$　だから，
$$\frac{800 \times 50}{1000} = 40 \text{m 水頭となり，}$$

既に配水管の水頭15.3m水頭を越えているので口径13mmでは，使用水量24ℓ/分（0.4ℓ/秒）流れないため使用出来ない。

ゆえに配管口径は20mmとなる。

<u>答　20 mm</u>

3-4 直結加圧形ポンプユニットの吐水圧の設定

(1) 直結増圧式給水は，配水管の水圧では給水できない中高層建物において，末端最高位の給水用具を使用するために必要な圧力を直結加圧形ポンプユニット使用できるようにするものである。

(2) 直結加圧形ポンプユニットの吐水口は下流側の給水管及び給水用具の圧力損失，末端最高位の給水用具を使用するために必要な圧力を確保できるように設定する。

すなわち，直結加圧形ポンプユニットの下流側の給水管及び給水用具の圧力損失（P_4），末端最高位の給水用具を使用するために必要な圧力（P_5），及び直結加圧形ポンプユニットと末端最高位の給水用具との高低差（P_6）の合計が，直結加圧形ポンプユニットの吐水圧（P_7）の設定値である。

したがって，直結加圧形ポンプユニットの吐水圧（P_7）加圧ポンプの全揚程（P_8）は次式により算出される。

$$P_7 = P_4 + P_5 + P_6$$
$$P_8 = P_7 - \{P_0 - (P_1 + P_2 + P_3)\}$$
$$= P_1 + P_2 + P_3 + P_4 + P_5 + P_6 - P_0$$

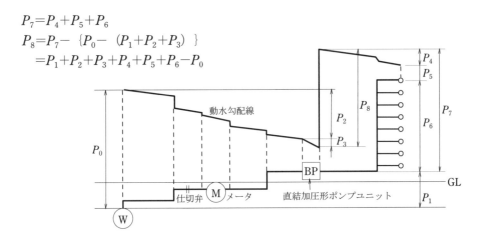

直結増圧式給水における動水勾配線図

P_0：配水管の水圧

P_1：配水管と直結加圧形ポンプユニットとの**高低差**

P_2：直結加圧形ポンプユニットの上流側の給水管及び給水用具の**圧力損失**

P_3：直結加圧形ポンプユニットの**圧力損失**

P_4：直結加圧形ポンプユニットの下流側の給水管及び給水用具の**圧力損失**

P_5：末端最高位の給水用具を使用するために**必要な圧力**

P_6：直結加圧形ポンプユニットと末端最高位の給水用具との**高低差**

P_7：直結加圧形ポンプユニットの**吐水圧**

P_8：直結加圧形ポンプユニットの**加圧ポンプの全揚程**

(3) 直結加圧形ポンプユニットのポンプ能力は，吐水圧に相当する水頭と吐水量（計画使用水量）を満足させる必要があり，あわせてポンプの流入圧力を算出し決定することとなる。

参 考

単位換算

① 長　さ　1 m　＝ 100 cm　＝1,000mm

② 体　積　1 m³　＝ 1,000 ℓ

③ 時　間　1 分　＝ 60 秒
　　　　　1 時間 ＝ 3,600 秒

④ 流　速　1m/秒　＝ 100cm/秒　＝60m/分

⑤ 流　量　1m³/秒　＝ 1,000ℓ/秒　＝60m³/分

⑥ 水　圧　1 MPa ＝ 1,000 kPa
　　　　　1 kPa ＝ 0.001 MPa
　　　　　98kPa ＝ 10m 水頭 ＝1kgf/cm²

⑦ 水　頭　1 MPa ＝ 102 m 水頭

> **水頭**
> 単位重量の水がもっている力の大きさを，水柱の高さ（m）で表したもので，一般に m で示す。水頭は圧力水頭・水頭圧ともいう。
> 1MPa＝102 m 水頭

例題 14

水圧0.2MPaの水頭はいくらか。

〔解〕
　　0.2MPa×102m 水頭＝20.4m 水頭

例題 15

断面A₁点の流速（V_1）が2m/秒のときの
断面A₂点の流速（V_2）は，
　ア　m/秒 となり，
このパイプの流量（Q）は，
　イ　m³/秒 となる。

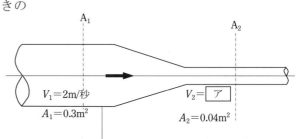

〔解〕　連続している管路内の流量は一定である。

$$Q = A_1 \cdot V_1 = A_2 \cdot V_2 \qquad \therefore V_2 = \frac{A_1 \cdot V_1}{A_2}$$

ア．$V_2 = \dfrac{0.3\text{m}^2 \times 2\text{m/秒}}{0.04\text{m}^2} = 15\text{m/秒}$

イ．$Q = 0.3\text{m}^2 \times 2\text{m/秒} = 0.6\text{m}^3/秒$
　　　（又は，$Q = 0.04\text{m}^2 \times 15\text{m/秒} = 0.6\text{m}^3/秒$）

図面の作成

(1) 図面は給水装置計画の技術的表現であり，工事施工の際の基礎であるとともに，給水装置の適切な維持管理のための必須の資料であるので，明確，かつ容易に理解できるものであること。

(2) 図面は給水する家屋などへの給水管の布設状況などを図示するものであり，工事の施行及び維持管理の技術的な基礎的資料として使用するものである。
　　したがって，製図に際しては，誰にも容易に理解し得るよう表現することが必要である。

4-1　記入方法

(1) 表示記号
　　図面に使用する表示記号（管種記号・図示記号）を次に示す。

給水管の管種の表示記号

管　　種	記　号	管　　種	記　号
硬質塩化ビニルライニング鋼管	SGP－V	ポリエチレン二層管	PP
耐熱性硬質塩化ビニルライニング鋼管	SGP－HV	架橋ポリエチレン管	XPEP
ポリエチレン粉体ライニング鋼管	SGP－P	ポリブテン管	PBP
塗覆装鋼管	STWP	ダクタイル鋳鉄管	DIP
ステンレス鋼管	SSP	鋳鉄管	CIP
銅管	CP	鉛管	LP
硬質ポリ塩化ビニル管	VP	亜鉛めっき鋼管	GP
耐衝撃性硬質ポリ塩化ビニル管	HIVP	ポリエチレン複合鉛管	PEPb
耐熱性硬質ポリ塩化ビニル管	HTVP	石綿セメント管	ACP

§5 給水装置計画論

弁栓類等の表示記号

名　称	表示記号	名　称	表示記号	名　称	表示記号
仕切弁		消火栓		管の交差	
止水栓		防護管（さや管）		メータ	
逆止弁		口径変更		ヘッダ	

給水栓類の表示記号（平面図）

種　別	表示記号	種　別	表示記号	種　別	表示記号
給水栓類		湯水混合水栓	湯側　水側	特殊器具	

　特殊器具： 特別な目的に使用されるもので，例えば，湯沸器，ウォータークーラ，電子式自動給
　　　　水栓などをいう。

給水栓類の表示記号（立面図）

種　別	表示記号	種　別	表示記号	種　別	表示記号
給水栓類		シャワーヘッド		フラッシュバルブ	
ボールタップ		湯水混合水栓	湯側　水側	特殊器具	

　特殊器具： 特別な目的に使用されるもので，例えば，湯沸器，ウォータークーラ，電子式自動給
　　　　水栓などをいう。

受水槽・その他の表示記号

名　称	受　水　槽	高置水槽	ポ　ン　プ	直結加圧形ポンプ ユニット
表示記号	(破線の長方形)	(四角)	(P)	BP

工事別の表示方法

名　称	給　水　管		給　湯　管		撤　去	廃　止
	新　設	既　設	新　設	既　設		
線　別	実　線	破　線	一点鎖線	二点鎖線	実線を斜線で消す	
記入例	———	- - - - - -	—・—・—	—・・—・・—	(斜線)	

(2) 図面の種類

　給水装置工事の計画・施工に際しては，①位置図，②平面図を，また，必要に応じて以下の③〜⑤の図面を作成すること。

　① 　位置図　給水（申込）家屋，付近の状況等の位置を図示したもの。

　② 　平面図　道路及び建築平面図に給水装置及び給水管の位置を図示したもの。

　③ 　詳細図　平面図で表すことのできない部分を別途詳細に図示したもの。

　④ 　立面図　建物や給水管の配管状況等を図示したもの。

　⑤ 　立体図　給水管の配管状況等を立体的に図示したもの。

(3) 文字

　① 　文字は明確に書き，漢字は楷書とする。

　② 　**文章は左横書きとする。**

(4) 縮尺

　① 　平面図は，**縮尺1/100〜1/500**の 範囲で適宜作成する。

　② 　**縮尺は図面ごとに記入する。**

(5) 単位

　① 　給水管及び配水管の口径の単位はmmとし，単位記号はつけない。

　② 　給水管の延長の単位はmとし，単位記号はつけない。なお，延長は小数第1位（小数第2位を四捨五入）までとする。

4-2　作　図

(1) 方位

作図にあたっては**必ず方位を記入し，北を上にすることを原則とする。**

(2) 位置図

給水（申込）家屋，施工路線，付近の状況，道路状況及び主要な建物を記入する。

(3) 平面図

平面図には，次の内容を記入する。
① 給水栓等給水用具の取付位置
② **配水管からの分岐位置のオフセット（3点から測定）**
③ 布設する管の管種，口径，延長及び位置
④ 道路の種別（舗装種別，幅員，歩車道区分，公道及び私道の区分）
⑤ 公私有地，隣接敷地の境界線及び隣接関連給水栓番号
⑥ **分岐する配水管及び既設給水管等の管種，口径**
⑦ その他工事施工上必要とする事項（障害物の表示等）

(4) 詳細図

平面図で表すことのできない部分に関して，縮尺の変更による拡大図等により図示する。

(5) 立面図

立面図は平面で表現することのできない建物や配管等を表示する。

(6) 立体図

立体図は平面で表現することができない配管状況を立体的に表示するもので，施工する管の種類，口径及び延長等を記入する。

(7) その他

① 呼び径及び管種の表示は，平面・立面図とも給水管及び給湯管について，それぞれ一口径，一管種に限り省略することができる。この場合，省略した口径，管種を図面余白部分に凡例表示をする。

② **受水槽式給水の場合の図面は，直結給水部分（受水槽まで）と受水槽以下に分ける。**

§6
給水装置施工管理法

関係法令
- 建設工事公衆災害防止対策要綱 222
- 酸素欠乏症等防止規則 226
- 労働安全衛生法 228
- 建設業法 231

施工管理

1 施工計画書の作成と周知

　配水管からの分岐以降水道メーターまでの区間の工事は，道路上での工事を伴うことから，**施工計画書**を作成するとともに，それに基づき適切な工程管理，品質管理，安全管理等を行う必要がある。また，あらかじめ水道事業者の承認を受けた工法，工期その他の工事上の条件に適合するように施行しなければならない。

　施工計画書は，工事請負人が所期の目的物を工期内に施工するため，工事施行にあたって施工体制，施工方法，施工管理方法，実施工程表，安全対策，法令順守等を明らかにするもので，**工事従事者に周知**を図り，**労働災害を防止**するための安全対策を行う。

　給水装置工事主任技術者は，現地調査，水道事業者等との協議等に基づき，作業の責任を明確にした施工体制，有資格者名簿，施工方法，品質管理項目及び方法，安全対策，緊急時の連絡体制と電話番号，実施工程表等を記載した施工計画書を作成し，工事従事者に周知する。

　また，工事の過程において，チェックを行い，施工計画のとおり進められているか法令順守がなされているか，を絶えず確認する。作業従事者，使用機器，施工手順，工事日程，安全対策等に変更が生じたときは，その都度施工計画書を修正し，工事従事者に周知する。

　緊急時の連絡先(工事受注者，水道事業者，警察署，消防署，道路管理者，緊急病院，電力やガス等の地下埋設企業，労働基準監督署等の電話番号など)を施工計画書に明記しておく。

　また，緊急時等も含め作業従事者等が常に見ることができるよう，付近住民への情報提供も考慮し，工事現場内に設置してある「工事中看板」に吊るしておく等の措置を講じる。ただし，この場合は，施工計画書に発注者等の個人情報は記載しない等個人情報保護への配慮が必要である。

　なお，責任者が不在でも電話連絡が図れるようにする。

2 宅地内の給水装置工事の施工管理

① 宅地内の給水装置工事は，一般に水道メータ以降末端給水用具までの工事で，施主の依頼に応じて実施されるものであり，工事の内容によっては，建築業者等との調整が必要となる。宅地内での給水装置工事は，これらに留意するとともに，道路上での給水装置工事と同様に施工計画書の作成と，それに基づく工程管理，品質管理，安全管理等を行う必要がある。

② 宅地内工事の場合は，建築物の進捗状況に合せた配管工事が必要となることもあり，建築業者等との調整も大切である。

3 指定給水装置工事事業者の施工範囲

　一般に指定給水装置工事事業者は，給水装置工事の施工範囲を制限されることなく，給水装置の設置又は変更の工事を施工することができる。

　ただし，交通量の多い国道での施工や，他工事との調整業務が必要となるなど，指定給水装置工事事業者による施工では困難と認められる場合や水道事業者が施工するのが適当と判断される場合について，当該水道事業者が工事等の範囲を定めているところがあること，また，公道内の給水装置工事は，需要者の負担のもとすべて水道事業者が直接施行しているところがあることなどから，指定給水装置工事事業者が給水装置工事を受注した場合は，工事等の範囲を当該水道事業者に確認する必要がある。

4 配水管への取付口から水道メーターまでの使用材料

　水道事業者は，災害等による給水装置の損傷を防止するとともに，給水装置の損傷の復旧を迅速かつ適切に行えるようにするために，配水管への取付口から水道メーターまでの間の給水装置に用いる給水管及び給水用具について，その構造及び材質等を指定する場合がある。したがって，給水装置工事を受注した場合は，配水管への取付口から水道メーターまでの使用材料について水道事業者に確認する必要がある。

5 道路上の給水装置工事の施工管理

　給水装置工事の中で，配水管からの分岐工事は，公道の掘削を伴うことから道路管理者等との協議や指示に従うほか，適切な工程管理・品質管理・安全管理を行う必要がある。

　また，**水道事業者の給水条例等を十分理解**し，水道事業者の指導のもとで適切に作業を行うことができる技能を有する者を工事に従事させ，又は，その者に当該工事に従事する他の者を実地に監督させる。

1）工程管理

　常に工事の進行状況について把握し，予定の工事工程と実績とを比較して工事の円滑な進行を図る。

2）施工管理

① 　工事に先立ち，水道事業者と打合せを行った施工計画に基づき工事の適正な施工管理を行う。

　　具体的には，施工計画に基づく工程，作業時間，作業手順，交通規制等に沿って工事を施工し，必要の都度工事目的物の品質確認を実施する。

② 　断水連絡・布設替・その他特に施工の時間を定められた箇所については，水道事業者や関連する事業者と事前に打合せを行い，指定時間内に円滑な工程の進行を図る。

③　給水装置工事主任技術者は，水道工事における労働災害の発生事例や，工事現場における災害防止の手法にかかわる書籍等を参考に，工事従事者の身の安全を図るための努力を怠ってはならない。

3）品質管理記録

施工管理の結果であり適正な工事を証明する証しとなるので，給水装置主任技術者は品質管理の実施とその作成の記録を怠ってはならない。この品質管理記録は，宅地内の給水装置工事についても同様である。

4）現場付近住民への説明等

工事着手に先立ち，現場付近住民に対し，工事内容について，具体的な説明を行い，工事の施行について十分な協力が得られるよう努める。

また，必要に応じ，工事内容を現場付近住民や通行人に周知させるための広報板等を使用した**広報措置**を行う。

5）障害物の取扱い

工事施工中他の地下埋設物，地下施設その他，工作物の**移設・防護・切り回し**等を必要とするときは，速やかに**水道事業者**や**埋設物管理者**と協議し，その指示を受ける。

6）公害防止

①　工事の施行に際し，騒音規制法・振動規制法・公害防止条例等関係法令等を遵守し，沿道住民から騒音・振動・じんあい等による苦情が起こらないように適切な措置を講じる。

②　特に住宅地において，騒音を発する機械類を使用する際は，付近住民の了解を得るとともに，機械消音器の整備又は，消音覆い等の使用により騒音を軽減させる。

7）応急措置

工事の施行にあたり，**事故が発生**し，又は発生するおそれがある場合は，直ちに必要な措置を講じたうえ，事故の状況及び措置内容を水道事業者や関係官公署に報告する。

1 施工管理

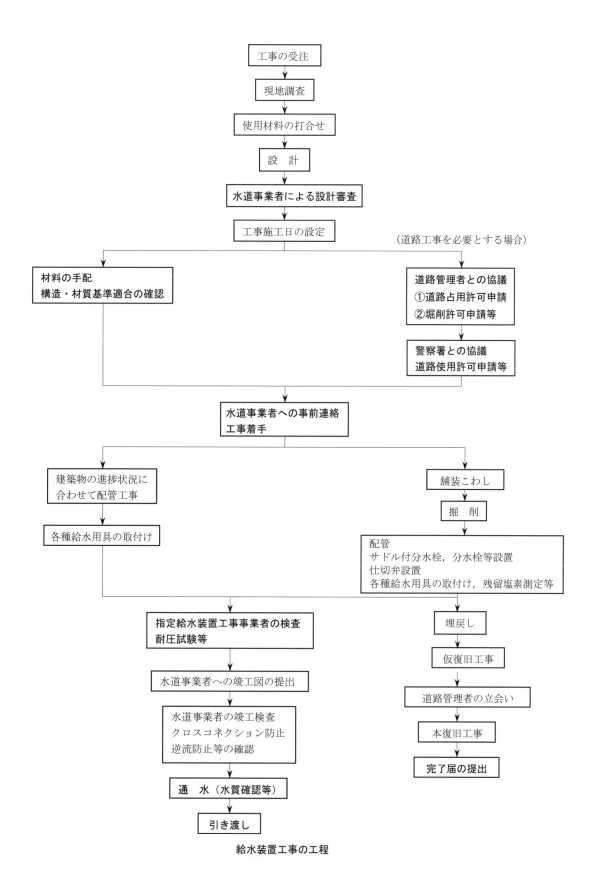

給水装置工事の工程

2 工程管理

(1) 給水装置工事の施工における工程管理とは，契約書に定めた工期内に工事を完了するため，事前準備の**現地調査**や水道事業者，建設業者，道路管理者，警察署等との調整に基づき工程管理計画を作成し，これに沿って，**効率的かつ経済的に工事を仕上げて行く**ことである。

(2) 給水装置工事における工程管理は，着工から竣工までの一連の工程の，単なる時間的管理の観点にとどまらず，**機械器具の選定**，**労働力・技術力の確保**，**給水管及び給水用具等の工事使用材料**，**機械器具・検査機器**などを**効果的に活用**することを可能とするものでなければならない。

(3) **施主側**からの工程管理とは，契約上の工期内で仕上げること，構造・材質基準及び契約上の品質・性能を満たすことのための工事過程の管理である。
　一方，**給水装置工事事業者側**からの工程管理とは，工事事業者の責務として求められるもの，事業経営の要素（能率的・経済的）が加えられ最小の費用で最大の成果をあげる工程過程の管理である。

(4) 工程管理の手順は一般的に**計画・実施・管理**の各段階に分けることができる。

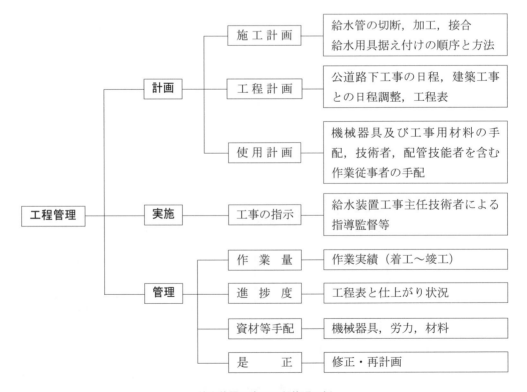

給水装置工事の工程管理の例

(5) 工程計画は，一般には給水装置工事の規模・内容・与えられた工期，及び現場の環境によって決定される。

工程計画の基礎となるべき各工程の作業可能日数は，天候・その他の作業不可能日を差し引いて推定する。

また，道路管理者・水道事業者・建築業者等との調整も工程計画を進めるうえでの大切な要素である。

(6) 給水装置工事の工程管理は，常に**水道事業者**，**道路管理者**及び**建築工事**など関連工事の**業者と協議**して定めた工程に合わせて行うことが必要となる。

(7) 天候不順・関連他工事との調整の不備・段取りの悪さ・関係官庁への連絡の不備・事故等により現場でしばしば工程が遅れることがあるが，予め無理のない工程計画を立てることが重要である。

(8) 給水装置における**工事規模の工程管理**には，バーチャート工程表が一般的である。他にもネットワーク工程表等もある。

品質管理

(1) 給水装置工事における品質管理とは，**調査**から**計画・施工・検査**の全ての段階を通して，**要求される品質・性能の給水装置を完成**させるために種々の手段を講ずることをいう。

① 品質管理を的確に行うためには，給水装置工事を行う工事現場の**調査**，施工に関わる新技術の修得及び開発，給水装置の計画，給水装置の構造及び材質の基準の適合品の調達，新材料の情報の収得，給水装置工事の施工，完成検査及びアフターサービス，並びに現場の従事者の指導監督・教育等がかかわる。

② 品質管理を的確に行うためには，給水装置工事で求められる全ての工程において，指定給水装置工事事業者・給水装置工事主任技術者及び配管工などの技術者を含む作業従事者等給水装置工事にかかわる全ての関係者の積極的な参加が必要である。

③ 給水装置工事に求められる品質管理は，要求される品質・性能を計画どおりに達成するとともに，効率や経済性をも考慮しながら，その改善を図っていくことが大事である。

(2) 工事の各段階における品質管理のためには，調査・計画・施工・検査の各段階で，次のことを満足しているかどうかを確認することが必要である。

① 給水装置の構造及び材質の基準の適合。

② 施主の求める給水装置の性能。

③ 配水管からの給水管を分岐する工事等で求められる水道事業者の条件等。

④ 各工程における品質管理では，水道事業者の工事上の条件などを満足しているかを確認することが必要である。

(3) 品質管理の記録

品質管理の記録は，チェックシート，写真（黒板に管理項目，寸法，試験結果数値等を記載），図面等により行う。また，品質管理を行った項目は，すべて写真を撮影し工事記録として保管する。なお，水道事業者によっては，上記の項目を写真に撮り工事完了図書として提出することを条件付けているところがあるので，当該水道事業者の給水装置工事に関わる技術基準等を確認する。

安全管理

安全管理は，**工事従事者の安全**の確保と，工事の実施に伴う**公衆に対する安全**の確保がある。

4-1 事故防止の基本事項

(1) 工事は，各工種に適した工法に従って施工し，設備の不備，不完全な施工等によって事故を起こすことがないよう十分注意する。

(2) 工事中，内容に応じた適切な人材を配置するとともに，工事用機械器具は関係者に特徴等の留意点を十分周知し，操作を誤らないように使用する。

(3) 埋設物に接近して掘削する場合は，周囲地盤のゆるみ，沈下等に十分注意して施工し，必要に応じて当該埋設物管理者と協議のうえ，防護措置等を講ずる。

(4) 工事は，地下埋設物の有無を十分に調査するとともに当該埋設物管理者に立会いを求める等その位置を確認し，埋設物に損傷を与えないよう注意する。

(5) 材料等は荷くずれのないよう十分な措置を講じ，運搬，積みおろしには，衝撃を与えないようていねいに扱い，歩行者や車両の進行に危険のないよう十分注意して行う。

(6) 工事中，火気に弱い埋設物又は，可燃性物質の輸送管等の埋設物に接近する場合は，溶接機・切断機等火気を伴う機械器具を使用しない。ただし，やむを得ない場合は，その埋設物管理者と協議し，保安上必要な措置を講じてから使用する。

(7) **工事用電力設備については，関係法規等に基づき**次の措置を講ずる。

① 電力設備には，**感電防止用漏電しゃ断器**を設置し，**感電事故防止**に努める。

② 高圧配線・変電設備には危険表示を行い，接触の危険のあるものには必ず柵・囲い・覆い等感電防止措置を行う。

③ **仮設の電気工事**は，電気事業法，電気設備技術基準等に基づき**電気技術者が行う**。

④ 水中ポンプその他の電気関係器材は，常に点検，補修を行い正常な状態で作動させる。

4-2 その他保安対策

(1) 工事施工中の交通保安対策については，道路管理者及び所轄警察署長の施工条件及び指示に基づき，適切に交通保安を施行し，通行者の事故防止に努める対策をとる。

(2) 給水装置工事の**交通保安・酸素欠乏症防止・労働災害防止**については「**建設工事公衆災害防止対策要綱**」「**酸素欠乏症等防止規則**」「**労働安全衛生法**」等を参考にする。

建設工事公衆災害防止対策要綱

第10　作業場の区分

　施工者は，土木工事を施工するに当たって作業し，材料を集積し，又は機械類を置く等工事のために使用する区域（以下「**作業場**」という。）を周囲から明確に区分し，この区域以外の場所を使用してはならない。

2　施工者は，公衆が誤って作業場に立ち入ることのないよう，**固定さく**又はこれに類する工作物を設置しなければならない。ただし，その工作物に代る既設のへい，さく等があり，そのへい，さく等が境界を明らかにして，公衆が誤って立ち入ることを防止する目的にかなうものである場合には，そのへい，さく等をもって代えることができるものとする。

　また，移動を伴う道路維持修繕工事，軽易な埋設工事等において，移動さく，道路標識，標示板，保安灯，セイフティーコーン等で十分安全が確保される場合には，これをもって代えることができるものとする。

3　前項のさく等は，その作業場を周囲から明確に区分し，公衆の安全を図るものであって，作業環境と使用目的によって構造を決定すべきものであるが，特に風等により転倒しないよう十分安定したものでなければならない。

第11　さくの規格，寸法

　固定さくの高さは1.2m以上とし，通行者（自動車等を含む。）の視界を妨げないようにする必要がある場合は，さくの上の部分を金網等で張り，見通しをよくするものとする。

2　**移動さく**は，高さ0.8m以上1m以下，長さ1m以上1.5m以下で，支柱の上端に巾15cm程度の横板を取り付けてあるものを標準とし，公衆の通行が禁止されていることが明らかにわかるものであって，かつ，容易に転倒しないものでなければならない。

第12　さくの彩色

　固定さくの 袴 部分及び移動さくの横板部分は，**黄色と黒色を交互に斜縞に彩色**（反射処理）するものとし，彩色する各縞の幅は10cm以上15cm以下，水平との角度は45度を標準とする。ただし，袴及び横板の2/3以下の部分に黄色又は白色で彩色した箇所を設け，この部分に工事名，起業者名，施工者名，公衆への注意事項を記入することはさしつかえない。

第13 　　　　　　　　　　移動さくの設置及び撤去方法 　　　建設工事公衆災害防止対策要綱

　施工者は，移動さくを連続して設置する場合には，原則として移動さくの長さを超えるような間隔をあけてはならず，かつ，移動さく間には保安灯又はセイフティコーンを置き，作業場の範囲を明確にしなければならない。

2　施工者は，移動さくを屈曲して設置する場合には，その部分は間隔をあけてはならない。また，交通流に対面する部分に移動区間を設け，かつ，間隔をあけないようにしなければならない。

3　施工者は，歩行者及び自転車が移動さくに沿って通行する部分の移動さくの設置に当たっては，移動さくの間隔をあけないようにし，又は移動さくの間に安全ロープ等を張ってすき間のないよう措置しなければならない。

4　施工者は，移動さくの設置及び撤去に当たっては，交通の流れを妨げないよう行わなければならない。

第14 　　　　　　　　　　作業場内の工事用車両の出入り 　　　建設工事公衆災害防止対策要綱

　施工者は道路上に作業場を設ける場合は，原則として，交通流に対する背面から車両を出入りさせなければならない。ただし，周囲の状況等によりやむを得ない場合においては，交通流に平行する部分から車両を出入りさせることができる。この場合においては，交通誘導員を配置し，できるだけ一般車両の通行を優先するとともに公衆の通行に支障を与えないようにしなければならない。

第15 　　　　　　　　　　作業場内の工事用車両の駐車 　　　建設工事公衆災害防止対策要綱

　施工者は，道路上に設置した作業場内に，原則として，作業に使用しない車両を駐車させてはならない。また，作業に使用する作動中の車両にあっては，やむを得ない場合を除き，運転手を当該車両に常駐させなければならない。

第17 　　　　　　　　　　　　道路標識等 　　　　　　　　　建設工事公衆災害防止対策要綱

　起業者及び施工者は，道路敷に又は道路敷に接して作業場を設けて土木工事を施工する場合には，工事による一般交通への危険及び渋滞の防止，歩行者の安全等を図るため，事前に道路状況を把握し，交通の処理方法について検討の上，道路管理者及び所轄警察署長の指示するところに従い，「道路標識，区画線及び道路標示に関する命令」及び「道路工事現場における標示施設等の設置基準」による道路標識，標示板等で必要なものを設置しなければならない。

2　施行者は工事用の諸施設を設置するに当たって必要がある場合は，周囲の地盤面から高さ0.8m以上2m以下の部分については，通行者の視界を妨げることのないよう必要な措置を講じなければならない。

第18	保安灯	建設工事公衆災害防止対策要綱

施工者は，道路上において又は道路に接して土木工事を夜間施工する場合には，道路上又は道路に接する部分に設置したさく等に沿って，高さ1m程度のもので夜間150m前方から視認できる光度を有する**保安灯を設置**しなければならない。

この場合，設置間隔は，交通流に対面する部分では2m程度，その他の道路に面する部分では4m以下とし，囲いの角の部分については特に留意して設置しなければならない。

第19	遠方よりの工事箇所の確認	建設工事公衆災害防止対策要綱

施工者は，交通量の特に多い道路上において土木工事を施工する場合には，遠方からでも工事箇所が確認でき，安全な走行が確保されるよう，保安施設を適切に設置しなければならない。このため，第17及び第18に規定する道路標識及び保安灯の設置に加えて，作業場の交通流に対面する場所に工事中であることを示す標示板（原則として内部照明式）を設置するものとする。

さらに，必要に応じて夜間200m前方から視認できる光度を有する回転式か点滅式の黄色又は赤色の注意灯を，当該標示板に近接した位置に設置しなければならない。

2　前項の場合において，当該表示板等を設置する箇所に近接して，高い工事用構造物等があるときは，これに標示板等を設置することができる。

3　施工者は，工事を予告する道路標識，標示板等を，工事箇所の前方50mから500mの間の路側又は中央帯のうち視認しやすい箇所に設置しなければならない。

第20	作業場付近における交通の誘導	建設工事公衆災害防止対策要綱

施工者は，道路上において土木工事を施工する場合には，道路管理者及び所轄警察署長の指示を受け，作業場出入口等に必要に応じて**交通誘導員を配置**し，**道路標識，保安灯，セイフティコーン又は矢印板を設置**する等，常に交通の流れを阻害しないよう努めなければならない。なお，交通量の少ない道路にあっては，簡易な自動信号機によって交通の誘導を行うことができる。また，近接して他の工事が行われる場合には，施工者間で交通の誘導について十分な調整を行い，交通の安全の確保を図らなければならない。

第22	車両交通のための路面維持	建設工事公衆災害防止対策要綱

施工者は，道路を掘削した箇所を車両の交通の用に供しようとするときは，埋戻したのち，原則として，**仮舗装**を行い，又は**覆工**を行う等の措置を講じなければならない。この場合，周囲の路面との段差を生じないようにしなければならない。

やむを得ない理由で段差が生じた場合は，5%以内の勾配ですりつけるものとし，施工上すりつけが困難な場合には，標示板等によって通行車両に予知させなければならない。

第23　　　　　　　　　　車道幅員　　　　　　　　　建設工事公衆災害防止対策要綱

　起業者及び施工者は，土木工事のために一般の交通の用に供する部分の通行を制限する必要のある場合においては，道路管理者及び所轄警察署長の指示に従うものとし，特に指示のない場合は，次の各号に掲げるところを標準とする。

　一　制限した後の道路の車線が**1車線**となる場合にあっては，その**車道幅員は3m以上**とし，**2車線**となる場合にあっては，その**車道幅員は5.5m以上とする。**

　二　制限した後の道路の車線が1車線となる場合で，それを往復の**交互交通**の用に供する場合においては，その制限区間はできるだけ短くし，その前後で交通が渋滞することのないように措置するとともに，必要に応じて交通誘導員等を配置する。

第24　　　　　　　　　　歩行者対策　　　　　　　　　建設工事公衆災害防止対策要綱

　起業者及び施工者は，第23に規定する場合において，歩行者が安全に通行し得るために**歩行者用として別に幅0.75m以上**，特に**歩行者の多い箇所においては幅1.5m以上**の道路を確保しなければならない。

　この場合，車両の交通の用に供する部分との境には第11から第13までの規定に準じてすき間なく，さく等を設置する等歩行者用通路を明確に区分するとともに，歩行に危険のないよう路面の凹凸をなくし，必要に応じて階段等を設けておかなければならない。

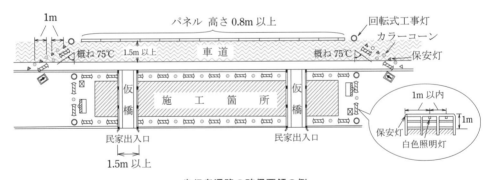

歩行者通路の確保要領の例

第112　　　　　　　　　　整理整頓　　　　　　　　　建設工事公衆災害防止対策要綱

　施工者は，作業場の内外は常に整理整頓し，塵挨等により周辺に迷惑の及ぶことのないよう注意しなければならない。特に，民地等に隣接した作業場においては，機械，材料等の仮置には十分配慮し，緊急時に支障とならない状態にしておかなければならない。

　工事現場の掘削土砂，工事用機械器具及び材料，不要土砂等の集積が交通の妨害，付近住民の迷惑又は事故発生の原因とならないようにそれらを整理し，又は現場外に搬出し，現場付近は常に整理整頓しておく。

酸素欠乏症等防止規則

第1条　　　　　　　　　　事業者の責務　　　　*酸素欠乏症等防止規則*

　事業者は，酸素欠乏症等を防止するため，作業方法の確立，作業環境の整備その他必要な措置を講ずるように努めなければならない。

第2条　　　　　　　　　　　定　義　　　　　*酸素欠乏症等防止規則*

1　**酸素欠乏**は，空気中の酸素の濃度が**18%未満**である状態をいう。

2　**酸素欠乏症**は，酸素欠乏の空気を吸入することにより生ずる症状が認められる状態をいう。（酸素欠乏症等とは，硫化水素中毒も含む。）

3　**酸素欠乏危険作業**は，**酸素欠乏危険場所**における作業をいう。

酸素欠乏危険場所

　次の地層に接し，又は通ずる井戸等，（井戸，井筒，たて抗，ずい路，潜函，ピットその他これらに類するものをいう。）**の内部**。

①　上層に不透水層がある砂れき層のうち含水若しくは湧水がなく，又は少ない部分

②　第一鉄塩類又は第一マンガン塩類を含有している地層

③　メタン，エタン又はブタンを含有している地層

④　炭酸水を湧出しており，又は湧出するおそれがある地層（湧水のある所は除く）

⑤　腐泥層

第3条　　　　　　　　　　作業環境測定等　　　　*酸素欠乏症等防止規則*

　事業者は，酸素欠乏症のおそれのある作業場について，**その日の作業を開始する前**に，当該作業場の空気中の**酸素の濃度を測定**しなければならない。

2　事業者は，酸素濃度測定の都度，一定事項を記録し，**3年間保存**しなければならない。

第5条　　　　　　　　　　　換　気　　　　　*酸素欠乏症等防止規則*

　事業者は，酸素欠乏危険作業に労働者を従事させる場合は，作業場所の酸素濃度を**18%以上保持**するよう**換気**をしなければならない。

2　事業者は，換気の際，純酸素を使用してはならない。

第8条　　　　　　　　　　　　　　**人員の点検**　　　　　*酸素欠乏症等防止規則*

事業者は，酸素欠乏危険作業に労働者を従事させるときは，労働者を当該作業を行う場所に入場させ，退場させるときに，**人員を点検**しなければならない。

第9条　　　　　　　　　　　　　　**立入禁止**　　　　　　*酸素欠乏症等防止規則*

1　事業者は，酸素欠乏危険作業場所又は，これに隣接する場所で作業を行うときは，酸素欠乏危険作業に従事する労働者以外の労働者が当該酸素欠乏危険作業場所に立入ることを禁止し，その旨を見やすい箇所に表示しなければならない。

第11条　　　　　　　　　　　　　**作業主任者**　　　　　*酸素欠乏症等防止規則*

1　事業者は，酸素欠乏危険作業については，酸素欠乏危険作業主任者技能講習の修了者のうちから，**酸素欠乏危険作業主任者を選任**しなければならない。

2　事業者は，酸素欠乏危険作業主任者に次の事項を行わせなければならない。

一　酸素欠乏危険作業に従事する労働者が酸素欠乏空気を吸入しないように，作業方法を決定し労働者を**指揮**すること。

二　その日の作業開始前，全労働者が作業場所を離れた後，再び作業開始をする前，労働者の身体，換気装置に異常があったときに，作業場所の**酸素濃度測定**を行うこと。

三　測定機器，換気装置，空気呼吸器等酸欠症防止用の器具，設備を**点検**すること。

四　空気呼吸器等の使用状況を**監視**すること。

労働安全衛生法

第2条 　　　　　　　　　　　　　**定　義**　　　　　　　*労 働 安 全 衛 生 法*

労働災害

　労働者の就業に係る建設物，設備，原材料，ガス，蒸気，粉じん等により，又は作業
行動その他業務に起因して，労働者が負傷し，疾病にかかり，又は死亡することをいう。

第4条 　　　　　　　　　　　　**労働者の責務**　　　　　　　*労 働 安 全 衛 生 法*

　労働者は，労働災害を防止するため必要な事項を守るほか，事業者その他の関係者が実
施する労働災害の防止に関する措置に協力するように努めなければならない。

**事業者は，現場における労働災害防止のため必要な次の措置を講ずる等その防止に関する総
合的計画的な対策を行わなければならない。**

① 　掘削等の業務における作業方法から生ずる危険を防止するため必要な措置

② 　労働者が墜落するおそれのある場所，土砂等が崩壊するおそれのある場所等に係る危
険を防止するため必要な措置

③ 　労働者の作業行動から生ずる労働災害を防止するため必要な措置

④ 　労働災害発生の急迫した危険があるときは，直ちに作業を中止し，労働者を作業場か
ら退避させる等必要な措置

※ 　作業主任者を選任したときは，その氏名及びその者に行わせる事項を作業場の見やす
い箇所に掲示する等により関係労働者に周知させる。

第14条 　　　　　　　　　　　　**作業主任者**　　　　　　　*労 働 安 全 衛 生 法*

　事業者は，高圧室内作業その他の労働災害を防止するための管理を必要とする作業で，政
令で定めるものについては，都道府県労働局長の免許を受けた者又は都道府県労働局長若
しくは都道府県労働局長の指定する者が行う技能講習を修了した者のうちから，**厚生労働
省令で定めるところにより**，当該作業の区分に応じて，**作業主任者を選任**し，その者に当
該作業に従事する労働者の指揮その他の厚生労働省令で定める事項を行わせなければな
らない。

各作業に共通する作業主任者の主な職務

① 作業の方法及び労働者の配置を決定し，作業を直接指揮する。

② 器具，工具，保護具等の機能を点検し，不良品を取り除く。

③ 保護具（保護帽，安全靴等）の使用状況を監視する。

なお，作業主任者が作業現場に立ち会い，作業の進行状況を監視しなければ，当該作業を施行させてはならない。

作業主任者等の作業の区分と資格及び名称（抜粋）

作業の区分	資格を有する者	名称
掘削面の高さが**2m以上**となる地山の掘削（ずい道及びたて坑以外の坑の掘削を除く。）の作業	地山の掘削作業主任者技能講習を修了した者	地山の掘削作業主任者
土止め支保工の切りばり又は腹おこしの取り付け又は取り外しの作業	土止め支保工の組立て等作業主任者技能講習を修了した者	土止め支保工作業主任者
酸素欠乏危険場所の作業のうち，次の項に揚げる作業以外の作業	酸素欠乏危険作業主任者技能講習又は酸素欠乏・硫化水素危険作業主任者技能講習を修了した者	酸素欠乏危険作業主任者
酸素欠乏危険場所の作業のうち労働安全衛生法施工令別表第6第3号の3，第9号又は第12号に揚げる酸素欠乏危険場所（同号に揚げる場所にあっては，酸素欠乏症にかかるおそれ及び硫化水素中毒にかかるおそれのある場所として厚生労働大臣が定める場所に限る。）における作業	酸素欠乏・硫化水素危険作業主任者技能講習を修了した者	
制限加重が**1t以上**の揚荷装置またはつり上げ荷重が**1t以上**のクレーン，移動式クレーンもしくはデリックの玉掛けの業務	**玉掛技能講習を修了した者**	
車両系建設機械（整地、堀削等）の運転業務	①小型車両系建設機械（整地、堀削等）期待重量3t未満の運転特別教育修了者 ②3t以上は車両系建設機械（整地、堀削等）運転技能講習会修了者	
移動式クレーンの運転業務	①0.5t以上1t未満移動式クレーン特別教育修了者 ②1t以上5t未満小型移動式クレーン運転技能講習会修了者	

【参考】酸素欠乏症等の防止について

（1）第一種酸素欠乏危険作業

酸素欠乏症となるおそれはあるが硫化水素中毒となるおそれはない場所での作業をいう。作業にあたっては酸素欠乏危険作業主任者技能講修了習者を選任しなければならない。

（2）第二種酸素欠乏危険作業

酸素欠乏症かつ硫化水素中毒となるおそれのある場所での作業をいう。作業にあたっては酸素欠乏・硫化水素危険作業主任者技能講習修了者を選任しなければならない。

建設業者が作業する場所で，これらの事故が発生するおそれのある場合は，地下室，地下ピット，下水道管渠，マンホール，暗渠，井戸等が考えられる。

安全衛生管理体制

① 事業者は,**労働安全衛生法施行令**又は**労働安全衛生規則**で定める**業種**や**事業場の規模**ごとに**総括安全衛生管理者**・安全管理者・衛生管理者・安全衛生推進者・産業医及び統括安全衛生責任者・元方安全衛生管理者・安全衛生責任者・作業主任者等を選任し,その者に**安全又は衛生**に係る**技術的事項等**について**総括**,**指揮**,**管理**をさせなければならない。

給水装置工事主任技術者の役割

● 安全委員会の委員として,作業場を巡視し,設備,作業方法に危険のおそれがあるときは,直ちにその危険を防止するため必要な措置を講じなければならない。

● 就業を制限される作業においては,免許証や技能講習修了証等が保持されているかの確認を行う。

● 労働災害防止のため,安全委員会又は安全衛生委員会で,安全教育の実施計画を作成したり,危険防止等に関する対策を行うなど,安全管理の推進のため重要な役割を担う。

給水装置工事と建設業法

　給水装置工事主任技術者は，管工事業の営業所専任技術者として，建設業法に基づき，工事現場における適正な工事を実施するために，工事の施行計画の作成，工程管理，品質管理，技術上の管理や工事の施行に従事する者の技術上の指導監督を行う者である。また，給水装置工事主任技術者は，**給水装置工事主任技術者免状の交付を受けた後，管工事に関し1年以上の実務経験**を有する者は，**管工事業に係る営業所専任技術者**となりうる。

第1条　　　　　　　　　　　目　的　　　　　　　　　　　*建設業法*

　建設業を営む者の資質の向上，建設工事の請負契約の**適正化**等を図ることによって，建設工事の適正な施工を確保し，発注者を保護するとともに，**建設業の健全な発達**を促進し，もって公共の福祉の増進に寄与することを目的とする。

第2条　　　　　　　　　　用語の定義　　　　　　　　　　*建設業法*

　「**建設工事**」とは，土木建築に関する工事（管工事，土木一式工事，建築一式工事など）をいう。

2　「**建設業**」とは，元請，下請その他いかなる名義をもってするかを問わず，建設工事の完成を請け負う営業をいう。

3　「**建設業者**」とは，第3条第1項の許可を受けて建設業を営む者をいう。

4　「**下請契約**」とは，建設工事を他の者から請け負った建設業を営む者との間で当該建設工事の全部又は一部について締結される請負契約をいう。

5　「**発注者**」とは，建設工事（他の者から請け負ったものを除く。）の注文者をいう。

● 　「**建築設備**」とは，建築物に設ける電気，ガス，給水，排水，換気，暖房，冷房，消火，排煙若しくは汚物処理の設備又は，煙突，昇降機若しくは避雷針をいう。

● 　建築業を営もうとする者は政令で定める軽微な建設工事のみを請け負う場合を除き，建設工事の種類ごとに建設業の許可を受けなければならない。

第3条　建設業の許可　　　建設業法

建設業を営もうとする者は，次に掲げる区分により，二以上の都道府県の区域内に営業所を設けて営業しようとする場合にあっては**国土交通大臣**の，一の都道府県の区域内のみ営業所を設けて営業しようとする場合にあっては当該営業所の所在地を管轄する**都道府県知事の許可**を受けなければならない。

ただし，**軽微な建設工事**（建築一式工事以外の建設工事にあっては，**500万円未満**，建築一式工事では，**1500万円未満又は延べ面積が150m²に満たない木造工事**）のみ請け負うことを営業とするものは，この限りでない。

一　建設業を営もうとする者であって，次号に掲げる者以外のものは**一般建設業**

二　建設業を営もうとする者であって，その営業にあたって，その者が発注者から直接請け負う1件の建設工事につき，その工事全部又は一部を**下請代金の額**（その工事に係わる下請契約が二以上あるときは，下請代金の額の総額）が**4000万円**（建築一式工事では**6000万円**）以上となる下請契約を締結して施工しようとするものは**特定建設業の許可**が必要である。

2　前項の許可は，建設工事（管工事業，土木工事業，建築工事業など）の**種類ごとに**それぞれの建設業（**管工事，土木一式工事，建築一式工事など**）に分けて与えるものとする。

3　第1項の許可は，**5年ごとにその更新**を受けなければ，その期間の経過によって，その効力を失う。

- 建設業を営もうとする者は，国土交通大臣又は都道府県知事より，一般建設業又は特定建設業の区分により，建設工事の種類ごとに許可を受けなければならない。

  ただし，軽微な工事のみを請け負うことを営業とする者は建設業の許可はいらない。この場合，営業所専任技術者を置く規定からもはずれる。

- 下請負人としてのみ建設工事を施工する者は請負金額の大小にかかわらず一般建設業の許可で工事を請け負うことができる。

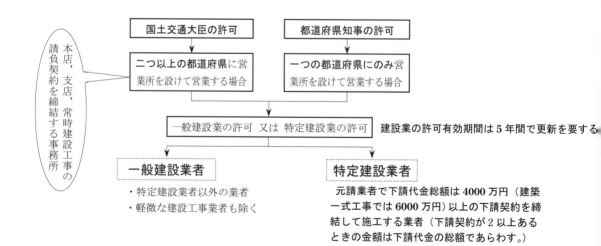

国土交通大臣と都道府県知事の許可の範囲概念

特定建設業

建設業を営もうとする者であって，**発注者から直接請け負う1件の建設工事につき，その工事の全部又は一部を，下請代金の額**（その工事に係る下請契約が2以上あるときは，下請代金の額の総額）が4000万円以上となる下請契約を締結して施工しようとする者。ただし，建築一式工事では6000万円以上。

特定建設業は，下請負人の保護の徹底を図る為に設けられた制度であり，下請代金の支払，期日，下請負人に対する指導，施工体制台帳の作成など特別の義務を課している。

許可の取得に当たっては，営業所の専任技術者資格や財産的基礎など一般建設業よりも厳しい要件である。

第26条	主任技術者及び監理技術者の設置等	*建設業法*

建設業者は，その請け負った建設工事を施工するときは，当該建設工事に関し専任の技術者となる要件に該当する者で当該工事現場における**建設工事の施工の技術上の管理をつかさどるもの**（以下「**主任技術者**」という。）を置かなければならない。

2　**発注者から直接建設工事を請け負った特定建設業者**は，当該建設工事を施工するために締結した下請契約の**請負代金の額**（当該下請契約が2以上あるときは，それらの請負代金の額の総額）が**4000万円**（建築一式工事では**6000万円**，建築一式工事以外の建設工事にあたっては，**3500万円**）以上になる場合においては，前項の規定にかかわらず，当該工事現場における建設工事の施工の**技術上の管理をつかさどるもの**（以下「**監理技術者**」という。）を置かなければならない。

3　**公共性のある工作物**に関する重要な工事で政令で定めるものについては，第2項の規定により置かなければならない**主任技術者又は監理技術者**は，**工事現場ごとに，専任の者**でなければならない。

4　国，地方公共団体その他政令で定める法人が発注者である工作物に関する建設工事については，前項の規定により**専任の者でなければならない監理技術者**は，**監理技術者資格者証**の交付を受けている者のうちから，これを選任しなければならない。

5　前項の規定により選任された監理技術者は，同項の工作物の発注者から請求があったときは，監理技術者資格者証を**提示**しなければならない。

● 建設業者は請け負った工事を施工する場合には，技術上の管理をつかさどるもの（**主任技術者**）を置かなければならない。また，**発注者から直接工事を請け負った特定建設業者**は，4000万円（建築一式工事の場合は6000万円，建築一式工事以外の建設工事にあたっては，3500万円）以上の下請契約をする場合には，工事施工の技術上の管理をつかさどるもの（**監理技術者**）を置かなければならない。

主任技術者及び監理技術者設置の概念

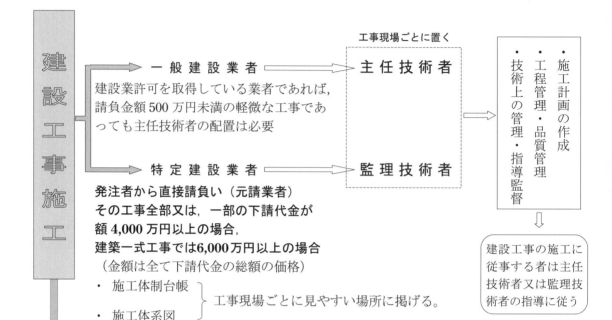

第26条の3　　　　　　　　　　主任技術者及び監理技術者の職務等　　　　　　　　　建設業法

　　主任技術者及び監理技術者は，工事現場における建設工事を適正に実施するため，当
　該建設工事の**施工計画の作成**，**工程管理**，**品質管理**その他**技術上の管理**及び当該**建設工
　事の施工に従事する者の技術上の指導監督の職務を誠実**に行わなければならない。

　2　工事現場における建設工事の施工に従事する者は，主任技術者又は監理技術者がその
　　職務として行う指導に従わなければならない。

　3　**現場専任制度**とは，主任技術者又は監理技術者を専任で置く工事をいう。
　　　公共性のある工作物に関する重要な工事（次の①〜④のいずれかに該当する場合）
　　で，**工事1件の請負代金が3500万円（建築工事一式で，7000万円）以上であるもの。**

　　①　国又は地方公共団体等が発注する工事（公共工事）
　　②　鉄道・道路・ダム・河川・港湾・上下水道の公共の工作物の工事
　　③　電気・ガス事業用施設である公共施設工事
　　④　学校・図書館・工場等公衆又は不特定多数が使用する施設の工事

第27条の18　　　　　　　　　　　　　経営事項審査　　　　　　　　　　　　　　　　建設業法

　　**公共性のある施設又は工作物に関する建設工事で政令で定めるものを発注者から直接
　請け負おうとする建設業者は**その経営に関する客観的事項について，その許可を受けた
　国土交通大臣又は都道府県知事の審査を受けなければならない。

　2　前項の審査（経営事項審査）は，**経営規模**の認定（ランク付け）をし，経営状態の
　　分析をし，並びにこれらの認定及び分析の結果を考慮して客観的事項の全体について
　　総合的な評定をして，行わなければならない。

　　給水装置工事主任技術者は，管工事における経営事項審査の評価の対象（評価の加点は1人
につき1点）となる。
　　工事一件の請負代金が，500万円以上の管工事を地方公共団体から直接請け負おうとする建
設業者は，**経営事項審査を1年に1回受けなければならない。**
　　（ただし，緊急でやむを得ない事情がある建設工事にあっては，この限りではない。）

§6 給水装置施工管理法

§7

給水装置工事事務論

指定給水装置工事事業者制度の概要

この項目は，主に水道行政の試験範囲に出題される。

指定給水装置工事事業者制度は，水道事業者が給水装置工事を適正に施行することができると認められる者を指定する制度である。

第16条の2　　　　　　　　　給水装置工事　　　　　　　　　　水道法

> 水道事業者は，当該水道によって水の供給を受ける者の給水装置の構造及び材質が前条の規定に基づく政令で定める基準に適合することを確保するため，当該水道事業者の給水区域において給水装置工事を適正に施行することができると認められる者の**指定をすることができる**。
>
> 2　水道事業者は，前項の指定をしたときは，供給規程の定めるところにより，当該水道によって水の供給を受ける者の給水装置が当該水道事業者又は当該指定を受けた者（以下「**指定給水装置工事事業者**」という）の施行した給水装置工事に係るものであることを供給条件とすることができる。
>
> 3　**水道事業者は**，当該水道によって水の供給を受ける者の給水装置が当該水道事業者又は**指定給水装置工事事業者**の施行した**給水装置工事**に係るものでないときは，供給規程の定めるところにより，**その者の給水契約の申込みを拒み，又はその者に対する給水を停止することができる**。ただし，厚生労働省令で定める給水装置の軽微な変更であるとき，又は当該給水装置の構造及び材質が前条の規定に基づく政令で定める基準に適合していることが確認されたときは，この限りでない。

指定給水装置工事事業者とは，水道事業者の給水区域において構造・材質基準に適合することを確保するため，水道事業者が給水装置工事を適正に施工することができると認め，指定したものをいい，水道事業者による指定の基準を法で全国一律に定めている。

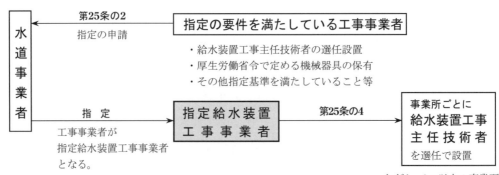

第25条の2	指定の申請	水道法

第16条の2第1項の指定は，給水装置工事の事業を行う者の申請により行う。

2　第16条の2第1項の指定を受けようとする者は，厚生労働省令で定めるところにより次に掲げる事項を記載した申請書を水道事業者に提出しなければならない。

　一　氏名又は名称及び住所並びに法人にあっては，その代表者の氏名

　二　当該水道事業者の**給水区域**について給水装置工事の事業を行う事業所(以下この節において単に「事業所」という)の名称及び所在地並びに第25条の4第1項の規定によりそれぞれの**事業所において選任されることとなる給水装置工事主任技術者の氏名と免状の交付番号の提出**

　三　給水装置工事を行うための機械器具の名称，性能及び数

　四　その他厚生労働省令で定める事項

第25条の3	指定の基準	水道法

水道事業者は，第16条の2第1項の指定の申請をした者が次の各号のいずれにも適合していると認めるときは，同項の**指定をしなければならない。**

一　**事業所ごとに，**次条第1項の規定により**給水装置工事主任技術者として選任される**こととなる者を**置く者**であること。

二　**厚生労働省令で定める機械器具**を有する者であること。

三　次のいずれにも該当しない者であること。

　イ　成年被後見人若しくは被保佐人又は破産者で復権を得ないもの

　ロ　この法律に違反して，**刑に処せられ，**その執行を終わり，又は執行を受けることがなくなった日から**2年を経過しない者**

　ハ　第25条の11第1項の規定により指定を取り消され，その**取消しの日から2年を経過しない者**

　ニ　その業務に関し**不正又は不誠実な行為**をするおそれがあると認めるに足りる相当の理由がある者

　ホ　法人であって，その役員のうちにイからニまでのいずれかに該当する者があるもの

2　水道事業者は，**第16条の2第1項の指定をしたときは，**遅滞なく，その旨を一般に周知させる措置をとらなければならない。

§7 給水装置工事事務論

施第20条 **厚生労働省令で定める機械器具** *施 行 規 則*

- 一 金切りのこその他の管の**切断用の機械器具**
- 二 ヤスリ，パイプねじ切り器その他の管の**加工用の機械器具**
- 三 トーチランプ，パイプレンチその他の**接合用の機械器具**
- 四 水圧テストポンプ

第25条の7 **変更の届出等** *水 道 法*

指定給水装置工事事業者は，事業所の名称及び所在地その他厚生労働省令で定める事項に変更があったとき，又は給水装置工事の事業を廃止し，休止し，若しくは再開したときは，厚生労働省令で定めるところにより，その旨を水道事業者に届け出なければならない。

● 変更の届出は，当該変更のあった日から30日以内に届出書を水道事業者に提出しなければならない。

● 事業の廃止，休止又は再開の届出をしようとする者は，当該廃止又は休止の日から30日以内に，事業の再開したときは，当該再開の日から10日以内に，届出書を水道事業者に提出しなければならない。

第25条の8 **事業運営の基準** *水 道 法*

指定給水装置工事事業者は，厚生労働省令で定める給水装置工事の事業の運営に関する基準に従い，適正な給水装置工事の事業の運営に努めなければならない。

● 事業の運営の基準は，指定給水装置工事事業者が最低限遵守すべき事業の運営に関する事項を定めたものであり，いわば指定の条件という性格を有する。これは，指定給水装置工事事業者が施行する給水装置が給水装置の構造及び材質に関する基準に適合することを確実に担保するため，指定を受けた後の工事実施の職務体制，基準に適合しない資材の使用禁止等の適正な施行義務，工事に関する記録及びその保存その他の事項について維持すべき一定の水準を定めたものである。具体的な基準の内容は施行規則第36条に規定されている。

● 事業の運営の基準に従った適正な事業の運営ができないと認められるときは，法第25条の11の規定により給水装置工事事業者の指定の取消しを受けることがある。

第25条の10 **報告又は資料の提出** *水 道 法*

水道事業者は，指定給水装置工事事業者に対し，当該指定給水装置工事事業者が給水区域において施行した給水装置工事に関し必要な報告又は資料の提出を求めることができる。

| 第25条の11 | 指定の取り消し | 水道法 |

　水道事業者は，指定給水装置工事事業者が次の各号のいずれかに該当するときは，第16条の2第1項の**指定を取り消すことができる。**

　一　第25条の3第1項各号に適合しなくなったとき。

　二　第25条の4第1項又は第2項の規定に違反したとき。

　三　第25条の7の規定による届出をせず，又は虚偽の届出をしたとき。

　四　第25条の8に規定する給水装置工事の事業の運営に関する基準に従った適正な給水装置工事の事業の運営をすることができないと認められるとき。

　五　第25条の9の規定による水道事業者の求めに対し，正当な理由なくこれに応じないとき。

　六　前条の規定による水道事業者の求めに対し，正当な理由なくこれに応じず，又は虚偽の報告若しくは資料の提出をしたとき。

　七　その施行する給水装置工事が水道施設の機能に障害を与え，又は与えるおそれが大であるとき。

　八　不正の手段により第16条の2第1項の指定を受けたとき。

　2　第25条の3第2項の規定は，前項の場合に準用する。

①　事業所に「給水装置工事主任技術者」を設置していない等，『指定基準』に適合しないとき。

②　事業所ごとに，**主任技術者を選任していない，又は主任技術者を選任，**あるいは**解任**したとき，水道事業者に**届け出**をしていないとき。

③　事業所の名称，所在地等の**変更の届け出，**又は給水装置工事事業の**休廃止，再開の届け出**がされていないとき。

④　給水装置工事の事業の運営の基準<施工規則36条>に規程してある**事業運営**ができないと認められるとき。

⑤　給水装置の**検査**の際の**立ち会い**を拒んだとき。

⑥　施工した給水装置工事の必要な**報告又は資料の提出を拒み，**あるいは**虚偽の報告，虚偽の資料**を提出したとき。

⑦　水道事業者が，施行する給水装置工事により**水道施設の機能に障害を与え，**又は与えるおそれが大であると認めたとき。

⑧　虚偽の申請等，不正の手段により，指定給水装置工事事業者として指定を受けた結果，**指定の取消しをしたときは，**遅滞なく，その旨を**一般に周知させる措置をとらなければ**ならない。（法16条の2第1項）

§7 給水装置工事事務論

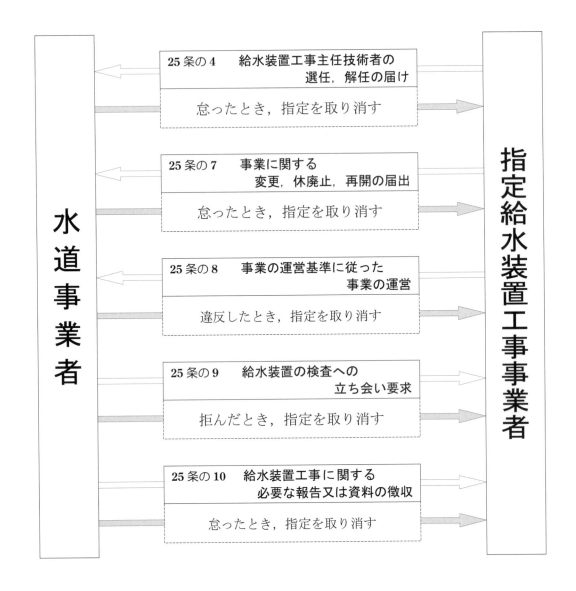

厚生労働省令が定める指定給水装置工事事業者の概要と指定取り消し制度の概要

第25条の4　　　　　　　　　**給水装置工事主任技術者**　　　　　　　　*水 道 法*

> 指定給水装置工事事業者は，**事業所ごとに**，第3項各号に掲げる職務をさせるため，厚生労働省令で定めるところにより，給水装置工事主任技術者免状の交付を受けている者のうちから，**給水装置工事主任技術者を選任**しなければならない。
>
> 2　指定給水装置工事事業者は，給水装置工事主任技術者を**選任したときは**，遅滞なく，その旨を**水道事業者に届け出**なければならない。これを**解任したとき**も，同様とする。

施第21条　　　　　　　　**給水装置工事主任技術者の選任**　　　　　　　*施 行 規 則*

> 指定給水装置工事事業者は，法第16条の2の指定を受けた日から**2週間以内**に給水装置工事主任技術者を選任しなければならない。
>
> 給水装置工事主任技術者が欠けるに至った時は，上記同様に**2週間以内**に給水装置工事主任技術者を選任しなければならない。

第25条の5　　　　　　　　**給水装置工事主任技術者免状**　　　　　　　*水 道 法*

> 給水装置工事主任技術者免状は，給水装置工事主任技術者試験に合格した者に対し，厚生労働大臣が交付する。
>
> 2　厚生労働大臣は，次の各号のいずれかに該当する者に対しては，給水装置工事主任技術者免状の交付を行わないことができる。
>
> 　一　次項の規定により給水装置工事主任技術者免状の返納を命ぜられ，その日から**1年**を経過しない者
>
> 　二　この法律に違反して，刑に処せられ，その執行を終わり，又は執行を受けることがなくなった日から**2年**を経過しない者
>
> 3　厚生労働大臣は，給水装置工事主任技術者免状の交付を受けている者がこの法律に違反したときは，その給水装置工事主任技術者**免状の返納**を命ずることができる。
>
> 4　前3項に規定するもののほか，給水装置工事主任技術者免状の交付，書換え交付，再交付及び返納に関し必要な事項は，厚生労働省令で定める。

指定給水装置工事事業者が行う給水装置工事の技術力を確保するための核となるもので，国家試験により全国一律の資格として付与される。

第25条の6　　　　　　　　**給水装置工事主任技術者試験**　　　　　　　*水 道 法*

> 給水装置工事主任技術者試験は，給水装置工事主任技術者として必要な知識及び技能について，厚生労働大臣が行う。
>
> 2　給水装置工事主任技術者試験は，**給水装置工事に関して3年以上の実務の経験を有する者でなければ，受けることができない。**
>
> 3　給水装置工事主任技術者試験の試験科目，受験手続その他給水装置工事主任技術者試験の実施細目は，厚生労働省令で定める。

給水装置工事主任技術者の職務

| 第25条の4 | 給水装置工事主任技術者の指名 | 水道法 |

指定給水装置工事事業者は，事業活動の本拠たる事業所ごとに給水装置工事主任技術者を選任し，選任した者のうちから**個別の工事ごと**に担当する**給水装置工事主任技術者を指名**する。

| 第25条の4 | 給水装置工事主任技術者 | 水道法 |

3 給水装置工事主任技術者は，次に掲げる**職務**を誠実に行わなければならない。
一 給水装置工事に関する**技術上の管理**
二 給水装置工事に従事する者の**技術上の指導監督**
三 給水装置工事に係る給水装置の構造及び材質が第16条の規定に基づく政令で定める基準に適合していることの確認
四 その他厚生労働省令で定める職務

| 施第23条 | 給水装置工事主任技術者の職務 | 施行規則 |

法25条の4第3項四号の厚生労働省令で定める給水装置工事主任技術者の職務は，水道事業者の給水区域において施工する給水装置工事に関し，当該**水道事業者**と次の各号に揚げる**連絡又は調整**を行うこととする。
一 配水管から分岐して給水管を設ける工事を施工しようとする場合における**配水管の位置の確認**に関する連絡調整
二 一の工事及び給水管の取付口から水道メータまでの工事に係わる**工法，工期**その他の**工事上の条件**に関する連絡調整
三 給水装置工事を完了した旨の連絡

(1) 給水装置工事に関する技術上の管理

給水装置工事の事前調査から，計画，施工及び竣工検査に至る一連の過程において行う技術上の管理等をいう。

① 調査の実施　　　　　　② 給水装置のシステムの計画
③ 工事材料の選定　　　　④ 工事方法の決定
⑤ 施工計画の立案　　　　⑥ 必要な資機材の手配
⑦ 施工管理　　　　　　　⑧ 工程ごとの仕上り検査（品質管理）
⑨ 法17条による給水装置の検査

(2) 給水装置工事に従事する者の技術上の指導監督

工事の事前調査・計画・施工・検査に至る一連の過程において行う，工事品質の確保に必要な指導監督をいう。

① 工事に従事する者の技能に応じた役割分担の指示

② 分担させた従事者に対する品質目標，工期その他，施工管理上の目標に適合した工事の実施のための，随時の技術的事項の指導及び監督

※ 給水装置工事主任技術者は，特に**現場**で常時監督しなくてもよい。

(3) 給水装置工事に係る給水装置の構造及び材質が施行令第5条に適合していることの確認

給水装置の構造・材質基準に適合する給水装置の設置を確保するために行う。

① 構造・材質基準に適合する材料の選定

② 現場の状況に応じた給水装置材料の選定

（例　耐侵食性や耐寒性のある材料使用）

③ 構造・材質基準に適合する給水装置のシステムの計画及び施工

（例　逆流防止器具や水撃防止器具・減圧弁の設置）

④ 工程ごとの品質管理による構造・材質基準の適合性の確保

⑤ 竣工検査における構造・材質基準の適合性の確保

(4) 給水装置工事に関し，水道事業者との連絡・調整

① 配水管から分岐して給水管を設ける工事を施工しようとする場合の配水管の布設位置の確認に関する連絡調整。

② ①の工事及び給水管の取付口から水道メータまでの工事を施工しようとする場合の工法・工期・その他の工事上の条件に関する連絡調整。

(5) 配水管の分岐部から水道メータまでの工事

① 使用材料については，水道事業者に確認して指定されている場合は，それに適合した材料を使用する事。

② 適切に作業を行うことのできる技能を有する者の施行又はその者の工事監督。

③ 水道事業者から承認を受けた工法，工期その他工事上の条件に適合する施工をする事。

(6) 給水装置工事を完了した旨の連絡

給水装置工事主任技術者の役割

(1) 給水装置工事主任技術者は，給水装置工事の事業活動の本拠である事業所ごとに選任され，個別の給水装置工事ごとに指定給水装置工事事業者から指名されて，調査，計画，施工，検査の一連の給水装置工事業務の技術上の管理を行うとともに、給水装置工事に従事する**職員の指導監督を行う**等の業務を行うものである。

(2) 給水装置工事主任技術者は，給水装置工事の適正を確保するための**技術力の要**としての役割を十分に果たすために，常に，水道が**国民の健康・安全の確保**に欠くことができないものであるという基本認識を忘れずに業務に携わることが必要であり，また，構造・材質基準や給水装置工事技術等についての**専門的な知識と経験**を有していることが必要である。

> 給水装置工事は，工事の内容が**人の健康や安全**に直結した給水装置の設置又は変更の工事であることから，給水装置の選択や工事の施工が不良であれば，その給水装置の利用者のみならず，水道事業者の配水管への汚水の逆流の発生などにより，公衆衛生上大きな被害を生じさせるおそれもあるので，衛生上十分な注意を要する工事である。

(3) 給水装置工事主任技術者は，配管工等，給水装置工事に従事する従業員等の関係者間のチームワークと**相互信頼関係の要**となるべきものである。

給水装置工事主任技術者に求められる知識と技能

給水装置工事の現場の事前調査，施工計画の策定，施工段階の工程管理，品質管理，工事の竣工検査等の各段階において必要となるものはもとより，水道の供給規程に基づき水道事業者が定めている工事内容審査等の手続きを確実に実施するために必要なもの等多岐にわたる。

また，**新技術，新材料に関する知識や，関係法令や条例等の制定，改廃についての知識を不断に修得するための努力**を行うことも重要である。

> 給水装置工事は，工事によって布設される給水管や弁類等は地中や壁中に隠れてしまうので，工事後になって工事品質の不良を発見することも，それが発見された場合に修繕を行うことも容易ではないという特性がある。
>
> また，給水装置工事は，現場ごとに発注者から目標品質が定められる「一品受注生産」であること，現場において工事を施行する「現場施工」であることなどの建設工事としての特性がある。
>
> そのため，給水装置工事の施行にあたっては，個々の現場の状況や必要となる工種に応じた工事計画の立案や品質管理等を十分に行わなければならず，事前の現場調査から竣工検査に至るまでの技術的な管理について給水装置工事主任技術者が果たすべき役割は重要である。

第25条の4 　　　　　**給水装置工事に従事する者の責務**　　　　　*水道法*

> 4 **給水装置工事に従事する者**は，給水装置工事主任技術者がその職務として行う**指導**に従わなければならない。

① **工事の受注**：施主と締結する。

② **調　　査**：・施主との打ち合わせ
　　　　　　　・現地調査
　　　　　　　・関係官公署等との調整
　　　　　　　・水道事業者との調整

③ **計　　画**：・給水装置の計画
　　　　　　　・工事材料の選定
　　　　　　　・給水装置工事設計図の作成
　　　　　　　・給水装置の構造・材質基準に適合していることの確認
　　　　　　　・工事方法の決定・工事材料の手配
　　　　　　　・機械器具の手配
　　　　　　　・施工計画・施工図の作成

④ **水道事業者へ申請手続**：・工事施行承認申込書・給水装置工事設計図等の提出

⑤ **水道事業者の審査**：・設計審査
　　　　　　　　　　　・工事材料の確認
　　　　　　　　　　　・工法・工期の承認（指示：水道メーター迄）

⑥ **施工の承認**

§3

⑦ **工事の施工**：・配水管からの給水管分岐工事
　　　　　　　　・道路上工事に係る交通管理者，道路管理者及び水道事業者との連絡調整
　　　　　　　　・関係建築業者等との連絡調整
　　　　　　　　・給水装置の構造・材質基準に適合していることの確認
　　　　　　　　・着工から竣工までの工程管理・品質管理・安全管理の徹底
　　　　　　　　・工事従事者の健康管理

⑧ **竣工検査**：・工事業者の自主検査
　　　　　　　・給水装置工事竣工図の作成
　　　　　　　・水道事業者による竣工検査

⑨ **通　　水**：・水道事業者による通水

⑩ **引き渡し**：・施主への引き渡し

給水装置工事の流れと給水装置工事主任技術者の職務

2-1 調査段階

(1) 施主との打ち合わせ

① 施主(工事申込者)に工事に関する要望事項などを聞きとり,施工内容を確認する。

② 施主に対し,工事内容・施工上の制約などについて説明を行い納得を得る。

(2) 給水装置の基本計画は,基本調査,給水方式の決定,計画使用水量の決定,給水管の口径の決定等からなっており,給水装置の最も基本的な事項を決定する。

(3) 基本調査は,計画・施工の基礎となる重要な作業であり,調査の良否は計画の策定,施工,さらには給水装置の機能にも影響するものであり,慎重に行う。

(4) **基本調査**は,**事前調査**と**現場調査**に区分され,その内容によって「工事申込者に確認するもの」,「**水道事業者に確認**するもの」,「**現地調査により確認**するもの」がある。
　　特に,既設給水装置の有無の調査は必要で,その結果,新設・改造(口径変更等)・撤去という扱いが変ることにもなる。

(5) 事前調査

① 給水装置工事の現場について十分な事前調査を行い,現場の状況に応じて適正な**施工計画等**を策定し,工事の難易度にあわせて**熟練した配管工**を配置・指導し,工程管理・品質管理・安全管理などを確実に行う。

② 地形・地質,既存の地下埋設物の状況等について事前調査を十分に行い,それによって得られた情報を給水装置工事の施行に確実に反映させる。

③ 必要となる官公署等の手続きを漏れなく確実に行うことができるよう,関係の水道事業者の**供給規程のほか,関係法令等を調べる。**

④ 水道法に基づく給水装置の構造・材質基準に定められた油類の浸透防止,酸・アルカリに対する防食,凍結防止などの工事の必要性の有無なども調べる。

(6) 水道事業者等との調整

① 水道事業者と,**供給規程**及び,それに基づいて定められている細則などにより,給水装置工事の施工の内容,**計画等**についてあらかじめ**打ち合わせる。**

② **道路の下の配管工事**については,工事の時期・時間帯・工事方法などについて,あらかじめ**水道事業者や道路管理者などの承認**や許可を受ける。
　　また,通行者及び通行車両の安全確保の他,水道以外のガス管,電力線及び電話線等の保安についても配慮を求められる。

2-2 計画段階

(1) 給水装置，機材の選定

① 給水装置工事の適正を確保するためには，構造・材質基準に定められた性能基準に適合した給水管や給水用具を使用する。

② 給水装置工事主任技術者は，給水装置の構造・材質基準を熟知し，基準に適合していることが確認できる給水管や給水用具の中から，現場の状況に合ったものを選択する。

③ 現場によっては，施主等から，工事に使用する給水管や給水用具を指示される場合があるが，それらが基準に適合しないものであれば使用せず，使用できない理由を明確にして施主等と協議調整をする。

④ 水道事業者の施設である配水管に給水管を接続する工事について水道事業者による使用機材・工法の指示がある場合は，それに従う。

⑤ 水道事業者は，地震等の災害対策や，被災した場合の応急復旧を迅速に行うことなどを目的として，供給規程等において道路下の部分の給水管や給水用具の構造・材質を制約していることがあり，そのような場合には，その規制に適合した製品を用いる。

(2) 工事方法の決定

① 給水装置工事は，給水管や給水用具からの汚水の吸引や逆流，外部からの圧力による破壊，酸・アルカリによる侵食や電食，凍結などが生ずることがないように，**構造・材質基準に定められた給水システムに係る基準を必ず満足するように**行う。

② 弁類や継手，給水管の末端に設ける給水用具の中には，現場の条件によっては使用に適さないものもあるので，それぞれの仕様や性能，**施工上の留意事項を熟知**したうえで用いる。

(3) 必要な機械器具の手配

給水装置工事には，配水管と給水管の接合，管の切断・接合，給水用具の給水管への取り付けなどの様々な工種があり，使用する材料にも金属製品や樹脂製品などがあり，その種類によって施工方法は一様ではない。

そのため，工種や使用材料に応じた適正な機械器具を判断し，施工計画に反映し，現場の施工に用いることができるように手配等を行う。

(4) 施工計画・施工図の作成

給水装置工事は，建築物の建築の工程と調整しつつ行うことになるため，工事を**無駄や無理のない段取り**によって施工する。

また，工事の品質を確保するうえで必要な工程に制約が生じるようであれば，それを建築工程に反映するように**協議調整**する。

(5) 設計審査

給水装置の構造，材質が水道法施行令の基準に適合していることと，給水装置が配水管等に影響を与えることがないよう，設計内容について，当該水道事業者の審査を受ける。

① 分 岐 箇 所：分岐箇所及び分岐口径の適否，配水管の位置等

② 使 用 状 況：所要水量，使用形態，所要水量と受水槽容量等

③ 止水栓及びメータの設置位置

④ 配　　　管：管種，管口径，配管位置，配管構造及び管防護等の適否

⑤ 逆 流 防 止：逆流防止装置の設置位置，吐水口の確認

⑥ 取付器具の適否

⑦ 加圧ポンプ：設置位置，施行令5条に適合することの確認

⑧ 集合住宅におけるメータ設置位置

⑨ 受水槽の設置位置

2-3　施工段階

(1) 配水管からの分岐以降水道メータまでの工事の施行

> 　配水管から分岐して給水管を設ける工事及び給水装置の配水管への取付口から水道メータまでの工事を施行する場合において，当該配水管及び他の地下埋設物に変形，破損その他の異常を生じさせることがないよう**適切に作業を行うことができる技能を有する者を従事させ**，又はその者に当該工事に従事する他の者を実施に監督させること。
>
> （法施行規則第 36 条第 1 第二号）

適切に作業を行うことができる技能を有する者

　配水管への分水栓の取付け，配水管の穿孔，給水管の接合等の配水管から給水管を分岐する工事に係る作業及び当該分岐部から水道メータまでの配管工事に係る作業について，配水管その他の地下埋設物に変形，破損その他の異常を生じさせないよう，適切な資機材，工法，地下埋設物の防護の方法を選択し，正確な作業を実施することができる者をいう。

(2) 工事従事者に対する技術上の指導監督

① 　給水装置工事は，様々な単位工程の組み合わせであり，それらの中には難度の高い熟練した技術力を必要とするものもある。

　そのため，**給水装置工事主任技術者は**，工種と現場の状況に応じて，必要な能力を有する配管工などの配置計画をたてるとともに，**工事従事者の役割分担と責任範囲を明確**にし，品質目標に適合した工事が行われるよう，**適切な技術的指導**を行う。

② 　特に，配水管と給水管の接続工事や道路の配管工事については，適正な工事が行われなかった場合には水道施設を損傷したり，汚水の流入による広範囲にわたる水質汚染事故を生じたり，公道部分における漏水で道路の陥没などの事故を起こすことがあるので，十分な知識と熟練した**技能を有する者**に工事を行わせるか又は実地に監督させる。

(3) 工程管理，品質管理，安全管理

① 　施工段階における**工程管理・品質管理**は給水装置工事主任技術者が職務として行う給水装置工事の技術上の管理のうち，根幹的なものである。

② 　給水装置工事主任技術者は，調査段階・計画段階に得られた情報に基づき，また，計画段階で関係者と調整して作成した施工計画に基づき，最適な工事工程を定め，それを管理する。

③ 　品質管理は，工事の発注者に対して，あらかじめ契約書などで約束している給水装置を提供するために必要不可欠である。

　給水装置工事主任技術者は，職務として，給水装置の構造及び材質が基準に適合していることの確認を行う。そのためには，**竣工時の検査**のみならず，自ら，又は**信頼できる工事従事者に指示**することにより，**工程ごとの工事品質の確認**を励行する。

例えば，配水管の穿孔を慎重に行ない破損しないようにすること，給水管の管端から土砂が入らないようにすること，樹脂管接続箇所の接水部分に接着剤が付着しないようにすることなど，水の汚染や漏水が生じることがないように工事の品質管理を行う。

④　安全管理は，**工事従事者の安全**の確保と，工事の実施に伴う**公衆に対する安全**の確保がある。

(4) 工事従事者の健康の管理

　給水装置を流れる水は配水管の中の水と一体のものであり，どのような給水装置の工事であっても，水道水を汚染しないように十分に注意する。

　そのため，給水装置工事主任技術者は，工事従事者の健康状況にも注意し，病原体がし尿に排泄される赤痢等の保菌者が給水装置工事に従事し，水道水が汚染されるといった事態が生じないよう管理する。

2-4　検査段階

(1) 工事の竣工検査

①　給水装置工事主任技術者は自ら，又はその責任のもと信頼できる工事従事者に指示することにより，適正な竣工検査を確実に実施する。

②　竣工検査は，新設・改造・修繕・撤去等の工事を行った後の給水装置が構造・材質基準に適合しているものになっていることを確認するための最終的な工事品質確認である。

③　適正な竣工検査の実施は発注者の信頼を確保するためにも重要な工程である。

(2) 水道事業者が行う検査の際の立ち会い

①　水道事業者は，給水装置工事を施工した指定給水装置工事事業者に対し，**その工事を施工した事業所の給水装置工事主任技術者を検査に立ち会わせることができる。**

②　給水装置工事主任技術者は，この立ち会いの際，施工した給水装置工事の内容について水道事業者に説明し，給水装置が構造・材質基準に適合していることについて水道事業者の納得を得る。

指定給水装置工事事業者による給水装置工事主任技術者の支援

　指定給水装置工事事業者（以下，指定工事事業者）は，給水装置工事主任技術者が職務を誠実に行うことができるように，その支援を行うとともに職務遂行上支障を生じさせないようにしなければならない。

施第36条　　　　　　　　　**事業の運営の基準**　　　　　　　　　施行規則

> 一　給水装置工事（第13条に規定する給水装置の軽微な変更を除く。）ごとに，法第25条の4第1項の規定により選任した**給水装置工事主任技術者のうちから**，当該工事に関して法第25条の4第3項各号に掲げる職務を行う者を**指名**すること。

　給水装置工事を適正に行い，水道法に基づく構造・材質基準に適合した給水装置を施主に提供するためには，指定工事事業者は**給水装置工事の現場ごとに指名した給水装置工事主任技術者**がその職務を十分に遂行できるようにしなければならない。
　例えば，給水装置工事主任技術者が資料に基づいて構造・材質基準に適合していないことを指摘している給水用具について，指定工事事業者が経営上の観点からその使用を強制すれば，給水装置工事主任技術者はその現場の給水装置を構造・材質基準に適合させることが不可能になる。

施第36条　　　　　　　　　**事業の運営の基準**　　　　　　　　　施行規則

> 二　**配水管から分岐して給水管を設ける工事**及び**給水装置の配水管への取付口から水道メーターまでの工事**を施行する場合において，当該配水管及び他の地下埋設物に変形，破損その他の異常を生じさせることがないよう**適切に作業を行うことができる技能を有する者を従事**させ，又はその者に当該工事に従事する他の者を実地に**監督**させること。

　指定工事事業者は，給水装置工事に従事する職員や，使用する機械器具についても，給水装置工事主任技術者の職務が円滑に遂行できるように支援しなければならない。

施第36条　　　　　　　　　**事業の運営の基準**　　　　　　　　　施行規則

> 三　水道事業者の給水区域において前号に掲げる工事を施行するときは，あらかじめ当該水道事業者の承認を受けた工法，工期その他の工事上の条件に適合するように当該工事を施行すること。
>
> 四　給水装置工事主任技術者及びその他の給水装置工事に従事する者の給水装置工事の施行技術の向上のために，**研修の機会**を確保するよう努めること。

● 指定工事事業者は，給水装置工事主任技術者や工事従事者の施工技術の向上のために給水装置工事に関する知識や経験を伝達する社内研修の機会を確保するよう努めなければならない。
● 給水装置工事主任技術者は常に技術の研鑽に務めるとともに，現場の実績等の技術的情報を指定工事事業者に伝え，工事の技術力の向上に活用していく必要がある。

給水装置工事記録の保存

 指定給水装置工事事業者は，事業運営の基準に従い，施行した給水装置工事に係る記録を整備し，3年間保存しなければならない。
 給水装置工事主任技術者は，この記録を適正に整備しなければならない。

| 施第36条 | 事業の運営の基準 | 施行規則 |

> 六 施行した給水装置工事（第13条に規定する給水装置の軽微な変更を除く。）ごとに，第1号の規定により指名した給水装置工事主任技術者に次の各号に掲げる事項に関する記録を作成させ，当該記録をその作成の日から**3年間保存**すること。
> イ 施主の氏名又は名称
> ロ 施行の場所
> ハ 施行完了年月日
> ニ 給水装置工事主任技術者の氏名
> ホ 竣工図
> ヘ 給水装置工事に使用した給水管及び給水用具に関する事項
> ト 法第25条の4第3項第3号の確認の方法及びその結果

● 記録については特に様式が定められているものではない。したがって水道事業者に給水装置工事の施行を申請したときに用いた申請書に記録として残すべき事項が記録されていれば，その写しを記録として保存することもできる。
 また，**電子記録を活用する**こともできるので，事務の遂行に最も都合がよい方法での記録を作成して保存すればよい。

● **記録の作成**は，施行した給水装置工事主任技術者に行わせることになるが**給水装置工事主任技術者の指導・監督のもとで他の従業員が行ってもよい**。

● 給水装置工事主任技術者は，個別の給水装置工事ごとに，その調査段階で得られた技術的情報，施行計画の作成に当たって特に留意した点，配管上特に工夫したこと，工程ごとの構造・材質基準への適合に関して講じた確認・改善作業の概要等を記録に止めておくことが望ましい。

● 給水装置工事主任技術者は，給水装置工事を施行する際に生じた技術的な疑問点等については，できるだけ早く確認したうえで，工事の技術力の向上に活用していくことが望ましい。

5 給水管及び給水用具の認証制度

「基準省令」の「7項目の性能基準」により、給水装置工事に使用する給水管、給水用具の構造・材質が基準省令に適合する「**基準適合品**」であるかどうかの客観的判断が行われ、基準適合品を使用することが義務付けられている。

一般消費者や指定給水装置工事事業者及び水道事業者等が基準適合品であることを知る方法として**認証制度**がある。

この認証制度による証明方法には「**自己認証**」と「**第三者認証**」がある。

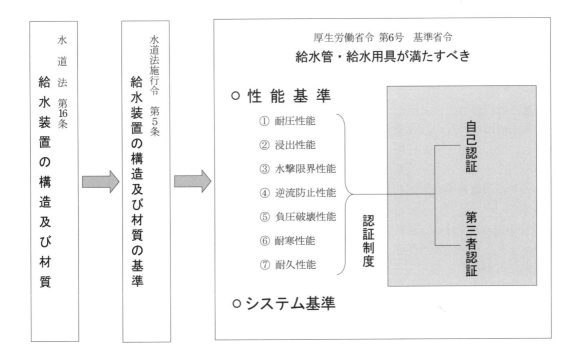

指定給水装置工事事業者は、給水装置工事に使用しようとする給水管や給水用具について、**その製品の製造者に対して構造・材質基準に適合していることが判断できる資料の提出を求め**ることなどにより、基準に適合している製品を確実に使用しなければならない。

5-1 自己認証

構造・材質の基準適合性の証明方法は「**自己認証**」を基本としている。

(1) 自己認証は，製造業者等が自ら又は製品試験機関等に委託して得たデータや資料等によって給水装置用材料が基準適合品であることを自らの責任で証明する。

(2) 自己認証の方法は，各製品が設計段階で基準省令に定める性能基準に適合していることを示す自社検査証印の表示と当該製品が製造段階で品質の安定性が確保されていることの証明書（ISO（国際標準化機溝）9000シリーズの認証取得や活用等）が必要となる。
　設計段階での基準適合性は，自らが得た検査データや資料により基準適合性を証明してもよく，また，第三者の製品検査機関に依頼して証明してもよい。

(3) 製品の基準適合性や品質の安定性を示す証明書等が，製品の種類ごとに，消費者，指定給水装置工事事業者や水道事業者に提出されることになる。

5-2 第三者認証

(1) **第三者認証**は，自己認証が困難な製造業者の希望に応じて中立的な第三者機関が製品試験・工場検査を行い基準適合品として証明・認証する仕組みである。
　この場合，第三者認証機関は，製品サンプル試験を行い，性能基準に適合しているか否かを判定するとともに，基準適合製品が安定・継続して製造されているか否か等の検査を行って基準適合性を認証したうえで，当該認証機関の**認証マーク**を製品に**表示**することを認める。
　マークの表示は，「品質認証マーク管理要綱」の定めにより，検査職員の立会いを要せずマークを自由に表示でき，場合によってはマークを表示しないこともメーカーの自由な選択にまかせている。

(2) 第三者認証機関は，社会的に高い信頼性が求められるとともに，合理的かつ透明性を有する業務の運営を行うこと，国際的に整合のとれた認証業務を行うことが必要となる。
　なお，この第三者認証機関として現在，日本水道協会（JWWA），日本燃焼機器検査協会（JHIA），電気安全環境研究所（JET），日本ガス機器検査協会（JIA）などがある。

シールの場合　　押印・打刻・鋳出しの場合

表示マーク

(3) 第三者認証を行う機関の要件及び業務実施方法については，国際整合化等の観点から，**ISOのガイドライン**（ISO/IECガイド65）に準拠したものであることが望ましい。
なお，厚生労働省では「給水装置に係る第三者認証機関の業務等の指針」を定めている。

(4) **JISマーク表示制度**は，登録認証機関の登録基準としてISO/IEC（国際標準化機構/国際電気標準会議）のガイドラインを採用して国際的な適正評価制度となっており，登録認証機関が製造工場の品質管理体制を審査し，かつ，製品のJIS適合試験をすることにより，JISマークの表示を認めるものである。
JIS規格に基づく製品は，製造事業者自らが自己認証するものとJISマーク表示品があり，JISマーク表示品にはJISマークと認証機関のマークが表示されており，構造・材質基準に適合しているものは，認証品といえる。

(5) 水道事業者は，第三者認証マークが表示されているなどにより性能基準に適合していることが客観的に明らかにされている製品について，製造業者に対し性能基準に係る重複検査を求めることは適当でない。また，性能基準に適合しているにもかかわらず，第三者認証品でないことをもってその使用を認めないようなことがあってはならない。

5-3　製品規格と「基準省令」との関係についての運用

「基準省令」の性能基準を満足する製品規格（日本工業規格，並びに性能条件が「基準省令」同等以上に厳しいもの）に適合している製品を**基準適合品**という。
給水装置用材料が使用可能か否かについては，基準省令に適合しているか否かであり，これを消費者，指定給水装置工事事業者，水道事業者等が判断することになる。

5-4　基準適合品の確認方法

① 給水装置用材料が使用可能か否かについて，消費者，指定給水装置工事事業者，水道事業者等が判断するためには，基準適合情報の普及が重要である。

② 個々の給水管及び給水用具がどの項目について基準を満足しているのかについての情報は，製造業者（自己認証）に問い合わせて入手するか，厚生労働省の設置している「**給水装置データベース**」にも掲載されている。
「給水装置データベース」とは，製品ごとの性能基準への適合性に関する情報が全国的に利用できる。また，第三者認証機関のホームページにおいても情報提供サービスが行われている。

③ 「給水装置データベース」では，基準に適合した製品名，製造業者名，基準適合の内容等に関する情報を集積している。

④ 「給水装置データベース」に掲載されている情報は製造業者等の自主情報に基づくものであり内容についてはその情報提供者が一切の責任を負う。

基準適合品の使用等

　給水装置工事主任技術者は，給水装置工事を施工したあとの給水装置が構造・材質基準に適合するように技術上の管理を行わなければならない。そのためには，構造・材質基準に適合した給水管や給水用具を用い，また，工事の種別や使用材料に適した機械器具などを用いて給水装置工事を行わなければならない。

施第36条　　　　　　　　　事業の運営の基準　　　　　　　　施行規則

　五　次に掲げる行為を行わないこと。
　　イ　令5条に規定する**基準に適合しない給水装置**を設置すること。
　　ロ　給水管及び給水用具の**切断，加工，接合等に適さない機械器具**を使用すること。

● 給水装置工事主任技術者は，給水装置工事に使用する製品について，その製品の製造者に対して構造・材質基準に適合していることが判断できる資料の提出を求めることなどにより，基準に適合している製品を使用しなければならない。

● 給水装置に用いる製品は，構造・材質基準に適合していることを自己認証により証明された製品，又は第三者認証機関によって認証（「第三者認証」）され，その認証済みマークが表示されている製品を，使用しなければならない。

● 給水装置工事主任技術者は，指定工事事業者が行う給水装置工事の技術力の要であり，給水装置が構造・材質基準に適合するようにするために，工事の技術上の管理や基準適合性の確認などの職務を誠実に行わなければならない。
　したがって，給水装置工事主任技術者は，給水装置の構造・材質基準を熟知し，給水管や給水用具が性能基準に適合しているものであること，工事の実施方法がシステム基準に適合した適正なものであることの技術的な判断を行わなければならない。
　その際，仮に施主が使用を希望する給水用具であっても基準に適合していないものであれば，それを使用しないことについて自ら又は営業担当者等を通じて施主に説明して理解を得なければならない。

● 給水装置工事には，使用する給水管及び給水用具は種類が多く給水管は管種によって切断・加工・接合など種々な工種があり，給水用具の取り付けも各種の方法がある。
　したがって，給水装置工事主任技術者は使用する給水管・給水用具の工種に応じた適正な機械器具を用いて施工し，給水システム全体が基準に適合したものにしなければならない。

付　録

関 係 法 令

- ・ 水道法（抄）　260
- ・ 水道法施行令（抄）　267
- ・ 水道法施行規則（抄）　268
- ・ 給水装置の構造及び材質の基準に関する省令　272
- ・ 給水条例（規程）―例―（抄）　276

水　道　法　（抄）

制　　定　昭和32年　法律第177号
最近改正　平成23年　法律第 122 号

第1章　総　　則

（この法律の目的）

第1条　この法律は，水道の布設及び管理を適正かつ合理的ならしめるとともに，水道を計画的に整備し，及び水道事業を保護育成することによって，清浄にして豊富低廉な水の供給を図り，もって公衆衛生の向上と生活環境の改善とに寄与することを目的とする。

（責務）

第2条　国及び地方公共団体は，水道が国民の日常生活に直結し，その健康を守るために欠くことのできないものであり，かつ，水が貴重な資源であることにかんがみ，水源及び水道施設並びにこれらの周辺の清潔保持並びに水の適正かつ合理的な使用に関し必要な施策を講じなければならない。

2　国民は，前項の国及び地方公共団体の施策に協力するとともに，自らも，水源及び水道施設並びにこれらの周辺の清潔保持並びに水の適正かつ合理的な使用に努めなければならない。

第2条の2　（略）p.14参照（地方公共団体及び国の責務）

（用語の定義）

第3条　この法律において「水道」とは，導管及びその他の工作物により，水を人の飲用に適する水として供給する施設の総体をいう。ただし，臨時に施設されたものを除く。

2　この法律において「水道事業」とは，一般の需要に応じて，水道により水を供給する事業をいう。ただし，給水人口が100人以下である水道によるものを除く。

3　この法律において「簡易水道事業」とは，給水人口が5000人以下である水道により，水を供給する水道事業をいう。

4　この法律において「水道用水供給事業」とは，水道により，水道事業者に対してその用水を供給する事業をいう。ただし，水道事業者又は専用水道の設置者が他の水道事業者に分水する場合を除く。

5　この法律において「水道事業者」とは，第6条第1項の規定による認可を受けて水道事業を経営する者をいい，「水道用水供給事業者」とは，第26条の規定による認可を受けて水道用水供給事業を経営する者をいう。

6　この法律において「専用水道」とは，寄宿舎，社宅，療養所等における自家用の水道その他水道事業の用に供する水道以外の水道であって，次の各号のいずれかに該当するものをいう。ただし，他の水道から供給を受ける水のみを水源とし，かつ，その水道施設のうち地中又は地表に施設されている部分の規模が政令で定める基準以下である水道を除く。

　一　100人を越える者にその住居に必要な水を供給するもの。

　二　その水道施設の一日最大給水量（一日に給水することができる最大の水量をいう。以下同じ。）が政令で定める基準を超えるもの

7　この法律において「簡易専用水道」とは，水道事業の用に供する水道及び専用水道以外の水道であって，水道事業の用に供する水道から供給を受ける水のみを水源とするものをいう。ただし，その用に供する施設の規模が政令で定める基準以下のものを除く。

8　この法律において「水道施設」とは，水道のための取水施設，貯水施設，導水施設，浄水施設，送水施設及び配水施設（専用水道にあっては，給水の施設を含むものとし，建築物に設けられたものを除く。以下同じ）であって，当該水道事業者，水道用水供給事業者又は専用水道の設置者の管理に属するものをいう。

9　この法律において「給水装置」とは，需要者に水を供給するために水道事業者の施設した配水管から分岐して設けられた給水管及びこれに直結する給水用具をいう。

10　この法律において「水道の布設工事」とは，水道施設の新設又は政令で定めるその増設若しくは改造の工事をいう。

11　この法律において「給水装置工事」とは，給水装置の設置又は変更の工事をいう。

12　この法律において「給水区域」，「給水人口」及び「給水量」とは，それぞれ事業計画において定める給水区域，給水人口及び給水量をいう。

（水質基準）

第4条　水道により供給される水は，次の各号に掲げる要件を備えるものでなければならない。

　一　病原生物に汚染され，又は病原生物に汚染されたことを疑わせるような生物若しくは物質を含むものでないこと。

　二　シアン，水銀その他の有毒物質を含まないこと。

　三　銅，鉄，弗素，フェノールその他の物質をその許容量を超えて含まないこと。

　四　異常な酸性又はアルカリ性を呈しないこと。

五　異常な臭味がないこと。ただし，消毒による臭味を除く。

六　外観は，ほとんど無色透明であること。

2　前項各号の基準に関して必要な事項は，厚生労働省令で定める。

（施設基準）

第5条　水道は，原水の質及び量，地理的条件，当該水道の形態等に応じ，取水施設，貯水施設，導水施設，浄水施設，送水施設及び配水施設の全部又は一部を有すべきものとし，その各施設は，次の各号に掲げる要件を備えるものでなければならない。

一　取水施設は，できるだけ良質の原水を必要量取り入れることができるものであること。

二　貯水施設は，渇水時においても必要量の原水を供給するのに必要な貯水能力を有するものであること。

三　導水施設は，必要量の原水を送るのに必要なポンプ，導水管その他の設備を有すること。

四　浄水施設は，原水の質及び量に応じて，前条の規定による水質基準に適合する必要量の浄水を得るのに必要な沈でん池，濾過池その他の設備を有し，かつ，消毒設備を備えていること。

五　送水施設は，必要量の浄水を送るのに必要なポンプ，送水管その他の設備を有すること。

六　配水施設は，必要量の浄水を一定以上の圧力で連続して供給するのに必要な配水池，ポンプ，配水管その他の設備を有すること。

2　水道施設の位置及び配列を定めるにあたっては，その布設及び維持管理ができるだけ経済的で，かつ，容易になるようにするとともに，給水の確実性をも考慮しなければならない。

3　水道施設の構造及び材質は，水圧，土圧，地震力その他の荷重に対して充分な耐力を有し，かつ，水が汚染され，又は漏れるおそれがないものでなければならない。

4　前3項に規定するもののほか，水道施設に関して必要な技術的基準は，厚生労働省令で定める。

（広域的水道整備計画）

第5条2　地方公共団体は，この法律の目的を達成するため水道の広域的な整備を図る必要があると認めるときは，関係地方公共団体と共同して，水道の広域的な整備に関する基本計画（以下「広域的水道整備計画」という。）を定めるべきことを都道府県知事に要請することができる。

2・3　　　　（略）

4　広域的水道整備計画は，当該地域における水系，地形その他の自然的条件及び人口，土地利用その他の社会的条件，水道により供給される水の需要に関する長期的な見通し並びに当該地域における水道の整備の状況を勘案して定めなければならない。

5・6　　　　（略）

第2章　水道事業

第1節　事業の認可等

（事業の認可及び経営主体）

第6条　水道事業を経営しようとする者は，厚生労働大臣の認可を受けなければならない。

2　水道事業は，原則として市町村が経営するものとし，市町村以外の者は，給水しようとする区域をその区域に含む市町村の同意を得た場合に限り，水道事業を経営することができるものとする。

（認可基準）

第8条　水道事業経営の認可は，その申請が次の各号に適合していると認められるときでなければ，与えてはならない。

一　当該水道事業の開始が一般の需要に適合すること。

二　当該水道事業の計画が確実かつ合理的であること。

三　水道施設の工事の設計が第5条の規定による施設基準に適合すること。

四　給水区域が他の水道事業の給水区域と重複しないこと。

五　供給条件が第14条第2項各号に掲げる要件に適合すること。

六　地方公共団体以外の者の申請に係る水道事業にあっては，当該事業を遂行するに足りる経理的基礎があること。

七　その他当該水道事業の開始が公益上必要であること。

2　　　　（略）

（技術者による布設工事の監督）

第12条　水道事業者は，水道の布設工事を自ら施行し，又は他人に施行させる場合においては，その職員を指名し，又は第三者に委嘱して，その工事の施行に関する技術上の監督業務を行わせなければならない。

2　前項の業務を行う者は，政令で定める資格を有する者でなければならない。

（給水開始前の届出及び検査）

第13条 水道事業者は，配水施設以外の水道施設又は配水地を新設し，増設し又は改造した場合において，その新設，増設又は改造に係る施設を使用して給水を開始しようとするときは，あらかじめ，厚生労働大臣にその旨を届け出て，かつ，厚生労働省令の定めるところにより，水質検査及び施設検査を行わなければならない。

2 水道事業者は，前項の規定による水質検査及び施設検査を行ったときは，これに関する記録を作成し，その検査を行った日から起算して5年間，これを保存しなければならない。

第2節 業務

（供給規程）

第14条 水道事業者は，料金，給水装置工事の費用の負担区分その他の供給条件について，供給規程を定めなければならない。

2 前項の供給規程は，次の各号に掲げる要件に適合するものでなければならない。

　一 料金が，能率的な経営の下における適正な原価に照らし公正妥当なものであること。

　二 料金が，定率又は定額をもって明確に定められていること。

　三 水道事業者及び水道の需要者の責任に関する事項並びに給水装置工事の費用の負担区分及びその額の算出方法が，適正かつ明確に定められていること。

　四 特定の者に対して不当な差別的取扱いをするものでないこと。

　五 貯水槽水道（水道事業の用に供する水道及び専用水道以外の水道であって，水道事業の用に供する水道から供給を受ける水のみを水源とするものをいう。以下この号において同じ。）が設置される場合においては，貯水槽水道に関し，水道事業者及び当該貯水槽水道の設置者の責任に関する事項が，適正かつ明確に定められていること。

3 前項各号に規定する基準を適用するについて必要な技術的細目は，厚生労働省令で定める。

4 水道事業者は，供給規程をその実施の日までに一般に周知させる措置をとらなければならない。

5 水道事業者が地方公共団体である場合にあっては，供給規程に定められた事項のうち料金を変更したときは，厚生労働省令で定めるところにより，その旨を厚生労働大臣に届け出なければならない。

6 水道事業者が地方公共団体以外のものである場合にあっては，供給規程に定められた供給条件を変更

しようとするときは，厚生労働大臣の認可を受けなければならない。

7 厚生労働大臣は，前項の認可の申請が第2項各号に掲げる要件に適合していると認めるときは，その認可を与えなければならない。

（給水義務）

第15条 水道事業者は，事業計画に定める給水区域内の需要者から給水契約の申込みを受けたときは，正当の理由がなければ，これを拒んではならない。

2 水道事業者は，当該水道により給水を受ける者に対し，常時水を供給しなければならない。ただし，第40条第1項の規定による水の供給命令を受けたため，又は災害その他正当な理由があってやむを得ない場合には，又給水区域の全部又は一部につきその間給水を停止することができる。この場合には，やむを得ない事情がある場合を除き，給水を停止しようとする区域及び期間をあらかじめ関係者に周知させる措置をとらなければならない

3 水道事業者は，当該水道により給水を受ける者が料金を支払わないとき，正当な理由なしに給水装置の検査を拒んだとき，その他正当な理由があるときは，前項本文の規定にかかわらず，その理由が継続する間，供給規程の定めるところにより，その者に対する給水を停止することができる。

（給水装置の構造及び材質）

第16条 水道事業者は，当該水道によって水の供給を受ける者の給水装置の構造及び材質が，政令で定める基準に適合していないときは，供給規程の定めるところにより，その者の給水契約の申込を拒み，又はその者が給水装置をその基準に適合させるまでの間その者に対する給水を停止することができる。

（給水装置工事）

第16条の2 水道事業者は，当該水道によって水の供給を受ける者の給水装置の構造及び材質が前条の規定に基づく政令で定める基準に適合することを確保するため，当該水道事業者の給水区域において給水装置工事を適正に施行することができると認められる者の指定をすることができる。

2 水道事業者は，前項の指定をしたときは，供給規程の定めるところにより，当該水道によって水の供給を受ける者の給水装置が当該水道事業者又は当該指定を受けた者（以下「指定給水装置工事事業者」という）の施行した給水装置工事に係るものであることを供給条件とすることができる。

3 前項の場合において，水道事業者は，当該水道によって水の供給を受ける者の給水装置が当該水道事業者又は指定給水装置工事事業者の施行した給水装置工事に係るものでないときは，供給規程の定めるところにより，その者の給水契約の申込みを拒み，又はその者に対する給水を停止することができる。ただし，厚生労働省令で定める給水装置の軽微な変更であるとき，又は当該給水装置の構造及び材質が前条の規定に基づく政令で定める基準に適合していることが確認されたときは，この限りでない。

（給水装置の検査）

第17条 水道事業者は，日出後日没前に限り，その職員をして，当該水道によって水の供給を受ける者の土地又は建物に立ち入り，給水装置を検査させることができる。ただし，人の看守し，若しくは人の住居に使用する建物又は閉鎖された門内に立ち入るときは，その看守者，居住者又はこれらに代わるべき者の同意を得なければならない。

2 前項の規定により給水装置の検査に従事する職員は，その身分を示す証明書を携帯し，関係者の請求があったときは，これを提示しなければならない。

（検査の請求）

第18条 水道事業によって水の供給を受ける者は，当該水道事業者に対して，給水装置の検査及び供給を受ける水の水質検査を請求することができる。

2 水道事業者は，前項の規定による請求を受けたときは，すみやかに検査を行い，その結果を請求者に通知しなければならない。

（水道技術管理者）

第19条 水道事業者は，水道の管理について技術上の業務を担当させるため，水道技術管理者一人を置かなければならない。ただし，自ら水道技術管理者となることを妨げない。

2 水道技術管理者は，次に掲げる事項に関する事務に従事し，及びこれらの事務に従事する他の職員を監督しなければならない。

一 水道施設が第5条の規定による施設基準に適合しているかどうかの検査。

二 第13条第1項の規定による水質検査及び施設検査

三 給水装置の構造及び材質が第16条の規定に基づく政令で定める基準に適合しているかどうかの検査

四 次条第1項の規定による水質検査

五 第21条第1項の規定による健康診断

六 第22条の規定による衛生上の措置

七 第23条第1項の規定による給水の緊急停止

八 第37条前段の規定による給水停止

3 水道技術管理者は，政令で定める資格を有する者でなければならない。

（水質検査）

第20条 水道事業者は，厚生労働省令の定めるところにより，定期及び臨時の水質検査を行わなければならない。

2 水道事業者は，前項の規定による水質検査を行ったときは，これに関する記録を作成し，水質検査を行った日から起算して5年間，これを保存しなければならない。

3 水道事業者は，第1項の規定による水質検査を行うため，必要な検査施設を設けなければならない。
　ただし，当該水質検査を厚生労働省令の定めるところにより，地方公共団体の機関又は厚生労働大臣の指定する者に委託して行うときは，この限りでない。

（受託義務等）

第20条の6 第20条第3項の登録を受けた者（以下「登録水質検査機関」という。）は，同項の水質検査の委託の申し込みがあったときは，正当な理由がある場合を除き，その受託を拒んではならない。

2 登録水質検査機関は，公正に，かつ，厚生労働省令で定める方法により水質検査を行わなければならない。

（健康診断）

第21条 水道事業者は，水道の取水場，浄水場又は配水池において業務に従事している者及びこれらの施設の設置場所の構内に居住している者について，厚生労働省令の定めるところにより，定期及び臨時の健康診断を行わなければならない。

2 水道事業者は，前項の規定による健康診断を行ったときは，これに関する記録を作成し，健康診断を行った日から一年間これを保存しなければならない。

（衛生上の措置）

第22条 水道事業者は，厚生労働省令の定めるところにより，水道施設の管理及び運営に関し，消毒その他衛生上必要な措置を講じなければならない。

（給水の緊急停止）

第23条 水道事業者は，その供給する水が人の健康を害するおそれがあることを知ったときは，直ちに給水を停止し，かつ，その水を使用することが危険である旨を関係者に周知させる措置を講じなければならない。

2 水道事業者の供給する水が人の健康を害するおそれがあることを知った者は，直ちにその旨を当該水道事業者に通報しなければならない。

（消火栓）

第24条 水道事業者は，当該水道に公共の消防のための消火栓を設置しなければならない。

2 市町村は，その区域内に消火栓を設置した水道事業者に対し，その消火栓の設置及び管理に要する費用その他その水道が消防用に使用されることに伴い増加した水道施設の設置及び管理に要する費用につき，当該水道事業者との協議により，相当額の補償をしなければならない。

3 水道事業者は，公共の消防用として使用された水の料金を徴収することができない。

（情報提供）

第24条の2 水道事業者は，水道の需要者に対し，厚生労働省令で定めるところにより，第20条第1項の規定による水質検査の結果その他水道事業に関する情報を提供しなければならない。

（業務の委託）

第24条の3 水道事業者は，政令で定めるところにより，水道の管理に関する技術上の業務の全般又は一部を他の水道事業者若しくは水道用水供給事業者又は当該業務を適正かつ確実に実施することができる者として政令で定める要件に該当するものに委託することができる。

第3節　指定給水装置工事事業者

（指定の申請）

第25条の2 第16条の2第1項の指定は，給水装置工事の事業を行う者の申請により行う。

2 第16条の2第1項の指定を受けようとする者は，厚生労働省令で定めるところにより，次に掲げる事項を記載した申請書を水道事業者に提出しなければならない。

　一　氏名又は名称及び住所並びに法人にあっては，その代表者の氏名

　二　当該水道事業者の給水区域について給水装置工事の事業を行う事業所（以下この節において単に「事業所」という）の名称及び所在地並びに第25条の4第1項の規定によりそれぞれの事業所において選任されることとなる給水装置工事主任技術者の氏名

　三　給水装置工事を行うための機械器具の名称，性能及び数

　四　その他厚生労働省令で定める事項

（指定の基準）

第25条の3 水道事業者は，第16条の2第1項の指定の申請をした者が次の各号のいずれにも適合していると認めるときは，同項の指定をしなければならない。

　一　事業所ごとに，次条第1項の規定により給水装置工事主任技術者として選任されることとなる者を置く者であること。

　二　厚生労働省令で定める機械器具を有する者であること。

　三　次のいずれにも該当しない者であること。

　　イ　成年被後見人若しくは被保佐人又は破産者で復権を得ないもの

　　ロ　この法律に違反して，刑に処せられ，その執行を終わり，又は執行を受けることがなくなった日から2年を経過しない者

　　ハ　第25条の11第1項の規定により指定を取り消され，その取消しの日から2年を経過しない者

　　ニ　その業務に関し不正又は不誠実な行為をするおそれがあると認めるに足りる相当の理由がある者

　　ホ　法人であって，その役員のうちにイからニまでのいずれかに該当する者があるもの

2 水道事業者は，第16条の2第1項の指定をしたときは，遅滞なく，その旨を一般に周知させる措置をとらなければならない。

（給水装置工事主任技術者）

第25条の4 指定給水装置工事事業者は，事業所ごとに，第3項各号に掲げる職務をさせるため，厚生労働省令で定めるところにより，給水装置工事主任技術者免状の交付を受けている者のうちから，給水装置工事主任技術者を選任しなければならない。

2 指定給水装置工事事業者は，給水装置工事主任技術者を選任したときは，遅滞なく，その旨を水道事業者に届け出なければならない。これを解任したときも，同様とする。

3 給水装置工事主任技術者は，次に掲げる職務を誠実に行わなければならない。

　一　給水装置工事に関する技術上の管理

　二　給水装置工事に従事する者の技術上の指導監督

　三　給水装置工事に係る給水装置の構造及び材質が第16条の規定に基づく政令で定める基準に適合していることの確認

　四　その他厚生労働省令で定める職務

4 給水装置工事に従事する者は，給水装置工事主任技術者がその職務として行う指導に従わなければならない。

（給水装置工事主任技術者免状）
第25条の5 給水装置工事主任技術者免状は，給水装置工事主任技術者試験に合格した者に対し，厚生労働大臣が交付する。
2 厚生労働大臣は，次の各号のいずれかに該当する者に対しては，給水装置工事主任技術者免状の交付を行わないことができる。
　一 次項の規定により給水装置工事主任技術者免状の返納を命ぜられ，その日から1年を経過しない者
　二 この法律に違反して，刑に処せられ，その執行を終わり，又は執行を受けることがなくなった日から2年を経過しない者
3 厚生労働大臣は，給水装置工事主任技術者免状の交付を受けている者がこの法律に違反したときは，その給水装置工事主任技術者免状の返納を命ずることができる。
4 前3項に規定するもののほか，給水装置工事主任技術者免状の交付，書換え交付，再交付及び返納に関し必要な事項は，厚生労働省令で定める。

（給水装置工事主任技術者試験）
第25条の6 給水装置工事主任技術者試験は，給水装置工事主任技術者として必要な知識及び技能について，厚生労働大臣が行う。
2 給水装置工事主任技術者試験は，給水装置工事に関して3年以上の実務の経験を有する者でなければ，受けることができない。
3 給水装置工事主任技術者試験の試験科目，受験手続その他給水装置工事主任技術者試験の実施細目は，厚生労働省令で定める。

（変更の届出等）
第25条の7 指定給水装置工事事業者は，事業所の名称及び所在地その他厚生労働省令で定める事項に変更があつたとき，又は給水装置工事の事業を廃止し，休止し，若しくは再開したときは，厚生労働省令で定めるところにより，その旨を水道事業者に届け出なければならない。

（事業の基準）
第25条の8 指定給水装置工事事業者は，厚生労働省令で定める給水装置工事の事業の運営に関する基準に従い，適正な給水装置工事の事業の運営に努めなければならない。

（給水装置工事主任技術者の立会い）
第25条の9 水道事業者は，第17条第1項の規定による給水装置の検査を行うときは，当該給水装置に係る給水装置工事を施行した指定給水装置工事事業者に対し，当該給水装置工事を施行した事業所に係る給水装置工事主任技術者を検査に立ち会わせることを求めることができる。

（報告又は資料の提出）
第25条の10 水道事業者は，指定給水装置工事事業者に対し，当該指定給水装置工事事業者が給水区域において施行した給水装置工事に関し必要な報告又は資料の提出を求めることができる。

（指定の取消し）
第25条の11 水道事業者は，指定給水装置工事事業者が次の各号のいずれかに該当するときは，第16条の2第1項の指定を取り消すことができる。
　一 第25条の3第1項各号に適合しなくなったとき。
　二 第25条の4第1項又は第2項の規定に違反したとき。
　三 第25条の7の規定による届出をせず，又は虚偽の届出をしたとき。
　四 第25条の8に規定する給水装置工事の事業の運営に関する基準に従った適正な給水装置工事の事業の運営をすることができないと認められるとき。
　五 第25条の9の規定による水道事業者の求めに対し，正当な理由なくこれに応じないとき。
　六 前条の規定による水道事業者の求めに対し，正当な理由なくこれに応じず，又は虚偽の報告若しくは資料の提出をしたとき。
　七 その施行する給水装置工事が水道施設の機能に障害を与え，又は与えるおそれが大であるとき。
　八 不正の手段により第16条の2第1項の指定を受けたとき。
2 第25条の3第2項の規定は，前項の場合に準用する。

第4節　指定試験機関

（指定試験機関の指定）
第25条の12 厚生労働大臣は，その指定する者（以下「指定試験機関」という）に，給水装置工事主任技術者試験の実施に関する事務（以下「試験事務」という）を行わせることができる。
2 指定試験機関の指定は，試験事務を行おうとする者の申請により行う。

第3章　水道用水供給事業

（事業の認可）

第26条　水道用水供給事業を経営しようとする者は，厚生労働大臣の認可を受けなければならない。

第4章　専用水道

（確認）

第32条　専用水道の布設工事をしようとする者は，その工事に着手する前に，当該工事の設計が第5条の規定による施設基準に適合するものであることについて，都道府県知事の確認を受けなければならない。

第4章の2　簡易専用水道

第34条の2　簡易専用水道の設置者は，厚生労働省令で定める基準に従い，その水道を管理しなければならない。

2　簡易専用水道の設置者は，当該簡易専用水道の管理について，厚生労働省令の定めるところにより，定期に，地方公共団体の機関又は厚生労働大臣の指定する者の検査を受けなければならない。

第5章　監　　督

（改善の指示等）

第36条　厚生労働大臣は水道事業又は水道用水供給事業について，都道府県知事は専用水道について，当該水道施設が第5条の規定による施設基準に適合しなくなったと認め，かつ，国民の健康を守るため緊急に必要があると認めるときは，当該水道事業者若しくは水道用水供給事業者又は専用水道の設置者に対して，期間を定めて，当該施設を改善すべき旨を指示することができる。

2　（略）

3　都道府県知事は，簡易専用水道の管理が第34条の2第1項の厚生労働省令で定める基準に適合していないと認めるときは，当該簡易専用水道の設置者に対して，期間を定めて，当該簡易専用水道の管理に関し，清掃その他の必要な措置を採るべき旨を指示することができる。

（給水停止命令）

第37条　厚生労働大臣は水道事業者又は水道用水供給事業者が，都道府県知事は専用水道又は簡易専用水道の設置者が，前条第1項又は第3項の規定に基

づく指示に従わない場合において，給水を継続させることが当該水道の利用者の利益を阻害すると認めるときは，その指示に係る事項を履行するまでの間，当該水道による給水を停止すべきことを命ずることができる。同条第2項の規定に基づく勧告に従わない場合において，給水を継続させることが当該水道の利用者の利益を阻害すると認めるときも，同様とする。

（報告の徴収及び立入検査）

第39条　厚生労働大臣は，水道（水道事業及び水道用水供給事業の用に供するものに限る。以下この項において同じ。）の布設若しくは管理又は水道事業若しくは水道用水供給事業の適正を確保するために必要があると認めるときは，水道事業者若しくは水道用水供給事業者から工事の施行状況若しくは事業の実施状況について必要な報告を徴し，又は当該職員をして水道の工事現場，事務所若しくは水道施設のある場所に立ち入らせ，工事の施行状況，水道施設，水質，水圧，水量若しくは必要な帳簿書類を検査させることができる。

2　都道府県知事は，水道（水道事業及び水道用水供給事業の用に供するものを除く。以下この項において同じ。）の布設又は管理の適正を確保するために必要があると認めるときは，専用水道の設置者から工事の施行状況若しくは専用水道の管理について必要な報告を徴し，又は当該職員をして水道の工事現場，事務所若しくは水道施設のある場所に立ち入らせ，工事の施行状況，水道施設，水質，水圧，水量若しくは必要な帳簿書類を検査させることができる。

3　都道府県知事は，簡易専用水道の管理の適正を確保するために必要があると認めるときは，簡易専用水道の設置者から簡易専用水道の管理について必要な報告を徴し，又は当該職員をして簡易専用水道の用に供する施設の在る場所若しくは設置者の事務所に立ち入らせ，その施設，水質若しくは必要な帳簿書類を検査させることができる。

4　前3項の規定により立入検査を行う場合には，当該職員は，その身分を示す証明書を携帯し，かつ，関係者の請求があったときは，これを提示しなければならない。

5　第1項，第2項又は第3項の規定による立入検査の権限は，犯罪捜査のために認められたものと解釈してはならない。

第6章　雑　　則

（水道用水の緊急応援）

第40条　都道府県知事は，災害その他非常の場合において，緊急に水道用水を補給することが公共の利益を保護するために必要であり，かつ，適切であると認めるときは，水道事業者又は水道用水供給事業者に対して，期間，水量及び方法を定めて，水道施設内に取り入れた水を他の水道事業者又は水道用水供給事業者に供給すべきことを命ずることができる。

2　厚生労働大臣は，前項に規定する都道府県知事の権限に属する事務について，国民の生命及び健康に重大な影響を与えるおそれがあると認めるときは，都道府県知事に対し同項の事務を行うことを指示することができる。

3～9　　　（略）

（水源の汚濁防止のための要請等）

第43条　水道事業者又は水道用水供給事業者は，水源の水質を保全するため必要があると認めるときは，関係行政機関の長又は関係地方公共団体の長に対して，水源の水質の汚濁の防止に関し，意見を述べ，又は適当な措置を講ずべきことを要請することができる。

（手数料）

第45条の3　給水装置工事主任技術者免状の交付，書換え交付又は再交付を受けようとする者は，国に，実費を勘案して政令で定める額の手数料を納付しなければならない。

2　給水装置工事主任技術者試験を受けようとする者は，国（指定試験機関が試験事務を行う場合にあっては，指定試験機関）に，実費を勘案して政令で定める額の受験手数料を納付しなければならない。

第7章　罰　　則

第51条　水道施設を損壊し，その他水道施設の機能に障害を与えて水の供給を妨害した者は，5年以下の懲役又は100万円以下の罰金に処する。

2　みだりに水道施設を操作して水の供給を妨害した者は，2年以下の懲役又は50万円以下の罰金に処する。

3　前2項の規定にあたる行為が，刑法の罪に触れるときは，その行為者は，同法の罪と比較して，重きに従って処断する。

第53条　次の各号のいずれかに該当する者は，一年以下の懲役又は100万円以下の罰金に処する。

一から八　（略）

九　第37条の規定による給水停止命令に違反した者

十　　　（略）

第54条　次の各号のいずれかに該当する者は，100万円以下の罰金に処する。

一～七　　　（略）

八　第34条の2第2項の規定に違反した者

第55条　次の各号のいずれかに該当する者は，30万円以下の罰金に処する。

一・二（略）

三　第39条第1項，第2項，第3項又は第40条第8項の規定による報告をせず，若しくは虚偽の報告をし，又は当該職員の検査を拒み，妨げ，又は忌避した者

第57条　正当な理由がないのに第25条の5第3項の規定による命令に違反して給水装置工事主任技術者免状を返納しなかつた者は，10万円以下の過料に処する。

水道法施行令（抄）

制　　定　昭和32年　政令第336号
最近改正　平成16年　政令第46号

（専用水道の基準）

第1条　水道法（以下「法」という。）第3条第6項ただし書に規定する政令で定める基準は，次のとおりとする。

一　口径25mm以上の導管の全長　1,500m

二　水槽の有効容量の合計　100m³

2　法第3条第6項第2号に規定する政令で定める基準は，人の飲用その他の厚生労働省令で定める目的のために使用する水量が20m³であることとする。

（簡易専用水道の適用除外の基準）

第2条　法第3条第7項ただし書に規定する政令で定める基準は，水道事業の用に供する水道からの水の供給を受けるために設けられる水槽の有効容量の合計が10m³であることとする。

（給水装置の構造及び材質の基準）

第5条　法第16条の規定による給水装置の構造及び材質は，次のとおりとする。

一　配水管への取付口の位置は，他の給水装置の取付口から30cm以上離れていること。

二 配水管への取付口における給水管の口径は，当該給水装置による水の使用量に比し，著しく過大でないこと。

三 配水管の水圧に影響を及ぼすおそれのあるポンプに直接連結されていないこと。

四 水圧，土圧その他の荷重に対して充分な耐力を有し，かつ，水が汚染され，又は漏れるおそれがないものであること。

五 凍結，破壊，侵食等を防止するための適当な措置が講ぜられていること。

六 当該給水装置以外の水管その他の設備に直接連結されていないこと。

七 水槽，プール，流しその他水を入れ，又は受ける器具，施設等に給水する給水装置にあっては，水の逆流を防止するための適当な措置が講ぜられていること。

2. 前項各号に規定する基準を適用するについて必要な技術的細目は，厚生労働省令で定める。

（業務の委託）

第7条 法第24条の3第1項（法第31条及び第34条第1項において準用する場合を含む。）の規定による水道の管理に関する技術上の業務の委託は，次に定めるところにより行うものとする。

一 （略）

二 給水装置の管理に関する技術上の業務を委託する場合にあっては，当該水道事業者の給水区域内に存する給水装置の管理に関する技術上の業務の全部を委託するものであること。

三 （略）

水道法施行規則（抄）

制 定 昭和32年 厚生労働省令第 45号
最近改正 平成24年 厚生労働省令第 124号

第1章 水道事業

（令第1条第2項の厚生労働省令で定める目的）

第1条 水道法施行令第1条第2項に規定する厚生労働省令で定める目的は，人の飲用・炊事用・浴用その他人の生活の用に供することとする。

（給水開始前の水質検査）

第10条 法第13条第1項の規定により行う水質検査は，当該水道により供給される水が水質基準に適合するかしないかを判断することができる場所にお

いて，水質基準に関する省令の表に掲げる事項及び消毒の残留効果について行うものとする。

2 （略）

（給水開始前の施設検査）

第11条 法第13条第1項の規定により行う施設検査は，浄水及び消毒の能力，流量，圧力，耐力，汚染並びに漏水のうち施設の新設，増設又は改造による影響のある事項に関し，新設，増設又は改造に係る施設及び当該影響に関係があると認められる水道施設（給水装置を含む。）について行うものとする。

（法第14条第2項各号を適用するについて必要な技術的細目）

第12条の2 法第14条第3項に規定する技術的細目のうち，同条第2項第3号に関するものは，次に掲げるものとする。

一 水道事業者の責任に関する事項として，必要に応じて，次に掲げる事項が定められていること。

イ 給水区域

ロ 料金，給水装置工事の費用等の徴収方法

ハ 給水装置工事の施行方法

ニ 給水装置の検査及び水質検査の方法

ホ 給水の原則及び給水を制限し，又は停止する場合の手続

二 水道の需要者の責任に関する事項として，必要に応じて，次に掲げる事項が定められていること。

イ 給水契約の申込みの手続

ロ 料金，給水装置工事の費用等の支払義務及びその支払い遅延又は不払いの場合の措置

ハ 水道メータの設置場所の提供及び保管責任

ニ 水道メータの賃貸料等の特別の費用負担を課する場合にあっては，その事項及び金額

ホ 給水装置の設置又は変更の手続

ヘ 給水装置の構造及び材質が法第16条の規定により定める基準に適合していない場合の措置

ト 給水装置の検査を拒んだ場合の措置

チ 給水装置の管理責任

リ 水の不正使用の禁止及び違反した場合の措置

第12条の3 法第14条第3項に規定する技術的細目のうち，同条第2項第4号に関するものは，次に掲げるものとする。

一 料金に区分を設定する場合にあっては，給水管の口径，水道の使用形態等の合理的な区分に基づき設定されたものであること。

二 料金及び給水装置工事の費用のほか，水道の需要者が負担すべき費用がある場合にあっては，その金額が，合理的かつ明確な根拠に基づき設定されたものであること。

第12条の4 法第14条第3項に規定する技術的細目のうち，同条第2項第5号に関するものは，次に掲げるものとする。

一 水道事業者の責任に関する事項として，必要に応じて，次に掲げる事項が定められていること。
 イ 貯水槽水道の設置者に対する指導，助言及び勧告
 ロ 貯水槽水道の利用者に対する情報提供
二 貯水槽水道の設置者の責任に関する事項として，必要に応じて，次に掲げる事項が定められていること。
 イ 貯水槽水道の管理責任及び管理の基準
 ロ 貯水槽水道の管理の状況に関する検査

（給水装置の軽微な変更）
第13条 法第16条の2第3項の厚生労働省令で定める給水装置の軽微な変更は，単独水栓の取替え及び補修並びにこま，パッキン等給水装置の末端に設置される給水用具の部品の取替え（配管を伴わないものに限る。）とする。

（定期及び臨時の水質検査）
第15条 法第20条第1項の規定により行う定期の水質検査は，次の掲げるところにより行うものとする。

一 次に掲げる検査を行うこと。
 イ 1日1回行う色及び濁り並びに消毒の残留効果に関する検査
 ロ 第3号に定める回数以上行う水質基準に関する表（「基準の表」という。）に掲げる事項についての検査
二 検査に供する水の採取場所は，給水栓を原則とし，水道施設の構造等を考慮して，当該水道により供給される水が水質基準に適合するかどうかを判断することができる場所を選定すること。
 （以下略）
三 第1号ロの検査回数は次の掲げるところによること。（以下略）
四 （略）

2 法第20条第1項の規定により行う臨時の水質検査は，次の掲げるところにより行うものとする。
一 水道より供給される水が水質基準に適合しないおそれがある場合に基準の表に掲げる事項について検査を行うこと。

二 検査に供する水の採取の場所に関しては，前項第2号の規定の例によること。
三 （略）

3 第1項第1号ロの検査及び第2項の検査は，水質基準に関する省令に規定する厚生労働大臣が定める方法によって行うものとする。

4 第1項第1号イの検査のうち色及び濁りに関する検査は，同号ロの規定のうち色度及び濁度に関する検査を行った日においては，行うことを要しない。

5 第1項第1号ロの検査は，第2項の検査を行った月においては，行うことを要しない。

6 水道事業者は，毎事業年度の開始前第1項及び第2項の検査の計画（以下「水質検査計画」という。）を策定しなければならない。

7 水質検査計画には，次に掲げる事項を記載しなければならない。
一～六 （略）

（健康診断）
第16条 法第21条第1項の規定により行う定期の健康診断は，おおむね6箇月ごとに，病原体がし尿に排せつされる伝染病の患者（病原体の保有者を含む）の有無に関して，行うものとする。

（衛生上必要な措置）
第17条 法第22条の規定により水道事業者が講じなければならない衛生上必要な措置は，次の各号に掲げるものとする。

一 取水場，貯水池，導水きょ，浄水場，配水池及びポンプせいは，常に清潔にし，水の汚染の防止を充分にすること。

二 前号の施設には，かぎを掛け，さくを設ける等みだりに人畜が施設に立ち入って水が汚染されるのを防止するのに必要な措置を講ずること。

三 給水栓における水が，遊離残留塩素を0.1mg/ℓ（結合残留塩素の場合は，0.4mg/ℓ）以上保持するように塩素消毒をすること。ただし，供給する水が病原生物に著しく汚染されるおそれがある場合又は病原生物に汚染されたことを疑わせるように生物若しくは物質を多量に含むおそれがある場合の給水栓における遊離残留塩素は，0.2mg/ℓ（結合残留塩素の場合は，1.5mg/ℓ）以上とする。

（情報提供）

第17条の2 法第24条の2の規定による情報の提供は，第1号から第5号までに掲げるものにあっては毎年1回以上定期に，第6号及び第7号に掲げるものにあっては必要が生じたときに速やかに，水道の需要者の閲覧に供する等水道の需要者が当該情報を容易に入手することができるような方法を行うものとする。

一　法第2条第1項の規定により行う定期の水質検査の計画及び結果その他水道により供給される水の安全に関する事項

二　水道事業の実施体制に関する事項（法第24条の3第1項の規定による委託の内容を含む。）

三　水道施設の整備その他水道事業に要する費用に関する事項

四　水道料金その他需要者の負担に関する事項

五　給水装置及び貯水槽水道の管理等に関する事項

六　水道施設の耐震性能，耐震性の向上に関する取組等の状況に関する事項

七　法第20条第1項の規定により行う臨時の水質検査の結果

八　災害，水質事故等の非常時における水道の危機管理に関する事項

（指定の申請）

第18条 法第25条の2第2項 の申請書は，様式第1によるものとする。

2　前項の申請書には，次に掲げる書類を添えなければならない。

一　法第25条の3第1項第3号イからホまでのいずれにも該当しない者であることを誓約する書類。

二　法人にあっては定款又は寄附行為及び登記事項証明書，個人にあってはその住民票の写し。

3　前項第1号の書類は，様式第2によるものとする。

第19条 法第25条の2第2項第4号の厚生労働省令で定める事項は，次の各号に掲げるものとする。

一　法人にあっては，役員の氏名

二　指定を受けようとする水道事業者の給水区域について給水装置工事の事業を行う事業所（第21条第3項において単に「事業所」という。）において給水装置工事主任技術者として選任されることとなる者が法第25条の5第1項の規定により交付を受けている給水装置工事主任技術者免状（以下「免状」という。）の交付番号

三　事業の範囲

（厚生労働省令で定める機械器具）

第20条 第25条の3第1項第2号の厚生労働省令で定める機械器具は，次の各号に掲げるものとする。

一　金切りのこその他の管の切断用の機械器具

二　ヤスリ，パイプねじ切り器その他の管の加工用の機械器具

三　トーチランプ，パイプレンチその他の接合用の機械器具

四　水圧テストポンプ

（給水装置工事主任技術者の選任）

第21条 指定給水装置工事事業者は，法第16条の2の指定を受けた日から2週間以内に給水装置工事主任技術者を選任しなければならない。

2　指定給水装置工事事業者は，その選任した給水装置工事主任技術者が欠けるに至ったときは，該当事由が発生した日から2週間以内に新しい給水装置工事主任技術者を選任しなければならない。

3　指定給水装置工事事業者は，前二項の選任を行うに当たっては，一の事業所の給水装置工事主任技術者が，同時に他の事業所の給水装置工事主任技術者とならないようにしなければならない。ただし，一の給水装置工事主任技術者が当該二以上の事業所の給水装置工事主任技術者となってもその職務を行うに当たって特に支障がないときは，この限りでない。

第22条 法第25条の4第2項の規定による給水装置工事主任技術者の選任又は解任の届出は，様式第3によるものとする。

（給水装置工事主任技術者の職務）

第23条 法第25条の4第3項第4号の厚生労働省令で定める給水装置工事主任技術者の職務は，水道事業者の給水区域において施行する給水装置工事に関し，当該水道事業者と次の各号に掲げる連絡又は調整を行うこととする。

一　配水管から分岐して給水管を設ける工事を施行しようとする場合における配水管の位置の確認に関する連絡調整

二　第36条第1項第2号に掲げる工事に係る工法，工期その他の工事上の条件に関する連絡調整

三　給水装置工事（第13条に規定する給水装置の軽微な変更を除く。）を完了した旨の連絡

（免状の交付申請）

第24条 法第25条の5第1項の規定により給水装置工事主任技術者免状（以下「免状」という。）の交付を受けようとする者は，様式第4による免状交付申請書に次に掲げる書類を添えて，これを厚生労働大臣に提出しなければならない。

一　戸籍抄本又は住民票の抄本（日本の国籍を有しない者にあっては，これに代わる書面）

二　第33条の規定により交付する合格証書の写し

（免状の様式）
第25条　法第25条の5第1項の規定により交付する免状の様式は，様式第5による。

（免状の書換え交付申請）
第26条　免状の交付を受けている者は，免状の記載事項に変更を生じたときは，免状に戸籍抄本又は住民票の抄本（日本の国籍を有しない者にあっては，これに代わる書面）を添えて，厚生労働大臣に免状の書換え交付を申請することができる。
2　　　（略）

第27条　免状の交付を受けている者は，免状を破り，汚し，又は失ったときは，厚生労働大臣に免状の再交付を申請することができる。
2　　　（略）
3　免状を破り，又は汚した者が第1項の申請をする場合には，申請書にその免状を添えなければならない。
4　免状の交付を受けている者は，免状の再交付を受けた後，失った免状を発見したときは，5日以内に，これを厚生労働大臣に返納するものとする。

（免状の返納）
第28条　免状の交付を受けている者が死亡し，又は失そうの宣告を受けたときは，戸籍法に規定する死亡又は失そうの届出義務者は，1月以内に，厚生労働大臣に免状を返納するものとする。

（試験の公示）
第29条　厚生労働大臣は，法第25条の6第1項の規定による給水装置工事主任技術者試験（以下「試験」という。）を行う期日及び場所並びに受験願書の提出期限及び提出先を，あらかじめ，官報に公示するものとする。

（試験科目）
第30条　試験の科目は，次のとおりとする。
一　公衆衛生概論
二　水道行政
三　給水装置の概要
四　給水装置の構造及び性能
五　給水装置工事法
六　給水装置施工管理法
七　給水装置計画論
八　給水装置工事事務論

（試験科目の一部免除）
第31条　建設業法施行令第27条の3の表に掲げる検定種目のうち，管工事施工管理の種目に係る1級又は2級の技術検定に合格した者は，試験科目のうち給水装置の概要及び給水装置施工管理法の免除を受けることができる。

（受験の申請）
第32条　試験を受けようとする者は，様式第5による受験願書に次に掲げる書類を添えて，これを厚生労働大臣（法第25条の12第1項に規定する指定試験機関が受験手続に関する事務を行う場合にあっては，指定試験機関）に提出しなければならない。
一　法第25条の6第2項に該当する者であることを証する書類。
二　写真（出願前6月以内に脱帽して正面から上半身を写した写真で，縦6cm横4cmのもので，その裏面には撮影年月日及び氏名を記載すること。）
三　前条の規定により試験科目の一部の免除を受けようとする場合には，様式第6による給水装置工事主任技術者試験一部免除申請書及び前条に該当する者であることを証する書類。

（合格証書の交付）
第33条　厚生労働大臣（指定試験機関が合格証書の交付に関する事務を行う場合にあっては，指定試験機関）は，試験に合格した者に合格証書を交付しなければならない。

（変更の届出）
第34条　法第25条の7の厚生労働省令で定める事項は，次の各号に掲げるものとする。
一　氏名又は名称及び住所並びに法人にあっては，その代表者の氏名
二　法人にあっては，役員の氏名
三　給水装置工事主任技術者の氏名又は給水装置工事主任技術者が交付を受けた免状の交付番号

2　第25条の7の規定により変更の届出をしようとする者は，当該変更のあった日から30日以内に様式第10による届出書に次に掲げる書類を添えて，水道事業者に提出しなければならない。
一　前号第1号に掲げる事項の変更の場合には，法人にあっては，定款又は寄附行為及び登記簿の謄本，個人にあっては住民票の写し
二　前項第2号に掲げる事項の変更の場合には，様式第2による法第25条の3第1項第3号イからホまでのいずれにも該当しない者であることを誓約する書類および登記簿の謄本

（廃止等の届出）

第35条 法第25条の7の規定により事業の廃止，休止又は再開の届出をしようとする者は，事業を廃止し，又は休止した日から30日以内に，事業を再開したときは，当該再開の日から10日以内に，様式第11による届出書を水道事業者に提出しなければならない。

（事業の運営の基準）

第36条 法第25条の8に規定する厚生労働省令で定める給水装置工事の事業の運営に関する基準は，次の各号に掲げるものとする。

一　給水装置工事（第13条に規定する給水装置の軽微な変更を除く。）ごとに，法第25条の4第1項の規定により選任した給水装置工事主任技術者のうちから，当該工事に関して法第25条の4第3項各号に掲げる職務を行う者を指名すること。

二　配水管から分岐して給水管を設ける工事及び給水装置の配水管への取付口から水道メーターまでの工事を施行する場合において，当該配水管及び他の地下埋設物に変形，破損その他の異常を生じさせることがないよう適切に作業を行うことができる技能を有する者を従事させ，又はその者に当該工事に従事する他の者を実地に監督させること。

三　水道事業者の給水区域において前号に掲げる工事を施行するときは，あらかじめ当該水道事業者の承認を受けた工法，工期その他の工事上の条件に適合するように当該工事を施行すること。

四　給水装置工事主任技術者及びその他の給水装置工事に従事する者の給水装置工事の施行技術の向上のために，研修の機会を確保するよう努めること。

五　次に掲げる行為を行わないこと。

イ　令第5条に規定する基準に適合しない給水装置を設置すること。

ロ　給水管及び給水用具の切断，加工，接合等に適さない機械器具を使用すること。

六　施行した給水装置工事（第13条に規定する給水装置の軽微な変更を除く。）ごとに，第1号の規定により指名した給水装置工事主任技術者に次の各号に掲げる事項に関する記録を作成させ，当該記録をその作成の日から3年間保存すること。

イ　施主の氏名又は名称

ロ　施行の場所

ハ　施行完了年月日

ニ　給水装置工事主任技術者の氏名

ホ　竣工図

ヘ　給水装置工事に使用した給水管及び給水用具に関する事項

ト　法第25条の4第3項第3号の確認の方法及びその結果

第4章　簡易専用水道

（管理基準）

第55条 法第34条の2第1項に規定する厚生労働省令で定める基準は，次の各号に掲げるものとする。

一　水槽の掃除を1年以内ごとに1回，定期に，行うこと

二　水槽の点検等有害物，汚水等によって水が汚染されるのを防止するために必要な措置を講ずること

三　給水栓における水の色，濁り，臭い，味その他の状態により供給する水に異常を認めたときは，水質基準に関する省令の表の中欄に掲げる事項のうち必要なものについて検査を行うこと

四　供給する水が人の健康を害するおそれがあることを知ったときは，直ちに給水を停止し，かつ，その水を使用することが危険である旨を関係者に周知させる措置を講ずること

（検　査）

第56条 法第34条の2第2項の規定による検査は，1年以内ごとに1回とする。

2　検査の方法その他必要な事項については，厚生労働大臣が定めるところによるものとする。

給水装置の構造及び材質の基準に関する省令

制　　定　平成9年　厚生労働省令　第14号
最近改正　平成26年　厚生労働省令　第15号

（耐圧に関する基準）

第1条 給水装置（最終の止水機構の流出側に設置されている給水用具を除く。以下この条において同じ。）は，次に掲げる耐圧のための性能を有するものでなければならない。

一　給水装置（加圧装置及び当該加圧装置の下流側に設置されている給水用具並びに熱交換器内における浴槽内の水等の加熱用の水路を除く。）は，厚生労働大臣が定める耐圧に関する試験（以下

「耐圧性能試験」という。）により 1.75 MPa の静水圧を 1 分間加えたとき，水漏れ，変形，破損その他の異常を生じないこと。

二　加圧装置及び当該加圧装置の下流側に設置されている給水用具（次に掲げる要件を満たす給水用具に設置されているものに限る。）は，耐圧性能試験により当該加圧装置の最大吐出圧力の静水圧を 1 分間加えたとき，水漏れ，変形，破損その他の異常を生じないこと。

イ　当該加圧装置を内蔵するものであること。

ロ　減圧弁が設置されているものであること。

ハ　ロの減圧弁の下流側に当該加圧装置が設置されているものであること。

ニ　当該加圧装置の下流側に設置されている給水用具についてロの減圧弁を通さない水との接続がない構造のものであること。

三　熱交換器内における浴槽内の水等の加熱用の水路（次に掲げる要件を満たすものに限る。）については，接合箇所（溶接によるものを除く。）を有せず，耐圧性能試験により 1.75 MPa の静水圧を 1 分間加えたとき，水漏れ，変形，破損その他の異常を生じないこと。

イ　当該熱交換器が給湯及び浴槽内の水等の加熱に兼用する構造のものであること。

ロ　当該熱交換器の構造として給湯用の水路と浴槽内の水等の加熱用の水路が接触するものであること。

四　パッキンを水圧で圧縮することにより水密性を確保する構造の給水用具は，第 1 号に掲げる性能を有するとともに，耐圧性能試験により 20 kPa の静水圧を 1 分間加えたとき，水漏れ，変形，破損その他の異常を生じないこと。

2. 給水装置の接合箇所は，水圧に対する充分な耐力を確保するためにその構造及び材質に応じた適切な接合が行われているものでなければならない。

3. 家屋の主配管は，配管の経路について構造物の下の通過を避けること等により漏水時の修理を容易に行うことができるようにしなければならない。

（浸出に関する基準）

第2条　飲用に供する水を供給する給水装置は，厚生労働大臣が定める浸出に関する試験（以下「浸出性能試験」という。）により供試品（浸出性能試験に供される器具，その部品，又はその材料（金属以外のものに限る。）をいう。）について浸出させたとき，その浸出液は，別表第 1 の左欄に掲げる事項につき，水栓その他給水装置の末端に設置されている

給水用具にあっては同表の中欄に掲げる基準に適合し，それ以外の給水装置にあっては同表の右欄に掲げる基準に適合しなければならない。

2. 給水装置は，末端部が行き止まりとなっていること等により水が停滞する構造であってはならない。ただし，当該末端部に排水機構が設置されているものにあっては，この限りでない。

3. 給水装置は，シアン，六価クロムその他水を汚染するおそれのある物を貯留し，又は取り扱う施設に近接して設置されていてはならない。

4. 鉱油類，有機溶剤その他の油類が浸透するおそれのある場所に設置されている給水装置は，当該油類が浸透するおそれのない材質のもの又はさや管等により適切な防護のための措置が講じられているものでなければならない。

（水撃限界に関する基準）

第3条　水栓その他水撃作用（止水機構を急に閉止した際に管路内に生じる圧力の急激な変動作用をいう。）を生じるおそれのある給水用具は，厚生労働大臣が定める水撃限界に関する試験により当該給水用具内の流速を 2 m/s 又は当該給水用具内の動水圧を 0.15 MPa とする条件において給水用具の止水機構の急閉止（閉止する動作が自動的に行われる給水用具にあっては，自動閉止）をしたとき，その水撃作用により上昇する圧力が 1.5 MPa 以下である性能を有するものでなければならない。ただし，当該給水用具の上流側に近接してエアチャンバーその他の水撃防止器具を設置すること等により適切な水撃防止のための措置が講じられているものにあっては，この限りでない。

（防食に関する基準）

第4条　酸又はアルカリによって侵食されるおそれのある場所に設置されている給水装置は，酸又はアルカリに対する耐食性を有する材質のもの又は防食材で被覆すること等により適切な侵食の防止のための措置が講じられているものでなければならない。

2. 漏えい電流により侵食されるおそれのある場所に設置されている給水装置は，非金属製の材質のもの又は絶縁材で被覆すること等により適切な電気防食のための措置が講じられているものでなければならない。

関係法令

（逆流防止に関する基準）

第5条 水が逆流するおそれのある場所に設置されている給水装置は，次の各号のいずれかに該当しなければならない。

一 次に掲げる逆流を防止するための性能を有する給水用具が，水の逆流を防止することができる適切な位置（ニに掲げるものにあっては，水受け容器の越流面の上方150mm以上の位置）に設置されていること。

イ 減圧式逆流防止器は，厚生労働大臣が定める逆流防止に関する試験（以下「逆流防止性能試験」という。）により3kPa及び1.5MPaの静水圧を1分間加えたとき，水漏れ，変形，破損その他の異常を生じないとともに，厚生労働大臣が定める負圧破壊に関する試験（以下「負圧破壊性能試験」という。）により流入側からマイナス54kPaの圧力を加えたとき，減圧式逆流防止器に接続した透明管内の水位の上昇が3mmを超えないこと。

ロ 逆止弁（減圧式逆流防止器を除く。）及び逆流防止装置を内部に備えた給水用具（ハにおいて「逆流防止給水用具」という。）は逆流防止性能試験により3kPa及び1.5MPaの静水圧を1分間加えたとき，水漏れ，変形，破損その他の異常を生じないこと。

ハ 逆流防止給水用具のうち次の表の左欄に掲げるものに対するロの規定の適用については，同欄に掲げる逆流防止給水用具の区分に応じ，同表の中欄に掲げる字句は，それぞれ表の右欄に掲げる字句とする。

逆流防止給水用具の区分	読み替えられる字句	読み替える字句
（1）減圧弁	1.5MPa	当該減圧弁の設定圧力
（2）当該逆流防止装置の流出側に止水機構が設けられておらず，かつ大気に開口されている逆流防止給水用具（（3）及び（4）に規定するものを除く。）	3kPa及び1.5MPa	3kPa
（3）浴槽に直結し，かつ，自動給湯する給湯機及び給湯付きふろがま（（4）に規定するものを除く。）	1.5MPa	50kPa
（4）浴槽に直結し，かつ，自動給湯する給湯機及び給湯付きふろがまであって逆流防止装置の流出側に循環ポンプを有するもの。	1.5MPa	当該循環ポンプの最大吐出圧力又は50kPaのいずれかの高い圧力

ニ バキュームブレーカは，負圧破壊性能試験により流入側からマイナス54kPaの圧力を加えたとき，バキュームブレーカに接続した透明管内の水位の上昇が75mmを超えないこと。

ホ 負圧破壊装置を内部に備えた給水用具は，負圧破壊性能試験により流入側からマイナス54kPaの圧力を加えたとき，当該給水用具に接続した透明管内の水位の上昇がバキュームブレーカを内部に備えた給水用具にあっては逆流防止機能が働く位置から水受け部の水面までの垂直距離の2分の1，バキュームブレーカ以外の負圧破壊装置を内部に備えた給水用具にあっては吸気口に接続している管と流入管の接続部分の最下端又は吸気口の最下端のうちいずれか低い点から水面までの垂直距離の2分の1を超えないこと。

ヘ 水受け部と吐水口が一体の構造であり，かつ，水受け部の越流面と吐水口の間が分離されていることにより水の逆流を防止する構造の給水用具は，負圧破壊性能試験により流入側からマイナス54kPaの圧力を加えたとき，吐水口から水を引き込まないこと。

二 吐水口を有する給水装置が，次に掲げる基準に適合すること。

イ 呼び径が25mm以下のものにあっては，別表第2の上欄に掲げる呼び径の区分に応じ，右表中欄に掲げる近接壁から吐水口の中心までの水平距離及び同表下欄に掲げる越流面から吐水口の中心までの垂直距離が確保されていること。

ロ 呼び径が25mmを超えるものにあっては，別表第3上欄に掲げる区分に応じ，同表下欄に掲げる越流面から吐水口の最下端までの垂直距離が確保されていること。

2. 事業活動に伴い，水を汚染するおそれのある場所に給水する給水装置は，前項第2項に規定する垂直距離及び水平距離を確保し，当該場所の水管その他の設備と当該給水装置を分離すること等により，適切な逆流の防止のための措置を講じられているものでなければならない。

（耐寒に関する基準）

第6条 屋外で気温が著しく低下しやすい場所その他凍結のおそれのある場所に設置されている給水装置のうち減圧弁，逃し弁，逆止弁，空気弁及び電磁弁（給水用具の内部に備え付けられているものを除く。以下「弁類」という。）にあっては，厚生労働大臣が定める耐久に関する試験（以下「耐久性能試験」という。）により10万回の開閉操作を繰り返し，かつ，厚生労働大臣が定める耐寒に関する試験（以下「耐寒性能試験」という。）により零下20度プラスマイナス2度の温度で1時間保持した後通水したとき，それ以外の給水装置にあっては，耐寒性能試験により零下20度プラスマイナス2度の温度で1時間保持した後通水したとき，当該給水装置に係る第1条第1項に規定する性能，第3条に規定する性能及び前条第1項第1号に規定する性能を有するものでなければならない。ただし，断熱材で被覆すること等により適切な凍結の防止のための措置が講じられているものにあっては，この限りでない。

（耐久に関する基準）

第7条 弁類（前条本文に規定するものを除く。）は，耐久性能試験により10万回の開閉操作を繰り返した後，当該給水装置に係る第1条第1項に規定する性能，第3条に規定する性能及び第5条第1項第1号に規定する性能を有するものでなければならない。

別表第1

事　項	水栓その他給水装置の末端に設置されている給水用具の浸出液に係る基準	給水装置の末端以外に設置されている給水用具の浸出液，又は給水管の浸出液に係る基準
カドミウム	0.0003mg/ℓ以下	0.003mg/ℓ以下
水　銀	0.00005mg/ℓ以下	0.0005mg/ℓ以下
セレン	0.001mg/ℓ以下	0.01mg/ℓ以下
鉛	0.001mg/ℓ以下	0.01mg/ℓ以下
ヒ　素	0.001mg/ℓ以下	0.01mg/ℓ以下
六価クロム	0.005mg/ℓ以下	0.05mg/ℓ以下
亜硝酸態窒素	0.004mg/ℓ以下	0.04mg/ℓ以下
シアン化物イオン及び塩化シアン	0.001mg/ℓ以下	0.01mg/ℓ以下
硝酸態窒素及び亜硝酸態窒素	1.0mg/ℓ以下	10mg/ℓ以下
フッ素	0.08mg/ℓ以下	0.8mg/ℓ以下
ホウ素	0.1mg/ℓ以下	1.0mg/ℓ以下
四塩化炭素	0.0002mg/ℓ以下	0.002mg/ℓ以下
1,4-ジオキサン	0.005mg/ℓ以下	0.05mg/ℓ以下
シス-1,2-ジクロロエチレン及びトランス-1,2-ジクロロエチレン	0.004mg/ℓ以下	0.04mg/ℓ以下
ジクロロメタン	0.002mg/ℓ以下	0.02mg/ℓ以下
テトラクロロエチレン	0.001mg/ℓ以下	0.01mg/ℓ以下
トリクロロエチレン	0.001mg/ℓ以下	0.01mg/ℓ以下
ベンゼン	0.001mg/ℓ以下	0.01mg/ℓ以下
ホルムアルデヒド	0.008mg/ℓ以下	0.08mg/ℓ以下
亜　鉛	0.1mg/ℓ以下	1.0mg/ℓ以下
アルミニウム	0.02mg/ℓ以下	0.2mg/ℓ以下
鉄	0.03mg/ℓ以下	0.3mg/ℓ以下
銅	0.1mg/ℓ以下	1.0mg/ℓ以下
ナトリウム	20mg/ℓ以下	200mg/ℓ以下
マンガン	0.005mg/ℓ以下	0.05mg/ℓ以下
塩化物イオン	20mg/ℓ以下	200mg/ℓ以下
蒸発残留物	50mg/ℓ以下	500mg/ℓ以下
陰イオン界面活性剤	0.02mg/ℓ以下	0.2mg/ℓ以下
非イオン界面活性剤	0.005mg/ℓ以下	0.02mg/ℓ以下
フェノール類	フェノールの量に換算して0.0005mg/ℓ以下	フェノールの量に換算して0.005mg/ℓ以下
有機物（全有機炭素（TOC）の量）	0.5mg/ℓ以下	3mg/ℓ以下
味	異常でないこと	異常でないこと
臭　気	異常でないこと	異常でないこと
色　度	0.5度以下	5度以下
濁　度	0.2度以下	2度以下
エピクロロヒドリン	0.01mg/ℓ以下	0.01mg/ℓ以下
アミン類	トリエチレンテトラミンとして0.01mg/ℓ以下	トリエチレンテトラミンとして0.01mg/ℓ以下
2,4-トルエンジアミン	0.002mg/ℓ以下	0.002mg/ℓ以下
2,6-トルエンジアミン	0.001mg/ℓ以下	0.001mg/ℓ以下
酢酸ビニル	0.01mg/ℓ以下	0.01mg/ℓ以下
スチレン	0.002mg/ℓ以下	0.002mg/ℓ以下
1,2-ブタジエン	0.001mg/ℓ以下	0.001mg/ℓ以下
1,3-ブタジエン	0.001mg/ℓ以下	0.001mg/ℓ以下

備考

主要部品の材料として銅合金を使用している水栓その他給水装置の末端に設置されている給水用具の浸出液に係る基準にあっては，この表鉛及びその化合物の項中「0.001mg/ℓ」とあるのは「0.007mg/ℓ」と，亜鉛及びその化合物の項中「0.1mg/ℓ」とあるのは「0.97mg/ℓ」と，銅及びその化合物の項中「0.1mg/ℓ」とあるのは「0.98mg/ℓ」とする。

関係法令

別表第2

呼び径の区分	近接壁から吐水口の中心までの水平距離	越流面から吐水口の中心までの垂直距離
13mm以下のもの	25mm以上	25mm以上
13mmを超え20mm以下のもの	40mm以上	40mm以上
20mmを超え25mm以下のもの	50mm以上	50mm以上

備考

1　浴槽に給水する給水装置（水受け部と吐水口が一体の構造であり，かつ，水受け部の越流面と吐水口の間が分離されていることにより水の逆流を防止する構造の給水用具（この表及び次表において「吐水口一体型給水用具」という）を除く。）にあたっては，この表下欄中「25mm」とあり，又は「40mm」とあるのは「50mm」とする。

2　プール等の水面が特に波立ちやすい水槽並びに事業活動に伴い洗剤又は薬品を入れる水槽及び容器に給水する給水装置（吐水口一体型給水用具を除く。）にあっては，この表下欄中「25mm」とあり，「40mm」とあり，又は「50mm」とあるのは，「200mm」とする。

別表第3

区　分			越流面から吐水口の中心までの垂直距離
近接壁の影響がない場合			$(1.7 \times d + 5)$mm以上
近接壁の影響がある場合	近接壁が一面の場合	壁からの離れが$(3 \times D)$mm以下のもの	$(3 \times d)$mm以上
		壁からの離れが$(3 \times D)$mmを超え$(5 \times D)$mm以下のもの	$(2 \times d + 5)$mm以上
		壁からの離れが$(5 \times D)$mmを超えるもの	$(1.7 \times d + 5)$mm以上
	近接壁が二面の場合	壁からの離れが$(4 \times D)$mm以下のもの	$(3.5 \times d)$mm以上
		壁からの離れが$(4 \times D)$mmを超え$(6 \times D)$mm以下のもの	$(3 \times d)$mm以上
		壁からの離れが$(6 \times D)$mmを超え$(7 \times D)$mm以下のもの	$(2 \times d + 5)$mm以上
		壁からの離れが$(7 \times D)$mmを超えるもの	$(1.7 \times d + 5)$mm以上

備考

1　D：吐水口の内径（単位mm）

　　d：有効開口の内径（単位mm）

2　吐水口の断面が長方形の場合は長辺をDとする。

3　越流面より少しでも高い壁がある場合は近接壁とみなす。

4　浴槽に給水する給水装置（吐水口一体型給水用具を除く。）において，下欄に定める式により算定された越流面から吐水口の最下端までの垂直距離が50mm未満の場合にあっては，当該距離は50mm以上とする。

5　プール等の水面が特に波立ちやすい水槽並びに事業活動に伴い洗剤又は薬品を入れる水槽及び容器に給水する給水装置（吐水口一体型給水用具を除く。）において，下欄に定める式により算定された越流面からの吐水口の最下端までの垂直距離が200mm未満の場合にあっては，当該距離は200mm以上とする。

給水条例（規程）－例－（抄）

第1章　総　　則

（条例の目的）

第1条　この条例は，市（町村）〇〇水道事業の給水についての料金及び給水装置工事の費用負担，その他の供給条件並びに給水の適正を保持するために必要な事項を定めることを目的とする。

（給水区域）

第2条　　　（略）

（給水装置の定義）

第3条　この条例において，「給水装置」とは，需要者に水を供給するために市（町村）長の施設した配水管から分岐して設けられた給水管及びこれに直結する給水用具をいう。

（給水装置の種類）

第4条　給水装置は次の三種とする。

1　専用給水装置

　一　（世帯，戸）又は一箇所で専用するもの

2　共用給水装置

　二　（世帯，戸）若しくは二箇所以上で共用するもの

3　私設消火栓

　消防用に使用するもの

第2章　給水装置の工事及び費用

（給水装置の新設等の申込）

第5条　給水装置を新設,改造,修繕（水道法（以下「法」という。）第16条の2第3項の厚生労働省令で定める給水装置の軽微な変更を除く。）又は撤去しようとする者は,市（町村）長の定めるところにより,あらかじめ市（町村）長に申し込み,その承諾を受けなければならない。

（新設等の費用負担）

第6条　給水装置の新設,改造,修繕又は撤去に要する費用は,当該給水装置を新設,改造,修繕又は撤去する者の負担とする。ただし市（町村）長が特に必要があると認めたものについては,市（町村）においてその費用を負担することができる。

（工事の施行）

第7条　給水装置工事は,市（町村）長又は市（町村）長が法第16条の2第1項の指定をした者（以下「指定給水装置工事事業者」という。）が施行する。

2　前項の規定により,指定給水装置工事事業者が給水装置工事を施行する場合は,あらかじめ市（町村）長の設計審査.（使用材料の確認を含む。）を受け,かつ,工事しゅん工後に市（町村）長の工事検査を受けなければならない。

3　第一項の規定により市（町村）長が工事を施行する場合においては,当該工事に関する利害関係人の同意書等の提出を求めることができる。

（給水管及び給水用具の指定）

第8条　市（町村）長は,災害等による給水装置の損傷を防止するとともに,給水装置の損傷の復旧を迅速かつ適切に行えるようにするため必要があると認めるときは,配水管への取付口から水道メータまでの間の給水装置に用いようとする給水管及び給水用具について,その構造及び材質を指定することができる。

2　市（町村）長は,指定給水装置工事事業者に対し,配水管に給水管を取り付ける工事及び当該取付口から水道メータまでの工事に関する工法,工期,その他の工事上の条件を指示することができる。

3　第1項の規定による指定の権限は,法第16条の規定に基づく給水契約の申込みの拒否又は給水の停止のために認められたものと解釈してはならない。

（工事費の算出方法）

第9条　市（町村）長が,施行する給水装置工事の工事費は,次の合計額とする。

一　材料費

二　運搬費

三　労力費

四　道路復旧費

五　工事監督費

六　間接経費

2　前項各号に定めるもののほか,特別の費用を必要とするときは,その費用を加算する。

3　前2項に規定する工事費の算出に関して必要な事項は,別に市（町村）長が定める。

（工事費の予納）

第10条　市（町村）長に給水装置の工事を申し込む者は,設計によって算出した給水装置の工事費の概算額を予納しなければならない。ただし,市（町村）長が,その必要がないと認めた工事については,この限りではない。

（給水装置の変更等の工事）

第11条　市（町村）長は,配水管の移転その他特別の理由によって,給水装置に変更を加える工事を必要とするときは,当該給水装置の所有者の同意がなくても,当該工事を施行することができる。

第3章　給　水

（給水の原則）

第12条　給水は,非常災害,水道施設の損傷,公益上その他やむを得ない事情及び法令又は,この条例の規定による場合のほか,制限又は停止することはない。

2　前項の給水を制限又は停止しようとするときは,その日時及び区域を定めて,その都度これを予告する。ただし,緊急やむを得ない場合は,この限りではない。

3　第1項の規定による,給水の制限又は停止のため損害を生ずることがあっても市（町村）は,その責を負わない。

（給水契約の申込）

第13条　水道を使用しようとする者は,市（町村）長が定めるところにより,あらかじめ,市（町村）長に申し込み,その承認を受けなければならない。

（給水装置の所有者の代理人）

第14条　給水装置の所有者が,市（町村）内に居住しないとき,又は,市（町村）長において必要があると認めたときは,給水装置の所有者は,この条例に定める事項を処理させるため,市（町村）内に居住する代理人を置かなければならない。

（管理人の選定）

第15条　次の各号の一に該当する者は,水道の使用に

関する事項を処理させるため，管理人を選定し，市（町村）長に届け出なければならない。

一　給水装置を共有する者

二　給水装置を共用する者，

三　その他市（町村）長が必要と認めた者

2　市（町村）長は，前項の管理人を不適当と認めたときは，変更させることができる。

（水道メータの設置）

第16条　給水量は，市（町村）の水道メータ（以下「メータ」という。）により計量する。ただし，市（町村）長が，その必要がないと認めたときは，この限りではない。

2　メータは給水装置に設置し，その位置は，市（町村）長が定める。

（メータの貸与）

第17条　メータは，市（町村）長が設置して，水道の使用者又は管理人若しくは給水装置の所有者（以下「水道使用者等」という。）に保管させる。

2　前項の保管者は，善良な管理者の注意をもってメータを管理しなければならない。

3　保管者が，前項の管理義務を怠ったために，メータを亡失又は，き損した場合はその損害額を弁償しなければならない。

（水道の使用中止，変更等の届出）

第18条　水道使用者等は，次の各号の一に該当するときは，あらかじめ，市（町村）長に届け出なければならない。

一　水道の使用をやめるとき。

二　用途を変更するとき。

三　消防演習に私設消火栓を使用するとき。

2　水道使用者等は，次の各号の一に該当するときは，すみやかに，市（町村）長に届け出なければならない。

一　水道の使用者の氏名又は住所に変更があったとき。

二　給水装置の所有者に変更があったとき。

三　消防用として水道を使用したとき。

四　管理人に変更があったとき又はその住所に変更があったとき。

（私設消火栓の使用）

第19条　私設消火栓は，消防又は，消防の演習の場合のほか使用してはならない。

2　私設消火栓を，消防の演習に使用するときは，市（町村）長の指定する市（町村）職員の立会を要する。

（水道使用者等の管理上の責任）

第20条　水道使用者等は善良な管理者の注意をもって，水が汚染し又は漏水しないよう，給水装置を管理し，異状があるときは，直ちに市（町村）長に届け出なければならない。

2　前項において修繕を必要とするときは，その修繕に要する費用は，水道使用者等の負担とする。ただし，市（町村）長が必要と認めたときは，これを徴収しないことができる。

3　第1項の管理義務を怠ったために生じた損害は，水道使用者等の責任とする。

（給水装置及び水質の検査）

第21条　市（町村）長は，給水装置又は供給する水の水質について，水道使用者等から請求があったときは，検査を行い，その結果を請求者に通知する。

2　前項の検査において，特別の費用を要したときは，その実費額を徴収する。

第4章　料金及び手数料

（料金の支払い義務）

第22条　水道料金（以下「料金」という。）は水道の使用者から徴収する。

2　供用給水装置によって水道を使用する者は，料金の納入について連帯責任を負うものとする。

（料　金）

第23条　料金は次の表の通りとする。

（表　略）

（料金の算定）

第24条　　　（略）

（使用水量及び用途の認定）

第25条　　　（略）

（特別な場合に於ける料金の算定）

第26条　　　（略）

（臨時使用の場合の概算料金の前納）

第27条　　　（略）

（損金の徴収方法）

第28条　料金は，納額告知書又は集金の方法により毎月徴収する。ただし，市（町村）長は必要があるときは，〇ヵ月分をまとめて徴収することができる。

（手数料）

第29条　手数料は，次の各号の区別により，申込者から申込の際，これを徴収する。ただし，市（町村）長が，特別の理由があると認めた申込者からは，申込後，徴収することができる。

一～六　　　（略）

（料金，手数料等の軽減又は免除）

第30条　市（町村）長は，公益上その他特別の理由が

あると認めたときは，この条例によって納付しなければならない料金，手数料，その他の費用を軽減又は免除することができる。

第5章 管 理

（給水装置の検査等）

第31条 市（町村）長は，水道の管理上必要があると認めたときは，給水装置を検査し，水道使用者等に対し，適当な措置を指示することができる。

（給水装置の基準違反に対する措置）

第32条 市（町村）長は，水の供給を受ける者の給水装置の構造及び材質が，水道法施行令（昭和32年政令第336号）第4条に規定する給水装置の構造及び材質の基準に適合していないときは，その者の給水契約の申込を拒み，又はその者が給水装置をその基準に適合させるまでの間，その者に対する給水を停止することができる。

2 市（町村）長は，水の供給を受ける者の給水装置が，指定給水装置工事事業者の施行した給水装置工事に係るものでないときは，その者の給水契約の申込みを拒み，又はその者に対する給水を停止することができる。ただし，法第16条の2第3項の厚生省令で定める給水装置の軽微な変更であるとき，又は当該給水装置の構造及び材質がその基準に適合していることを確認したときは，この限りではない。

（給水の停止）

第33条 市（町村）長は，次の各号の一に該当するときは，水道の使用者に対し，その理由の継続する間，給水を停止することができる。

一 水道の使用者が，第9条の工事費，第20条第2項の修繕費，第23条の料金，又は第29条の手数料を指定期限内に納入しないとき。

二 水道の使用者が，正当な理由がなくて，第24条の使用水量の計量，又は第31条の検査を拒み，又は妨げたとき。

三 給水栓を，汚染のおそれのある器物又は施設と連絡して使用する場合において，警告を発しても，なお，これを改めないとき。

（給水装置の切り離し）

第34条 市（町村）長は，次の各号の一に該当する場合で，水道の管理上必要があると認めたときは，給水装置を切り離すことができる。

一 給水装置所有者が，○○日以上所在が不明で，かつ，給水装置の使用者がないとき。

二 給水装置が，使用中止の状態にあって，将来使用の見込みがないと認めたとき。

（過 料）

第35条 市（町村）長は，次の各号の一に該当する者に対し，○○円以下の過料を科することができる。

一 第5条の承認を受けないで，給水装置を新設，改造，修繕（法第16条の2第3項の厚生省で定める給水装置の軽微な変更を除く。）又は撤去した者

二 正当な理由がなくて，第16条第2項のメータの設置，第24条の使用水量の計量，第31条の検査，又は第33条の給水の停止を拒み，又は妨げた者

三 第20条第1項の給水装置の管理義務を著しく怠った者

四 第23条の料金，又は第29条の手数料の徴収を免れようとして，詐欺その他不正の行為をした者

（料金を免れた者に対する過料）

第36条 市（町村）長は，詐欺その他，不正の行為によって第23条の料金又は，第29条の手数料の徴収を免れた者に対し，徴収を免れた金額の5倍に相当する金額以下の過料を科することができる。

第6章 貯水槽水道

（市〔町村〕の責務）

第37条 水道事業管理者は，貯水槽水道（法第14条第2項第5号に定める貯水槽水道をいう。以下同じ。）の管理に関し必要があると認めるときは，貯水槽水道の設置者に対し，指導，助言及び勧告を行うことができるものとする。

2 水道事業管理者は，貯水槽水道の利用者に対し貯水槽水道の管理等に関する情報提供を行うものとする。

（設置者の責務）

第38条 貯水槽水道のうち簡易専用水道（法第3条第7項に定める簡易専用水道をいう。次項において同じ。）の設置者は，法第34条の2の定めるところにより，その水道を管理し，及びその管理の状況に関する検査を受けなければならない。

2 前項に定める簡易専用水道以外の貯水槽水道の設置者は，○○市小規模貯水槽水道における衛生的な水の確保に関する条例（昭和××年○○市条例第○号）により，その水道を管理し，及びその管理の状況に関する検査を受けなければならない。

第7章 補 則

（委 任）

第39条 この条例の施行に関し必要な事項は，市（町村）長が定める。

給水装置工事主任技術者　パーフェクトマスター

索 引

あ

浅層埋設　119
亜硝酸態窒素　7 8
味　9
圧力水槽式　182
圧力タンク（増圧給水）　81
RR 継手による接合　42
安全衛生管理体制　230
安全管理　221
安全弁（逃がし弁）　66

い

EF 継手による接合　45
行き止まり配管　111
異形管　110
維持管理　137
異常音　131
異種金属接触侵食　153
色　9 131

う

ウェストン公式　196
ウォータークーラ　76
ウォータハンマ　149
埋戻し　127

え

液化塩素　11
エジェクタ作用　132
NS 形, GX 形の接合　50
遠隔指示装置　101
越流面　163
塩素消毒　10

お

オーシスト　5
オフセット　121

か

加圧ポンプ　80
改造工事　105
外部排水式不凍給水栓　64
解氷（方法）　171
加温式凍結防止器　170
架橋ポリエチレン管（XPEP）　47　112
ガス瞬間湯沸器　72
仮復旧工事　128
簡易水道事業　15
簡易専用水道　15
緩速ろ過方式　12
管端防食形継手　35
監理技術者　233

き

基準適合品　255　257
基準省令　142　257
逆止弁　68　165
逆流防止性能基準　157
給水管　31
給水義務　23
給水条例　106
給水栓　54
給水装置　15　30
給水装置工事主任技術者（の職務）　244
給水装置データベース　257
給水装置の構造及び材質　140
給水方式　178
給水申込みの受諾義務　23
給水用具　32　54
給水装置の軽微な変更　106
給水用具給水負荷単位　190
吸排気弁　67
吸気弁　67
供給規定　21
供給条件　21　106
急速ろ過法式　12

く

空気弁　67　152
掘削　124
クリプトスポリジウム　5
クロスコネクション（誤接続）　109　117

け

計画最小動水圧　194
計画使用水量　184　194　197
計画一日使用水量　184
K 形による接合　49
結合残留塩素　10
減圧式逆流防止器　70　158
減圧弁　66　151
建設工事公衆災害防止対策要綱　123
建設業法　231
現地検査　136
現場管理　128
健康診断　25
検査　133

こ

高置水槽式　182
甲形止水栓　96
鋼管（GP）　33
口径の決定　194
硬質ポリ塩化ビニル管（VP）　41
硬質塩化ビニルライニング鋼管（SGP−V）　33
高度浄水処理　12
工程管理　215　218
コレラ　4

さ

最小動水圧　*194*
最大静水圧　*195*
先止め式（瞬間湯沸器）　*72*
作業主任者　*227 228 229*
サーモスタット式　*56*
サドル付分水栓　*87*
さや管ヘッダ方式　*112*
酸素欠乏危険作業主任者　*227*
酸素欠乏症防止規則　*226*
酸素濃度測定　*227*
サンドブラスト（現象）　*109*
残留塩素　*10*

し

JIS マーク表示制度　*257*
次亜塩素酸カルシウム　*11*
次亜塩素酸ナトリウム　*11*
ジエチル−P−フェニレンジアミン法（DPD 法）　*11*
仕切弁　*96*
軸流羽根車式（メータ）　*99*
自己認証　*256*
自重式逆流防止弁　*71*
自然侵食　*153*
止水栓　*96*
事前調査　*248*
施設基準　*18*
指定給水装置工事事業者（制度）　*238*
自閉式水栓　*78*
車道復員　*225*
修繕工事　*105*
取水施設　*18*
受水槽　*31*
受水槽式　*181*
出水不良　*131*
受託水道業務技術管理者　*28*
主任技術者（建設業法）　*233*
臭気　*9*

（右段）

樹脂被覆鋼管　*33*
主配管　*108*
瞬間湯沸器　*72*
竣工検査　*107 134 252*
住宅用スプリンクラ　*83*
小規模貯水槽　*16*
常時給水義務　*23*
浄水器　*76*
浄水施設　*18*
情報提供　*27*
小便器洗浄弁　*60*
シングルレバー式　*56*
伸縮可とう式継手　*37*
浸出性能基準　*145*
新設工事　*105*

す

水頭　*194*
水銀（Hg）　*8*
水系感染症　*4*
水撃限界性能基準　*149*
水質管理目標設定項目　*6*
水質基準　*6*
水質基準項目　*7*
水質検査　*25 134*
水道　*15*
水道技術管理者　*24*
水道事業（者）　*15*
水道施設　*15 18*
水道直結式スプリンクラー　*83*
水道配水用ポリエチレン管　*45*
水道法　*14*
水道メータ　*98*
水道用コンセント　*63*
水道用水供給事業　*15 19*
スイング式逆止め弁　*71*
ステンレス鋼鋼管（SSP）　*36*

せ

制御盤 *81*

性能基準 *141*

赤痢 *4*

施工管理 *214*

設計審査 *250*

節水型給水用具 *78*

節水こま *79*

接線流羽根車式（水道メータ） *98*

穿孔機 *88 90 91 94 95*

前塩素処理 *12*

洗浄弁（フラッシュバルブ） *60*

洗浄弁内蔵型大便器 *62*

占用位置 *119*

専用水道 *15*

そ

送水施設 *18*

損失水頭 *196*

た

耐圧試験 *135*

耐圧性能基準 *143*

耐寒性能基準 *168*

耐久性能基準 *172*

第三者認証 *256*

耐衝撃性ポリ硬質塩化ビニル管（HIVP） *41*

耐熱性硬質ポリ塩化ビニル管（HTVP） *41*

耐熱性硬質塩化ビニルライニング鋼管（SGP-HV） *34*

大便器洗浄弁 *60*

ダイヤフラム式逆止弁 *71*

ダイヤフラム式ボールタップ *59*

太陽熱利用貯湯湯沸器 *75*

ダクタイル鋳鉄管（DIP） *49*

立入検査 *133*

玉形弁 *97*

単式逆流防止弁 *69*

単水栓 *55*

ち

直結加圧形ポンプユニット（増圧給水設備） *80*

直結増圧式 *180*

直結・受水槽併用式 *183*

直結直圧式 *179 185 195*

直結する給水用具 *32*

直管換算長 *199*

腸チフス *4*

貯水施設 *18*

貯水槽水道 *17 21*

中間室大気開放式逆流防止器 *69*

貯蔵湯沸器 *73*

貯湯湯沸器 *73*

つ

通気差侵食 *154*

通水試験 *134*

土工事 *119*

ツーハンドル式 *56*

て

手洗衛生洗浄弁 *78*

TS 継手による接合 *42*

T 形による接合 *49*

定流量弁 *66*

定量水栓 *78*

撤去工事 *105*

電子記録 *254*

電子式水栓 *78*

電気侵食 *153*

電気融着式継手 *47 48*

電磁式水道メータ *99*

電磁弁 *58*

と

銅管（CP）　39
凍結　115　169
凍結深度　169
同時使用戸数率　188
同時使用水量　184
同時使用率　185
動水勾配線図　194
導水施設　18
道路工事　122
道路管理者　119
道路復旧　128
吐水口空間　163
吐水口一体型給水用具　161
鳥居配管　111

な

鉛（pb）　8　132
波状ステンレス鋼鋼管　36
波立ち防止板　152

に

二重式逆流防止器　69
認証制度　255

ね

ねじ接合　34
熱融着式接合　48

の

ノロウイルス　5

は

配水管　84　108
配水施設　18
バキュームブレーカ　67　159　165
バネ式逆止弁　68
はんだ接合　39
配管工事　108

ひ

病原性大腸菌 O−157　4
表示記号（図面）　209
品質管理　220　251

ふ

負圧破壊性能試験　160
複式逆流防止弁　69
副弁付定水位弁　58
不凍栓類　63
フランジ継手　51
プレス式継手　37
分水栓　86　91

へ

ヘーゼン・ウィリアムス公式　196

ほ

保安灯　*224*
ボール止水栓　*96*
ボールタップ　*57*
防食コア　*89　94*
防食工　*155*
防食に関する基準　*153*
泡沫式水栓　*78*
ポリエチレン二層管　*44*
ポリエチレンシート　*155*
ポリエチレンスリーブ　*155*
ポリエチレン粉体ライニング鋼管（SGP－P）　*34*
ポリブデン管（PBP）　*48*
ポンプ直送式　*183*

ま

埋設深さ　*120*
埋設物管理者　*124　129*
マクロセル侵食　*153*
摩擦損失水頭　*196*

み

ミキシングバルブ（水栓）式　*56*
ミクロセル侵食　*153*
水抜き用の給水用具　*65*
水抜栓　*64*
水抜きバルブ　*65*
溝付け用ワンタッチ方式　*36*
溝なし用ワンタッチ方式　*37*

め

明示杭・明示鋲　*121*
明示テープ　*121*

メ

メカニカル継手　*44　46　47　48*
メータ（設置位置）　*102*
メータバイパスユニット　*103*
メータます　*97　102*
メータユニット　*103*

ゆ

遊離残留塩素　*10*
湯水混合水栓　*56*
湯屋カラン　*78*
湯沸器　*72*

よ

要検討項目　*6*

り

リフト逆止弁　*70*

れ

レジオネラ属菌　*5*

ろ

ろう接合　*40*
労働安全衛生法　*228*
ロータンク　*77*

わ

割T字管　*93*

参 考 資 料

　本書の作成にあたり、関係する法律・政令・省令・告示・通知のほか，次の文献・資料を参考にさせていただいた。
　文献を掲げ謝意を表わし，厚くお礼を申し上げる。

『水道のあらまし』	日本水道協会
『水道施設設計指針』	日本水道協会
『水道維持管理指針』	日本水道協会
『水道施設耐震工法指針・解説』	日本水道協会
『改訂・水道法逐条解説』	
厚生省水道環境部水道法研究会	日本水道協会
『水道用語辞典』	日本水道協会
日本工業規格各種	日本規格協会
日本水道協会規格各種	日本水道協会
『給水器具等認証業務規程集　認証品品質確認規則』	日本水道協会
『検査規定集』	日本水道協会
『解説・給水装置の材料及び材質の基準』	給水工事技術振興財団
『給水装置工事の手引き』	
厚生省生活衛生局水道環境部水道整備課監修	給水工事技術振興財団
『給水装置工事ハンドブック』	給水工事技術振興財団
『給水装置工事主任技術者　研修会テキスト』	給水工事技術振興財団
『空気調和衛生工学便覧』	空気調和・衛生工学会
『給排水設備技術基準・同解説』	日本建築センター
日本水道協会雑誌各誌	日本水道協会
『新版　貯水槽の衛生管理』	ビル管理教育センター
『水道実務六法』	
厚生省水道環境部水道法研究会監修	ぎょうせい
『水道法改正の解説』	
厚生省水道環境部水道法研究会	水道産業新聞社
『改正水道法のポイント』	ぎょうせい
厚生労働省水道法制研究会監修	
『水道水質辞典』	
真柄泰基監修	日本水道新聞社
『給水装置』（改訂第11版）	大阪水道工業会研究所
山本善稔著	
給水用具の維持管理指針	日本水道協会

給水装置工事主任技術者
パーフェクトマスター

初　版	平成 11 年 6 月 1 日
改訂8版	平成 30 年 7 月 6 日

著　者　給水装置リサーチ会 編
発行者　伊藤　由彦
印刷所　株式会社太洋社

発行所　株式会社 梅田出版

〒530-0003　大阪市北区堂島2-1-27
　　　　　　　TEL　06(4796)8611
　　　　　　　FAX　06(4796)8612

給水装置主任技術者試験シリーズ

ご 案 内

パーフェクトマスター

給水装置リサーチ会 編　〔本体　4,500 円〕

　講習会等のテキストとしてご利用いただけるよう、各項目を詳しく解説しました。体系的な自主学習にも役立ちます。

250 演習問題 解説・解答集

資格試験研究会 編　〔本体　2,900 円〕

　左ページに問題、右ページに詳しい解答・解説を設け、見開きで解りやすくまとめた問題集です。

過去問題と解答・解説

資格試験研究会 編　〔本体　2,000 円〕

　給水装置工事技術振興財団により実施された過去 5 年分の問題を、収録しております。